本丛书为北京市社会科学理论著作
出版基金重点资助项目

丛书主编

袁行霈　严文明　张传玺　楼宇烈

丛书编辑委员会

袁行霈　严文明　张传玺　楼宇烈　李　零

王邦维　邓小南　刘勇强　吴同瑞

中华文明史普及读本

鼎盛与革新
隋唐至明中叶的精神文明

陈少峰等 编著

图书在版编目（CIP）数据

鼎盛与革新：隋唐至明中叶的精神文明／陈少峰等编著．—北京：北京大学出版社，2009.1
（中华文明史普及读本）
ISBN 978-7-301-14565-4

Ⅰ.鼎… Ⅱ.陈… Ⅲ.①文化史－中国－唐代－普及读物
②文化史－中国－宋代－普及读物　Ⅳ.K240.3-49

中国版本图书馆 CIP 数据核字（2008）第 183229 号

书　　　　名：鼎盛与革新——隋唐至明中叶的精神文明
著作责任者：陈少峰等　编著
责 任 编 辑：田　炜
标 准 书 号：ISBN 978-7-301-14565-4/K·0557
出 版 发 行：北京大学出版社
地　　　　址：北京市海淀区成府路 205 号　100871
网　　　　址：http://www.pup.cn　电子邮箱：pkuwsz@yahoo.com.cn
电　　　　话：邮购部 62752015　发行部 62750672　出版部 62754962
　　　　　　　编辑部 62752025
封 面 设 计：奇文云海
版 式 设 计：河上图文
印　刷　者：北京宏伟双华印刷有限公司
经　销　者：新华书店
　　　　　　　650mm×980mm　16 开本　18.75 印张　201 千字
　　　　　　　2009 年 1 月第 1 版　2010 年 4 月第 2 次印刷
定　　　　价：30.00 元

未经许可，不得以任何方式复制或抄袭本书之部分或全部内容。
版权所有，侵权必究
举报电话：010-62752024　电子邮箱：fd@pup.pku.edu.cn

目录

前言 /001

概述 /005

第一章 宗教与学术 /017

第一节 隋唐佛教的传播 /017

一 隋唐佛教概说 /017

二 佛教宗派 /019

三 佛经的翻译和撰述 /023

四 密教与藏传佛教 /024

五 高僧与名刹 /029

六 佛学的中土化 /030

七 禅学的兴盛 /032

八 禅宗高僧 /034

九 禅与士大夫生活 /038

十 禅对文学艺术的渗透 /040

第二节 三教融合与新儒学的展开 /044

一 三教交融 /044

二 道教地位的提高 /047

三 佛学的隆盛与排佛 /050

四 三教互动与新儒学的展开 /052

第三节 宋明理学 /055

一 唐代的儒学复兴 /055

二 宋代的新儒学 /058

三 理学的流派 /059

四 理学的思想与精神 /060

五 北宋五子 /063

六 陆九渊和鹅湖之会 /068

七 元代理学 /073

八 明前期理学 /076

第四节 朱熹与王阳明 /079

一 朱熹 /079

二 《四书章句集注》及其影响 /083

三 王阳明 /086

第二章 文学的全面繁荣 /093

第一节 唐宋古文运动 /094

一 古文与骈文 /094

二 韩愈和柳宗元 /095

三 唐代古文运动与儒学复兴 /097

四 宋代古文运动和"文以载道" /099

第二节 唐诗 /101

一 诗歌的繁荣 /101

二 唐诗的时代风貌 /104

三 近体诗的确立及其审美影响 /104

四 唐代诗歌的演变 /105

五　著名诗人 /108

　　六　宋代诗坛的新变 /115

　第三节　曲子词 /116

　　一　曲子词 /116

　　二　词的兴起和鼎盛 /117

　　三　著名词人和词的几度创新 /119

　第四节　小说和说唱文学 /127

　　一　传奇 /127

　　二　变文 /128

　　三　话本 /129

　第五节　杂剧和南戏 /132

　　一　元杂剧 /133

　　二　南戏 /138

第三章　艺术 /141

　第一节　恢弘雄浑的唐代艺术 /141

　　一　唐代书法 /141

　　二　唐代的绘画 /151

　　三　雕塑与石刻 /159

　　四　音乐和舞蹈 /164

　第二节　崇尚意趣的五代、两宋艺术 /171

　　一　五代绘画 /171

　　二　宋代画院与文人学士画 /175

　　三　崇尚意趣的五代、两宋书法 /191

　第三节　以古为雅的元代至明代前期书画艺术 /196

一　元至明前期的书画艺术 /196

　　二　赵孟頫的书画艺术及其影响 /197

　　三　以元"四大家"为代表的崇古画风 /199

　　四　崇唐宗晋的书法艺术 /202

　　五　明代前期绘画"浙派"与"吴派"的对立 /204

第四章　生活方式 /207

　第一节　日常生活中的精神世界 /207

　　一　建筑和居室 /207

　　二　茶文化 /209

　第二节　风俗娱乐 /212

　　一　赏牡丹 /212

　　二　送别折柳 /213

　　三　下棋 /215

　第三节　唐代社会生活中的女性 /217

　　一　女性的立世精神 /217

　　二　一代女皇武则天 /219

　　三　女性之美 /220

　　四　开放的大唐女性 /222

第五章　经史学术与学校教育 /225

　第一节　经史之学与相关辅助学科 /225

　　一　经学的演变 /225

　　二　唐初官修史书 /228

　　三　刘知几的《史通》 /230

　　四　杜佑的《通典》 /231

五　宋元史学名著 /232

　　六　地方志与金石学 /234

　　七　类书的编纂 /236

　　八　目录学 /238

第二节　教育的发展 /241

　　一　唐宋教育概观 /241

　　二　唐宋的科举考试 /243

　　三　官学 /245

　　四　国子监 /246

　　五　范仲淹与王安石 /247

　　六　私学 /251

　　七　蒙学的发展 /252

　　八　宋代蒙学的课本与教学 /253

第三节　书院的兴盛 /257

　　一　讲学的场所 /257

　　二　书院教育体制 /259

　　三　思想的摇篮 /261

　　四　宋明理学对书院的影响 /262

　　五　北宋六大书院 /263

第四节　理学家的伦理教育 /267

　　一　聚众讲学的伦理教育 /267

　　二　针对社会的伦理教育 /268

　　三　蒙学教育中的伦理观 /268

　　四　淡泊功名，为人师表 /269

第六章 中外文化交流 /271

第一节 丝绸之路与中西文化交流 /271

一 草原、戈壁上的丝绸之路 /273

二 丝绸之路向西南延伸 /274

三 海上丝绸之路的发达 /276

四 西行取经的高僧 /277

第二节 长安与敦煌：东西文化的交汇点 /281

一 东西文化交流的中心——长安 /281

二 东西文化交流的驿站——敦煌 /285

第三节 与东亚国家的文化交流 /287

一 与日本的文化交往 /287

二 与朝鲜的文化交往 /292

前言

唐朝和宋朝是中国思想文化和精神生活多姿多彩的时期,也是人们在思想、文学、艺术、宗教、教育等各个领域富于原创力的时期。从南北朝时期开始的多民族的文化交流在唐代达到了新的高度。唐朝不仅是当时国际上开放程度最高的国家之一,而且具有文化上极大的包容性和对外吸引力。一方面,她吸纳并融会贯通了丰富多彩的各种文明成果,另一方面她也向周边国家输出自己的各种制度和教育理念,并以生活方式和文化艺术中所体现的魅力为友邦所崇仰。这些流风余韵绵延不绝。在宋代,不仅唐朝所开创的精神文明形态得到弘扬,思想、文学、艺术领域不断绽放出新的绚丽的光彩;

而且思想和文化艺术等领域的对外传播也进入了一个新的阶段。本书是对唐宋时期精神文明史的鸟瞰，力图展示那个时代精神活动与精神创造的流光溢彩的画卷。

作为北京大学袁行霈等教授主编的《中华文明史》第三卷有关精神文明部分的通俗版本，本书是在该书编委会和作者授权情况下，对与精神文明相关的各个部分内容的整体改编。在书中，除了我个人原来自撰的"宗教与学术"、"教育"、"经学"、"文化交流"等部分章节外，大部分内容是在各个撰写者著述的基础上删削而成的编辑作品。根据北京大学出版社和《中华文明史》编委会以及该书作者达成的编著意见，主要予以采纳的著述成果应分别归属于《中华文明史》的相关内容作者，包括袁行霈、王小甫、孟二冬、齐东方、邓小南等各位教授。

本书的编写由陈少峰、马自力、朱良志、张帆、李简诸位教授及王豁、赵占居、谭忠诚、张亚月、田炜等共同完成。我负责改写第一章内容；王豁负责本书第一稿大部分内容的编改写，赵占居、谭忠诚和张亚月协助先后润饰、校正了部分文字。首都师范大学中文系的马自力教授、北京大学哲学系的朱良志教授和北京大学历史学系的张帆教授分别审核、校订了第二章、第三章及第四、五、六章，并协助提供了相应的图片；北京大学中文系的李简教授改写了第二章第三节；北京大学出版社的田炜女士改写了第三章第三节，谨此致谢。在编述的过程中，有些内容可能不能符合原作者的意思，可以视为编著者自己的看法。特此说明。

本书仅仅是一本导读性质的书。读者在阅读本书之后，可进一步阅读《中华文明史》的相关章节，以了解各个作者更富于学术意味的论证方法和成果表述方式。

如上所述,本书是一本以编为主的作品,并且是由多人合力编写的。在一本我的"编著"贡献仅占部分的书籍中属上个人的名字,难免有掠美之嫌。谨此说明,并表示愧疚之意。

陈少峰
2007年2月

概述

在中国历史上,隋和秦一样是一个二世而亡的短命王朝。也像秦一样,隋的再次统一促进了中华文明的迅速发展。继隋之后的唐,更是以其海纳百川的博大心胸,在中华文明史上创造了一个辉煌的盛世时代。唐是中华文明史上的一座丰碑,而宋亦可堪称文明史上的另一个高峰。这段时期的中国,无愧为当时世界上最为强大的文明国度。她的炫美和伟大吸引了众多外国使者,同时,她的灿烂文明也震撼了世界。

这一时期的中华文明,在思想、宗教、文学和艺术诸方面,都呈现了多元化的特点。华夏文明与外来文明交融会通,南方文明与北方文明争芳斗艳。同时,城市的繁荣、通俗市民文化的蓬勃发展,使得整个文化的重心开始从士族向庶族下移,进而扩展到了普通的市井村巷之中。因此,这个时期的文明显得格外绚丽多彩,也格外富于创造性。

隋唐五代时期,宗教派别众多。其中,佛教和道教是影响最大的两大宗教。再加上儒家一宗,形成了儒、释、道"三教并立"的局面。由于这段时期的统治者采取了宽容的文化态度和开明的宗教政策,儒释道三家逐渐融合。这样,三家都在立足本家的同时兼采其他两家的长处,丰富了自己的思想体系,在共存的基础上兼容并进。

儒、释、道的融合,不是没有其思想基础的。它们三家的学说都是为满足安邦定国、修身养性之所需,三教追求的精神境界也有一致之处。在方法上,儒家积极入世,讲究经世致用;道家和佛家则消极避世,寻求超越解脱,且皆善谈玄理,其理论学说的抽象程度自然要略胜儒家一筹。儒家善于正面阐述,道家善于反向逆观,佛家则直悟"一切皆空";这样一正、一负、一零,在思维方式上交相互补。

这个时期的道教主要有两派,一是崇尚内修的上清派,一是重视哲学思辨的重玄派。道教是诞生于中国本土的宗教,本来在民间流行,但因隋文帝即位的时候曾下了一道诏书,声称自己"念存清净,慕释氏不二之门,贵老生得一之义"。这样,皇帝金口一开,为道教的发展大开了方便之门。据传,道教中的老子姓李名耳,而唐朝的皇帝恰好也姓李,大凡做皇帝的总希望自己名正言顺,所以他们就追认老子为祖宗,并尊奉为"玄远皇帝"。这样,道教在唐代便成了国教,即使是尚佛的武则天也并不排斥它。道士也享有了某些特殊待遇，甚至道士犯了法，还可享有不受俗制处罚的特权。安史之乱后，道教虽然不像初唐、盛唐那样兴盛，但它的观念已经深入人心，以至于晚唐的好几个皇帝都是服用了道士的金丹而亡。到了五代和宋朝，又有不少皇帝信奉道教，遂使道家广泛流行，其影响也就更为深远了。

佛教在唐代发展到了鼎盛时期。当时佛教主要的宗派有天台宗、法相宗、华严宗、禅宗等。与道教相比，唐代佛教的发展几经波折，坎坷前行。首先是唐太宗抑制佛教，僧侣人数由隋朝的二十多万降至不足七万。而女皇武则天为了巩固自己的政权，则大尊佛教，她自称佛门弟子，自号为"金轮圣神皇帝"。公元714年，唐玄宗又下昭令天下僧尼还俗。到了宪宗朝，佛教又大肆反弹，宪宗甚至想把佛骨——"舍利子"引进宫中。这自然引发了一场宗教狂热，僧尼数量又累增至几十万之众。由于出家人太多，不劳动、不纳税，还要白吃白喝，这势必影响社会经济，也威胁到了居于正统地位的儒家思想。于是，韩愈等就上书皇帝，极力排佛。武宗即位后，先是抑制佛教，继而在公元845年采取了大规模的灭佛行动，以维护儒学的正统地位。在这次灭佛之后，佛教的大部分宗派都逐渐衰落下去了，唯有禅宗一枝独秀。

鉴于秦朝亡国的教训，秦朝以后各代都重视儒学。隋朝以儒学为国学，唐朝制定五经给天下读书人作教材。唐宋时期佛教和道教广泛传播，它们的佛性论与修养论直接影响了儒家的思想。在这种情况下，一种"新儒学"便开始悄悄地孕育并逐渐发展起来了。三教交融奠定了深厚的思想文化土壤，新儒学（即理学）遂在这块土壤上成长起来。

理学，又称"道学"，指宋明以来以注重天道心性的理义探讨为特征的儒学。传统儒家讲的中庸和孟子的性善论、《易传》的形而上学、佛教的佛性论、道家哲学和方法论，都被理学家们所吸收，构筑成了一套理学的哲学体系。理学的宇宙论和道德哲学以"心性气理"为核心概念，其修养论则以"存天理，去人欲"为主旨。在理学的学派划分上，存在着两种方法：一种是根据理学家的讲学或出生地点来分，如周敦颐之学叫濂学，张载之学叫关学，二程兄弟之学叫洛学，朱熹之学叫闽学，张栻之学叫湘学；另一种划分方法的根据是其理学学理上的特点，如二程和朱熹之学被称为理学，南宋陆九渊和明代王阳明的学说被称为心学。

从隋唐到明代中叶，文学发展的主要趋势是重心下移。此前的文学体裁，主要是以正统的诗文为主，自隋唐以后，这种文学重心的下移犹如垂直下落而溅开的水花，词、曲、杂剧、白话小说等诸多文学体裁纷纷流行开来。文学创作的主体也由士族扩大到庶族，并进一步扩大到市井文人。市民及广大社会大众成为文学的接受者。

六朝以来盛行骈文，文人在创作上纷纷追求华丽的语言，常常流于华而不实。唐代的韩愈、柳宗元一反这种骈文式的"华而不实"之风，进而主张文学改革，于是倡导了一场轰轰烈烈的"古文运动"。古文运动在文学上倡导文体、文风和文学语言的变革，它以复古为革新，主张在先秦两汉古文的基础上建立新的散文，并提出了"词必己出"，"文从字顺"。宋人欧阳修、王安石、苏轼等人与韩、柳遥相呼应，并再次掀起了一场古文运动，从而牢固地确立起了古文的传统。

唐代文学最辉煌的成果莫过于诗歌。从清代所编《全唐诗》收录的情况来看，一共收录了两千二百多位诗人的四万九千八百多首作品，共计九百卷。李白、杜甫、白居易等都是这个时期具有代表性的诗人。诗歌在中国文学史上渊远流长，但唐诗具有一种总体风貌，使它不同于以往时代的诗歌，那就是：气象恢弘，神韵超逸，意境深远，性情天真，语言清新。唐诗繁荣了将近三百年，在一定程度上，它把中国人的思维方式诗化了。诗歌在唐朝达到了它的顶峰时期，以至于鲁迅先生说，一切好诗到唐代都已被做完了。确实，虽然唐以后各代都有很多优秀的诗人，但是诗歌的总体水平却无法与唐代媲美。

唐诗难继，宋词异军突起。宋朝的词高度繁荣，经常和唐诗并称为"唐诗宋词"。"词"就是歌词，在清代的宋翔风《乐府余论》中，作者是这样解释"词"与"曲"的分野的："以文写之则为词，以声度之则为曲。"词所配合的音乐是燕乐，它是在宴会上演奏的一种音乐。其实，词作为一种文学体裁，早在隋代或初唐就已经开始出现了，并在中唐以后得到了迅速发展。北宋前期的词，在风格上基本延续着南唐华丽的词风。这时候，出现了词的第一个改革者——柳永。柳永是个经常出入于秦楼楚馆的市井词作家，他在词中大量使用俚语，一改词的华丽形象。他的词所用语言既清新又有趣，被人们称为"柳词"。词的第二个改革者是苏轼，他以诗为词。以往词多是用作消遣娱乐的香艳文字，而苏东坡则不拘旧式，用词来改写诗歌这一传统的题材，遂使宋词的地位骤升，终能与唐诗比肩并峙、同享盛誉，他的《念奴娇·赤壁怀古》、《水调歌头·明月几时有》就是这类"词"风中的千古绝唱。推进词风第三次变革的是周邦彦。此人精通音律，以赋为词，也就是用铺陈的手法写词。到了南宋，又有辛弃疾以文为词，其词自由恣肆，举世无双。第五次变革是从南宋的姜夔开始的，此人精研乐理，词风被誉为"幽韵冷香"。诸如"疏影横斜水清浅，暗香浮动月黄昏"之类的名句即出自他的笔下。

唐代艺术具有一种恢弘博大的气象，五代、两宋的艺术则以崇尚意趣而著称。

隋唐的南北文化融合与中外文化的交流，促进了艺术的繁荣。受佛教文化的影响，当时的绘画、雕塑与石刻多是描述佛教故事的。从今天我们在敦煌莫高窟所见到的唐代壁画和雕刻作品来看，多以净土变相为题材，构图庞大，气势宏伟。各种菩萨也被处理成女性的模样，袒胸露乳，体态丰腴而多姿，体现了唐代的人物审美观。吴道子是当时一位著名的画师，传说他画了一幅《地狱变相》，竟然让京城的屠夫看了之后，痛忏前非，放下屠刀改行了。唐人在人物画和山水画方面也取得了前所未有的成就，诗人王维就是一个工于诗意山水画的杰出典范。

今天少儿习字最常临摹的是颜（真卿）体、柳（公权）体和欧（阳询）体，这三位是唐代的书法大家，都受到"二王"（王羲之和他的儿子王献之）书体较深的影响。由于唐太宗偏爱王羲之的字，"二王"书体影响了唐代一大批的书法家。他们继承了王体的内在气韵风骨，又加入了唐人特有的潇洒奔放之气势，形成了唐代书法独有的艺术风格。特别是颜真卿，他的书法点画丰满而筋骨强健，从容不迫，成为盛唐气象的典型体现。

"渔阳鼙鼓动地来，惊破霓裳羽衣曲"，这句诗虽然描述的是唐玄宗沉迷歌舞女色差点亡了国，但我们也可从中窥见唐朝歌舞的盛况。事实确实如此，初唐到盛唐的百余年间，是中国歌舞史上的一个黄金时代。唐代的音乐和舞蹈在继承传统中原汉民族歌舞的基础上，广泛地融合了国内外各民族的音乐营养。像《霓裳羽衣》这样的大型乐舞，就是根据异域印度的风格和题材改编而来。这种乐舞风格上的异彩纷呈，象征着太平盛世的雍容华贵与富丽堂皇。

五代、十国是战乱的年代，但是在艺术上则前承唐而后启宋。就拿花鸟画来说，唐代的花鸟画一般只是用作装饰艺术，南唐的徐熙则赋予它野逸的审美情趣。宋代的花鸟画发展了这个风格，梅、兰、竹、菊"四君子"是水墨写意画的常题，经常被士人赋予个性，寄托知识阶层的人格理想。到了宋代，政府还设立了"翰林国画院"，它相当于现在的中央美术学院，当时许多有名的画家都曾经在国画院供过职。画院的画风几乎左右了宋代绘画的潮流，这不能不说是一大艺术景观。除了花鸟画之外，山水画方面也是名家辈出，风格上以表达文人意趣的风神韵致为雅。与唐朝人偏爱佛教题材不同，宋代人则无论人物、历史还是风俗画，都把画笔指向世俗化的市民生活，巨幅画卷《清明上河图》就是宋代画风的代表之作。

作为文化传统的积淀，风俗、娱乐维系着人间的情感，其感染力亦是不可忽视的。唐宋时期，风俗、娱乐的种类繁多。其中，有些很注重精神享受，如品茶论道、欣赏牡丹、送别折柳、下围棋等等。

中国的茶文化源远流长。唐朝有个名叫陆羽的人专门写了一本《茶经》，详细叙述了茶的生产、加工、煎煮、饮用、相关器具及有关的典故传说。这对推动中国的茶文化发展产生了巨大的作用，陆羽本人也被后人奉为"茶神"。饮茶亦逐渐在社会上被普及为一种赏娱文化活动，人们不仅重视饮茶本身解渴、提神、破睡等功效，还强调视觉与嗅觉等感官的享受，视之青翠、闻之幽香、啜之甘润，以获得精神上的愉悦。佛僧学禅以茶为伴，文人诗书也以饮茶为高雅。渐渐地，饮茶亦上升到"茶道"的境界，成了提升人们精神境界的一种高尚的文化赏娱活动。

自隋唐始，观赏牡丹逐渐成为一种时尚。对于牡丹，唐宋的文人们更是情有独钟，并形成了一种特别的文化情怀。这主要源于牡丹姿态美好，国色天香，象征着吉祥富贵，这种独特风韵遂赢得了诗人和画家的青睐。

这个时期，人们还喜欢下棋。围棋在当时是一种高雅的智慧游戏，下围棋成为文人士大夫的重要修养之一。诗人杜甫说他自己是成天下棋，以棋度日。

最后，要特别一提的是唐代社会生活中的女性。有学者认为，在中国古代女性中，生活在唐朝的女性是比较幸运的一群。在她们之中，有潇洒仕女，有长安丽人，有手握大权的宫廷女性群体，更有中国历史上唯一的女皇帝武则天。虽然传统观念规定"男女授受不亲"，可是，大唐社会对于贞操却不是特别在意。女子婚前失贞，一般不会嫁不出去；离婚以后，再次嫁人也不受社会歧视。在这种情况下，女子的思想观念比较开放，她们的行为、穿着都很大胆。虽然身处"男主外，女主内"的大环境，唐宋时期的女性仍持有一种积极进取的人生态度。在中国历史上，她们书写了色彩鲜明的一页。

唐宋时期的文化绚丽多彩，这一定程度上要归功于当时的教育得法。唐朝的官学、私学发达，蒙学也得到发展，这使得全社会的整体文化水平明显提高。隋朝时就将儒学确立为国学，而且还在全国范围内实施科举考试制度，开创了后代国家考试的传统。科举考试制度的实行，使各级学校教育以儒家思想为核心，儒家经典便成了学校的教材。因此，谈到这个时代的教育，首先要谈到经学。

唐代以前，经学南北分立，自《五经正义》颁行之后，方才重新统一。唐代的经学继承汉代严谨的学风，在去伪存真方面日臻细密，并在整理典籍的规模上显现恢弘气象。宋代学风一变而为六经注我之义理经学，以经学为依傍发展成为影响后世至深至远的新儒家哲学——理学。经学在唐代以义疏为主，在宋代以义理为主。

与经学的学风相对应，唐宋时期的治史之学也经历了风格的转变。唐代史学著述繁富，发展了史学注疏学，并出现了《史通》与《通典》两部理论性著作。宋代学者则在秉持弘扬历史事迹的传统基础上，发展出以《资治通鉴》为代表的评论与资治并重的新史学。

这段时期的官学，一般区分为中央、地方两个级别，中央官学多归国子监管理。唐代的官学很兴旺，曾几次出现了兴办官学的高潮，为政府培养了不少官吏。宋代的官学，比唐代更完备，尤其是官方的太学，摒弃门户之见、广招学生，迅速发展了起来。但是久而久之，这种官学教育也出现一定的弊病，于是一些有识之士便主张教育改革。如范仲淹、王安石等，在当时都是著名的教育改革家。

除官学之外，私人办学也发展了起来。

在私学中，宋代的蒙学盛极一时。蒙学一般针对7—15岁的儿童和少年，主要教授他们一些基础知识，还对学生进行一些初步的道德行为训练。它的教育目的是给学生打基础，以便他们将来参加科举考试。宋代的蒙学课本非常多，在编写上大都适合儿童的年龄特点，不少还饶有趣味。

不过，蒙学毕竟是基础性质的教育。在私学中，担负着高等教育职能的则是书院。

作为一种新型教育组织形态的书院，在宋代是颇具特色的。它就像一面镜子，不仅反映出中国教育的特色，还反映了中国古代思想与政治、经济、社会文化之间的互动关系。书院是由私人讲学之风带动起来的，随着宋代书院教育的发展，私人讲学又被推向了一个新的高潮。从教育思想上看，它既有私人学术教育思想的成分，又有体现正统儒家经学教育思想的因素。一些著名的理学家都是通过书院讲学来宣扬自己的思想，几百年后，他们的思想就被普遍地接受了，并被尊为正统的官方意识形态。

唐太宗李世民直称自己是"才不逮古人而成功过之"，对华夏、夷狄等各民族一视同仁。这样，唐代遂以宽容和开放的心胸，主动善意地跟当时的其他民族交往，这进一步促进了中外文化的交流与融合。在唐宋时期的对外文化交流过程中，丝绸之路起了非常重要的作用。

丝绸之路是连接中国与欧洲的一条"商路"，它从汉代起就发挥着重要的作用。通过丝绸之路，很多侨民从中亚、西亚来到中国。他们带来了异域文化，也把他们的信仰——如祆教、摩尼教、景教、伊斯兰教——传到了中国。敦煌是丝绸之路上的重镇，它把中西文化交流的痕迹保留了下来。直至今天，我们还可以从敦煌莫高窟的壁画中看到明显具有西域风情的艺术品与人物造型。

在唐代，中国与印度和东南亚之间的交往也十分频繁。《西游记》中去西天取经的唐僧，就是以初唐高僧玄奘为原型的。玄奘是法相宗的创立者，他去印度巡礼求法十多年，学成后回国，带回并翻译了大量的佛经。今天印度的佛经大部分已经失传了，却可在中国找到它们的译本。这种佛经翻译工作对唐代的文学产生了重大的影响。印度的雕塑、绘画艺术随着佛教石窟的开凿在中国也产生了深远的影响。

长安在唐代是个国际性文化大都市，曾居住了大量的外国人。在这里，不仅没有民族歧视，来唐的外国使者还受到政府的特别优待。波斯的摩尼教、大秦景教（基督教的一个教派）也都在长安扎了根。不同宗教竟然能够在一片土地上和睦相处，这在世界历史上并不多见。在多元文化的氛围中，长安出现了"胡化"的风气，外来习俗亦渐渐融入市民生活。一种融合了域外音乐和舞蹈的新乐舞，在长安比传统的乐舞要更受欢迎。

地处东亚的朝鲜和日本，早在隋唐时就已派遣了留学生来中国学习。新罗在公元682年仿照唐朝设立国学，教授《诗》、《书》、《礼》、《易》、《春秋》等儒家经典。自新罗来华求法的神舫和圆策，还成了大德高僧。高宗时，日本的智通、智达来到长安，师从玄奘学习法相，归国之后成为日本法相宗的创始人。唐代佛教的其他流派也都为日本僧人全部接受而东传。唐代的乐器、歌舞、书法和绘画作品也被日本引进。汉语对日本文化影响深远，早在日本的奈良时代，用汉文写诗在日本就已蔚然成风。甚至，日本的文字也是参照汉字创立的。总之，华夏文明的东传，对朝鲜、日本的文明化进程产生了深远的影响。

第一章 宗教与学术

第一节 隋唐佛教的传播

一 隋唐佛教概说

佛教产生在古印度,其创立者是释迦牟尼,他跟中国的孔子大约是同时代的人。

大约在西汉末东汉初期,佛教传入中国。印度的佛教有很多宗派,对于这些宗派的思想,南北朝时期的中土佛教学者主要还是承袭和模仿,没有多少创造性。他们分别持有某些经论,形成了众多不同的学派,如涅槃学派、成实学派、三论学派、摄论学派、毗昙

图 1 释迦牟尼像

学派、地论学派、楞伽学派等,这些学派之间一直争鸣不休。进入隋朝以后,中国佛教的新宗派学说才逐渐发展了起来。

在佛教发展史上,隋唐是个黄金时代,新的宗派学说开始取代旧的教义。隋唐前期,流行的佛典很多,显得杂乱无章,在佛教界争议很大。有感于此,唐初有个叫玄奘的高僧下定决心,要去"西天"把真经给取回来。后来他做到了,成功地从印度带回了许多佛典。随后,玄奘和他的同事们便以惊人的毅力翻译了一千三百多卷印度佛经。随着这些新译对典籍的澄清,一些旧经也就失去了意义,持这些旧经的摄论学者、毗昙学者也随之消失了。

隋代的吉藏创立了三论宗,自此,成实学被判为小乘,在唐代逐渐衰落。随着天台宗、三论宗等的兴起,涅槃学也消失了;作为四论宗师的北齐道场和东魏昙鸾,最终归宗净土;楞伽师僧那、僧璨的学派,则直接发展成为禅学北宗。

此外，佛学的理论水平也更为精致圆融了。与南北朝时偏重于接受、模仿的风气不同，隋唐时期佛学的理论解释更为系统化，并建立起中土化的学说。在学派思想之上，佛教的宗派思想也日益发展起来。

二 佛教宗派

这个时期的佛教宗派很多，各个宗派都奉行某些经典，且有自己独特的解说。下面简略地作一番介绍。

天台宗。它在隋代已形成，因其宗主智𫖮常住在天台山国清寺，所以得名。由于它立教的宗旨是《法华经》，所以它又称"法华宗"。在智𫖮和尚弘法的时候，该宗得到了陈、隋两朝好几代皇帝的支持。智𫖮系统地提出"一念三千"和"三谛圆融"的学说。在修养方法上，他融合了南方佛教重内心领悟、北方佛教重外在修行的特点，主张领悟与修行并重的"止观"。止又称"定"，意思是坐禅修行；观又称"慧"，指的是内心领悟。定慧双修，便可以见佛性、入涅槃。

三论宗。它崇信三本佛典，即"三论"——印度中观学派的《中论》、《百论》和《十二门论》。隋僧

图2 智𫖮像

吉藏是该宗的创立者，他幼年出家，拜法朗为师学习"三论"，19岁时学成。他在会稽的嘉祥寺说法，被尊为"嘉祥大师"，声名渐扬。后来隋炀帝邀请他去长安，在那里写下了"三论"的注疏和《三论玄义》。在三论宗看来，人世间和出世间的万事万物都是因缘而生、和合而成，空幻不实，没有自性。认识到这个，便是"真谛"；然而，凡夫俗子们总是从"有"的角度看问题，以为世间万有诸法都是真实存在着的，这是"俗谛"。真、俗二谛"二而不二"，都可以有益于教化，这就是"中道"。中道不生不灭、不常不断、不一不异、不来不出，又被称为"八不中道"。

图3 玄奘大师

唯识宗。又称法相宗，是唐代玄奘及其弟子窥基创立的，曾盛极一时。它宣扬"万法唯识所现"，所以得名唯识宗。由于小说《西游记》以玄奘为主人公，他赴西天取经的故事早已妇孺皆知。玄奘小时候家里很穷，年幼出家，后来遇到来华的印度高僧波罗颇密多罗，在这位高僧的影响下，玄奘决定西游取经。他途经西域十六国，历尽千辛万苦才到达印度，并在印度的佛学最高学府学习了五年。学成之后，他又在印度云游了几年，然后回到那烂陀寺给僧人们讲《唯识抉择论》。玄奘在印度佛教界很有名气，印度的戒日王曾为他在曲女城举行了一个宗教大会，命令整个印度的佛教、婆罗门教和其他宗教的学者参加，参加这次会议的宗教界名流有六千人。这次会议以玄奘写的《会宗论》和《制恶见论》为论题，任何人都可以提出质疑。大会开了十八天，竟然没有一个人能够驳倒他。他的理论阐述实在是严谨至极，滴水不漏，博得了印度宗教界人士的赞叹。回国以后，玄奘致力于翻译佛经。他门下弟子中，最有才华的是窥基。窥基一生写了很多著作，被称为"百部疏主"。他的著作中，最具代表性的是《成唯识论述记》，被后世唯识宗奉为经典。唯识宗学奉渊源于印度无著、世亲的大乘瑜伽行派思想。其理论逻辑严谨，但失之繁琐；所以，窥基以后，唯识宗只传承了两代就衰微了。

华严宗。因奉行《华严经》得名，宣扬"法界缘起"。其创始人是法藏，他以《华严经》为依据，且吸收了玄奘新译中的理论，建立了宗派。在女皇帝武则天的支持下，华严宗一时大兴，很有一统中土的倾向，并对后来的朱子学产生了一定的影响。武宗灭佛之后，华严宗与其他宗派一同衰落。

净土宗。因修持"往生阿弥陀佛净土"法门，故得名。它的经典是三经一论，即《无量寿经》、《观无量寿佛经》、《阿弥陀佛经》和世亲的《往生论》。善导被认为是净土宗的创始人，他劝人"持名"念佛、"往生西方"。该法门没有繁琐的思辨理论，理解起来容易得多，老百姓很容易接受它，所以流传

图4 法藏像

图 5 西安香积寺善导塔

很广。此外,在西域还有密宗。在众多宗派之中,以禅宗最具中土化特色,其传承时间最长久,影响绵延数百年(密宗和禅宗在接下来的章节中会有详细介绍,故此处先不赘言)。

在这里,武宗灭佛需要特别一提,因为它直接关系到上述宗派的衰落。唐朝的皇帝大多数很开明,对佛教持支持态度。即使有些皇帝抑制佛教,也只是勒令一些僧尼还俗,动作不大。但是,也有下手特别狠的,那就是唐武宗。

武宗即位后,先是抑制佛教,继而在会昌五年(845)下令大规模灭佛,史称"会昌灭佛"。按照他的旨意,西京只许留四寺,东京只留二寺,天下所有的节度观察所治州三十四处都各留一寺,其它刺史所在州一律不得有寺。这次灭佛运动规模很大,四千六百多所寺院被毁,二十六万多名僧尼被勒令还俗,数千万顷良田被政府没收。自此,寺院经济遭受到毁灭性的打击,大多数宗派衰落下去。虽然如此,但在思想领域,佛教思想已经深深渗入中国人的精神之中。佛教理论无论是被吸收还是被排斥,都一直影响着儒、道两家,尤其是宋代的理学。

三 佛经的翻译和撰述

由于佛教是古印度的宗教,最初的佛经也是用古印度语言写成的,佛教要在中土传播,首先要解决的问题之一,就是怎样把佛经翻译成中文。所以,僧人们在传教的同时,也做了大量译注工作。另外,不少高僧还亲自著书立论。早在隋朝之前,译经事业已很发达,如支谦、康僧会、法显、鸠摩罗什等,都是著名的译师。隋唐是佛教的黄金时代,佛门撰述和译经更是繁盛,涌现了一大批优秀之作。不管在数量还是在质量上,它们都可与六朝媲美。

佛经的撰述,从体裁来说,有章疏、论著、语录、史传、音义、目录、杂撰、撰集等;从理论水平来看,不少译著综合了南北朝以来的学说,形成了中国本土化的佛学体系。不少作品都是富有新意的撰述,如吉藏的《三论玄义》,智𫖮的《法华经玄义》、《摩诃止观》,窥基的《成唯识论述记》、《因明入正理论疏》、《大乘法苑义林章》,智俨的《华严经搜玄记》,法藏的《华严经探玄记》、《华严一乘教义分齐章》、《华严金狮子章》,湛然的《金刚錍》,慧能的《坛经》,宗密的《原人论》《禅源诸诠集都序》，普济编的《五灯会元》，赜藏编的《古尊宿语录》，延寿的《宗镜录》，契嵩的《辅教篇》，宗杲的《正法眼藏》等。

在佛教高僧所撰述的作品中，许多都具有重要的学术文化价值。如玄奘所著《大唐西域记》，就是一部非常重要的史地和文化交流资料。它记录了玄奘在西行路上的见闻以及所到之处的地理风俗，文笔优美。那个时代，没有路程标记，要测量距离并不容易，常常失之精确。玄奘以足作尺，把他游历的国家记录了下来，这样做十分不易。他的这些资料非常严谨，根据这些记载，今天的考古学家已找到几十处古代遗址。

在众多高僧的努力之下，隋唐佛学硕果累累。大量的汉文译经、撰述著作流传了下来，在此基础上，自宋代开始，历代都重视汇集经书，还编撰了汉文大藏经。汉文大藏经成为中华文化传承的重要部分。

四 密教与藏传佛教

据传说，释迦牟尼一生传法。他的佛法多是可以对众人公开宣讲的，被称之为"显教"；但是他还有一套关于快速成佛的秘密修法，没有公开说过，怕说了会惊世骇俗，这就是密法。

密教又称为秘密教、喇嘛教，它源于印度的大乘佛教。由于它秘密地教说、修持、传承，这种秘密性使它跟佛教其他派别很不一样。该教尊奉的最高神叫"大日如来"，据说他与释迦牟尼为一佛二身：释迦牟尼为"应身"，大日如来是"法身"。在隋唐佛教的众多派别中，密教是与中土文化交涉融合最浅的一个。

在印度，早期的佛教经典中有很多咒语。这些咒语来源于吠陀教、婆罗门教以及印度民间信仰，是后来大乘密教的一个主要原始形态。公元1世纪左右，在婆罗门教的影响下，佛教出现了以陀罗尼（咒语）为主的典籍。6至7世纪，面对印度教的广泛传播，大乘佛教开始大量吸收印度教和民间信仰，如诵咒、祈神、结坛、降魔等内容，以求争取到更多的信众，并与印度教相抗衡。密教就是这种抗衡的成熟产物。在理论上，它融合了空、有两宗；在形式上，它具有组织化的仪轨（规范）；在修持上，它以"三密"（手结契印、口诵真言和心作观想）为途径，目的是"即身成佛"。同时，由于得到了印度波罗王朝的支持，密教传播迅速。

在2世纪后半叶，印度密教的原始形态，如陀罗尼、咒术、密仪等，随着中亚的僧侣和大乘佛经流入中土。三国时期，有个僧人叫支谦，他译出了《佛说无量门微密持经》等典籍，这些是中国最早出现的密典。此后直到8世纪中期，汉地共译出一百多部陀罗尼经和咒经。

继陀罗尼密法之后，持明密法在梁末、周、隋时传入中原腹地。持明密法具有了更多的异教和民间信仰的内容，它以手印配合持诵陀罗尼，并配以像法、供养法、曼陀罗（祭坛）法等高度组织化、系统化的仪轨。这种密法经隋朝一直流行到唐代武则天执政的时候，长安、洛阳成为密教的中心。不过，密教在中国真正形成独立的宗派，始于唐玄宗时先后来华传教的三个印度僧人——善无畏、金刚智和不空，他们被后世称为"开元三大士"。与此前的密教法门不同，善无畏所传的是真言乘，它主张三密（身、口、意）并用，有一套完备的教义体系和密法体系，唐代密宗因此跻身于诸宗各派之列。[①]善无畏所传的《大日经》、《苏悉地经》和金刚智、不空所传的《金

---

① 参见吕建福：《中国密教史》，中国社会科学出版社1995年版，第208页。

刚顶经》是真言乘和金刚乘的根本经典。

中唐以后,密教信仰由两京流行于全国,如千手观音信仰、佛顶信仰等。同时,密教的真言咒语和偶像也影响了显教宗派的信仰形式。武宗"会昌灭佛"之后,密宗衰颓,但唐末五代时仍有许多印度僧人来到中原地区,各有传承,法嗣不绝。

在密典的翻译上,宋代是继唐代以后的又一座高峰。这个时期所翻译的密宗典籍,主要有四类:陀罗尼、持明、瑜伽和无上瑜伽密典。在宋代,密宗的神祇崇拜、咒语、造像艺术和宗教传说依然盛行,并超出宗派而普及到民间信仰中。这个时期流行的主要是瑜伽密法,当时西域僧人道贤、蜀地僧人柳本尊等,都是瑜伽密法的著名大师。

元代继承辽夏的判教传统,接受了显教和密教二分佛教的观念。元代以前,密教只是众多宗派中的一个;进入元代,密教上升到了与其他各宗抗衡并立的地位,占了佛教势力的半壁江山。除印度密教的余绪继续东传外,元代皇帝在中原地区大力推行藏传密教。与此同时,西域与大理密教也进入汉地,诸宗密教的相互交流增多。元政府组织人力财力,对汉藏密典进行了大规模的对勘,还刊刻了未入藏的密典。

到了明代,明太祖觉得元代以来的密教信仰太俗,应该加以管理。于是,他对密教法事仪轨、僧侣资格、法事收入等宗教事务的世俗化方面进行严格管理。这从反面表明:密教已经融入汉地风习,早已成为了教化的一部分。

今天的西藏是佛教圣地,在唐朝时,这个地方被称为吐蕃。在7世纪松赞干布(629—650年在位)统治时期,佛教由印度和唐朝

图 6 西藏的桑耶寺。藏历每年 5 月是纪念莲花生大师的时候,因为莲师的生日是 5 月 10 日。每当此时,朝圣者自四面八方而来。

传入吐蕃。同时,随密教典籍和偶像进入藏地,大乘佛教的某些因素也进来了,不过内容并不复杂,只涉及一些简单的仪轨和经咒,还没有传译深奥的密教经籍。到了赤松德赞统治的时候,寂护、莲花生等高僧先后应邀入藏弘法,佛教这才兴盛起来。赤松德赞设立了翻译洲和真言洲,专门负责翻译佛教经籍。

然而,一个外来的宗教要立足当地,这并不是一件容易的事。佛教的流传与藏地的苯教信仰发生了冲突。9 世纪中期,还出现了朗达玛(838—842 年在位)排佛事件。赤松德赞初期,贵族曾发动过灭佛事件,但其广泛程度与破坏力度都不及朗达玛排佛,史称它为第二次灭佛运动。他们毁弃佛像,破坏佛教设施,驱逐并镇压僧侣。至此,佛教在藏地的"前弘期"结束。

前弘期佛教有两个特点:一是密教已传到民间,并具有藏地色彩;二是统治者只允许翻译密典四部中的事部、行部、瑜伽部三部典籍,而无上瑜伽部遭到排斥。

从 9 世纪到 10 世纪末的一百多年,是藏地佛教的一个黑暗时期。

但黑暗中仍有不息的光亮，莲花生大师创立了宁玛派（红教）密法，这种密法在家庭中父子相承，秘密流传，并和苯教信仰相融合。

密教秘密的传承方式，保证了它在藏地的生命力。从10世纪后期开始，佛教在藏地重新流传，史称"后弘期"。

在前弘期，藏地佛教的中观思想（寂护和莲花

图7 莲花生大师

生所传）和瑜伽行派思想（胜友等人所传）各自分别传承。在11世纪，印度僧人阿底峡（983—1055年）应邀入藏弘法，他融合了两派学说，并贯通显、密二宗，创立了自己的理论。这奠定了藏地佛教进一步发展的基础，影响了噶当派的创立和后来15世纪宗喀巴的格鲁派的产生。噶当派之后，藏地佛教相继形成了宁玛派（红教）、萨迦派（花教）、噶举派（白教）、觉囊派等派别。

总之，在某种意义上，藏传佛教是印度佛教的延续，尤其是它接受了印度晚期的各种密法。但在阿底峡时期，藏地佛教就已开始自行发展，它在更广泛的意义上与苯教文化相融合，由此形成具有西藏地方特色的密教，即"藏密"。

五 高僧与名刹

高僧要传教,常常是以寺院为基地的。随着佛教在隋唐的发展,大量的寺院涌现出来了。

根据《法苑珠琳》的统计数据,隋朝时寺院有3685所。唐代的寺院更是迅猛增长,直到唐武宗灭佛前,增扩至大寺4600所、兰若寺4万所。特别是禅宗的兴起,使得许多寺院成为名刹。

前面介绍了隋唐时创立的八个佛教宗派,接下来我们要说说它们各自的"祖庭"。

宗派往往是由创始人在某个寺院创立的,于是,那个寺院也相应地受到尊重,被尊为该宗的"祖庭"。天台宗的祖庭,在天台山国清寺;三论宗的祖庭是南京的栖霞寺;法相宗的祖庭是西安慈恩寺;华严宗的祖庭是长安的华严寺;律宗的祖庭是扬州的大明寺;密宗的祖庭是西安大兴善寺;净土宗的祖庭有两个,一个是江西庐山的东林寺,另一个是山西交城的玄中寺。

禅宗派系繁衍众多,名寺也有许多所。其中最著名的寺院,有禅宗初祖达摩和二祖慧可居游过的河南嵩山少林寺,禅宗三祖僧璨之安徽天柱山山谷寺,四祖湖北黄梅

图8 天台山国清寺

四祖寺，五祖湖北黄梅东山寺（又名"双峰寺"），六祖广东韶关南华禅寺。

六祖慧能以后禅宗分系，各系都尊某寺为祖庭。如南岳一系以湖南衡山般若寺（福严寺）为祖庭，青原系祖庭是江西吉安青原山净居寺，临济宗祖庭正定澄灵寺，云门宗祖庭广东乳源云门寺，法眼宗祖庭南京清凉寺等。

此外，佛教还有四大名山，分别是五台山、普陀山、峨眉山和九华山。这四座山上建有很多名刹。

佛教艺术对中华文化产生了深刻的影响，其中许多艺术形式与寺院有密切关系。寺院往往是佛教艺术体现得最集中的地方。除大型佛教石窟以外，还包括建筑、雕塑、壁画、音乐等等，都通过寺院得到了发展，并给我们中华文明留下了宝贵的佛教文化遗产。

六 佛学的中土化

中国有句成语叫"入乡随俗"，也就是说，到一个地方就应该顺应那个地方的风俗习惯。佛教亦是如此。作为一种外来宗教，佛教要在中土传播，就不能自视清高，须得主动去适应中土文化。

佛教的中土化历程非常漫长。佛教开始在中土传播之际，就遭遇了排斥。因此，佛教徒不得不转而借鉴中土学术，吸收传统道、儒两家的思想。早期佛学发展的路径颇为曲折，宋代的朱熹对此洞察入微，他说，"佛氏乘虚入中国，广大自胜之说，幻妄寂灭之论，自斋戒变为义学……然又只是盗袭庄子之说"；"直至晋宋间，其教渐盛，然当时文字亦只是将庄老之说来铺张，如远师诸论，皆成片尽是老庄意思"（《朱子语类》卷一二六）。

佛教教义虽然迎合了部分的中土文化,但这毕竟是附会而成。随着佛经的大量翻译、佛学著述的繁荣,这种情况逐渐有所改观。也就是说,佛、儒、道一边互相竞争,另一边又互相渗透,三教相互融合,形成了共同体现中国文化精神和特点的学说。"隋唐佛教,承汉魏以来数百年发展之结果,五花八门,演为宗派。且理解渐精,能融会印度之学说,自立门户,如天台宗、禅宗,盖可谓为纯粹之中国佛教也。"①

慧思是天台宗的先驱,对道教也颇有研究。他把道教成仙看做成佛的必要环节,把道教的神仙信仰思想纳入天台教义当中。要说三教融合的产物,禅宗是最典型的。包括儒家的性善论、道家的自然主义、佛教的佛性论、顿悟说,都被禅宗吸收进来。华严宗的一些学者也热衷于调和儒、佛学说,宗密的《原人论》就是调和儒、释、道三教学说的一本重要的哲学著作。又如净土宗,它把民间信仰和道教的某些思想结合起来,曾一度广为流传。

儒释道的融合,对伦理文化也产生了巨大的影响。五代以后,关于修身论的学说逐渐发展起来了。在民间信仰上,佛教与道教在信仰形式上有严格的区别,但是两者在信仰内容上的界限却逐渐模糊起来。正因为在这种佛理的理解与阐释方面,高僧们借鉴了丰富的中国文化本土资源,佛学在中国才得以逐渐发展和兴盛起来。

中土化的佛学,反过来又大大影响了儒家和道家的思想。特别是华严宗和禅宗的学说,对宋明理学的影响尤为深远。宋明时的理学大师们,基本上都是泛滥于百家、出入于老、释,受佛教的影响很明显。如朱熹,他是理学的重要人物。朱熹讲"理一分殊",可以看

---

① 见汤用彤:《魏晋佛教史稿》,商务印书馆1982年版,第2—3页。

出他受到华严宗的影响,其中禅宗的影响更为彰著。朱熹自己也曾说道:"今之不为禅学者,只是未曾到那深处;才到那深处,定走入禅去也。"(《朱子语类》卷一八)二程受禅学影响也很明显,其弟子也是如此。心学派的陆九渊、杨简及王阳明都受过禅学的深刻影响。

七 禅学的兴盛

据传,禅宗渊源于释迦牟尼拈花、摩诃迦叶微笑。在灵山会上,佛祖手里拈着一枝妙净的莲花,把它展示在大家面前。众人不理解他的用意,满座一片沉默;只有长老迦叶忽有所悟,会心地微笑起来。于是,释迦牟尼便承认佛心传给了迦叶,他当众宣布:我有正法眼藏,涅槃妙心,实相无相,微妙法门,不立文字,教外别传,今方付嘱摩诃迦叶。于是,迦叶被尊为西天第一代祖师。这派说法宣

图9 菩提达摩

扬禅宗是佛祖"教外别传"的,得到了佛祖的真传。

说到禅宗在中国的始祖,应该是菩提达摩。此人出生在南印度的香至国,是个王子,有一个高僧师父。有一天师父告诉他,东土会有灾难,你去东土普度众生吧!于是,达摩于南朝梁武帝时期来到中国。梁武帝身为一国之君,却热衷于佛法,他甚至曾三次投身佛寺为奴,都被大臣们用重金赎回。梁武帝本人对佛教义理也颇有研究,著书立说,俨然一位博学高僧。他听说来了一位印度高僧,自然高兴地要和他探讨佛法。却不料,达摩不仅不给面子,还把这位皇帝的理论批得一文不值。结果是达摩无法继续在南方立足,于是北上去了嵩山少林寺。

达摩传授禅法,以《楞伽经》所说世界由心所造为主旨。达摩传法给慧可,慧可传僧璨,僧璨传道信,道信传弘忍,并参用了般若法门。道信时,门下曾有法融在金陵牛头山传禅学。

弘忍的门下有许多徒弟,其中神秀和慧能是最著名的两位。神秀继承了自达摩以来一贯的修心方法,主张渐悟。神秀在北方传教,建立了禅宗北宗。慧能继承了师父的衣钵,他主张顿悟,直指"见性成佛",不重经典,不立文字。慧能在南方传教,这就是禅宗的南宗一脉。

神秀是弘忍的上座弟子,弘忍在世时他就很有名。师父去世后,神秀被武则天迎进长安,女皇帝亲自接受跪礼,还时不时地向他请教问题。皇帝的重视使神秀名声日旺,闻风来朝拜神秀的人曾高达一日数万之众。唐中宗即位后,对这位高僧仍然十分礼敬。神秀也因此享有"两京法主"、"三帝国师"的殊荣。他死后,中宗命令神秀的弟子普寂统领法众,继续弘扬佛法。

相比之下，慧能虽然继承了师父的黄梅衣钵，刚开始的时候其影响却不及神秀。但慧能门下有几位能干的弟子，如南岳怀让、青原行思、荷泽神会等。在他们的努力下南宗得以发扬光大。在普寂传道的时候，神会去北方传播南宗禅学。他在河南的大云寺举办了一个大会，在会上论定了达摩一宗的法统，并批评神秀一系是旁门，不是正统。他使慧能一派作为禅宗正派的印象深入人心。神会还是个善于经营的人，安史之乱时他曾经立坛度僧，把所获得的财帛作为军费，帮助郭子仪收复了两京。

从此之后，北宗逐渐衰落下去，南宗成为禅宗乃至整个佛教的正脉。

南宗慧能的弟子后来演变为三系，除了荷泽神会一系较短外，另有南岳怀让和青原行思两系。后来在唐末五代年间，南岳一系分出沩仰、临济两宗，青原一系分出曹洞、云门、法眼三宗，合称禅宗五家，也号称五宗。

八 禅宗高僧

禅宗出了很多高僧。首先重点介绍两位：北宗的开创者神秀和南宗的开创者慧能。

神秀（605—706年），俗姓陈，是汴州尉氏人。据说他早年到蕲州双峰山弘忍禅师的住所，大师向他传授禅法。后来，神秀居住在荆州玉泉寺。大足元年，神秀被皇帝召见，迎入东都，随驾往来，给皇帝讲解佛法。据说神秀是个长寿的人，活了一百多岁。他死的时候留下的遗言是三个字："屈曲直"，大概意思是说，求道经历曲折而后归于平淡。根据诗人张说《大通禅师碑》的记载，神秀为学宗旨是"专念以息想,极力以摄心。其入也,品均凡圣;其到也,行无前后。趋定之前,万缘尽闭;发慧之后,一切皆如。捧奉《楞伽》,递为心要"①。神秀的弟子中,最著名的是普寂。京师是他们的传教根据地,由于受到皇帝的特别扶持,北宗传衍了一百多年。直到唐武宗灭佛,北宗在受到沉重打击之后,才逐渐衰落下去。

慧能(638—713年),祖籍河北范阳,他出生于岭南新州。他的父亲死得早,从小家境贫寒。有一天他在市井一家店铺中,偶尔听到有人念《金刚经》,忽有感悟。于是他告别老母亲,动身往湖北弘忍居住的寺院求见。弘忍留他住在寺中,做一些杂活儿。几个月后,弘忍召集弟子们说,要把衣钵传给他们中的一位,现在要考验他们的修炼,要求弟子每人做一道偈(即五言诗)。神秀是上座弟子,被众弟子公认为最有希望的继承人。他做了一偈,但不敢当面交给师父,便趁夜把它写在南廊的墙上。他的偈是这样的:"身是菩提树,心如明镜台,时时勤拂拭,莫使惹(沾染)

图10 慧能像

---

① 见季羡林等:《禅与东方文化》,商务印书馆国际有限公司1996年版,第35—36页。

尘埃。"众人后来读了之后，连连叫好。慧能这时也听说了，他觉得这个偈文写得好倒是好，但是没有说到精妙之处。于是慧能也作了一道偈，请人代笔写在西间壁上。他的偈写的是："菩提本无树，明镜亦非台，本来无一物，何处惹尘埃？"后来，弘忍看到了，他认为还是慧能更有悟性，但在众弟子面前却装做不以为然。晚上，五祖弘忍来到慧能干活的地方，用手杖在地面上敲了三下就出去了。聪明的慧能马上领会了弘忍的意思，等到半夜三更之时，来到弘忍室内。弘忍将黄梅衣钵秘密地传给他，要他赶紧离开，去南方弘扬佛法。这样，慧能就成为了禅宗六祖。

慧能南下，隐居了十五年。此后他去了广州法性寺（今光孝寺）。据传，当时两个僧人在争论，风和幡究竟哪个在动？慧能听到了，便插嘴说，不是风动，也不是幡动，而是你们的心在动。寺院主持宗印法师听后很吃惊，请慧能至上席相问佛法，慧能对答如流，并趁机出示黄梅衣钵，随后即为僧人开示禅门。不久，慧能回曹溪宝林寺（今南华寺），又应邀去韶州大梵寺讲堂为众僧说法。后来他的门人法海把他的说法整理出来，录为《坛经》。在《坛经》中，慧能强调不立文字，力求直指人心，开悟成佛。也就是顿悟心性，自成佛道。慧能提倡简易直截的顿悟法门，不主张坐禅。他认为在一切生活中都能体悟禅的境界，"运水搬柴，无非妙道"说的就是这个意思。这是佛教史上的一项重大变革。

严格地说，神秀真正继承了从达摩到慧可以来的禅宗精髓，相比之下，慧能则有点离经叛道。所幸五祖慧眼识珠，把衣钵传给了这个有点儿叛逆的徒弟，这似乎意味着，禅宗在慧能这里将有不平凡的事情发生。

神秀的偈，核心是个"净"字；慧能的偈，核心是个"空"字。慧能被五祖选中，因为"空"比"净"更进一层。而且，慧能的偈，体现了心是世界的本体，万事万物都由心生：心想到一物，此物便产生了；心不去想，什么都不存在。禅宗南宗的修行方式就是如此简单，只要做到心像木石一样没有杂念，便可顿悟，这样在刹那间便可领悟到佛性的奥妙。这种简易性使禅宗此后久盛不衰，尤其在普通民众中流行很广。

慧能之后，禅宗的著名高僧有怀让、道一、怀海、义玄、行思、希迁等。

怀让少年出家，跟慧能学习了十五年，学成之后往南岳传法。他的弟子中最知名的是道一（709—788年）。道一俗姓马，后世尊称他为马祖。他也是年幼出家，本是禅宗北宗的僧人，后来弃北从南，到了南岳结庵而居。他的修行方法却未变化，整天整天地坐禅。怀让见了，问："大德坐禅图什么？"道一回答说："图作佛。"怀让见这个年轻人的确很有诚意，但认为他的方法不对。为了开导他，怀让就拿了一块砖来，在道一的庵前石头上来回磨。于是道一问怀让："师磨砖作什么？"怀让回答："磨作镜。"道一惊奇地问："磨砖岂得成镜耶？"怀让见这个勤奋的人果然中了自己设下的圈子，便不失时机地反问："磨砖既不能成镜，坐禅岂得成佛耶！"道一更为惊异，就向怀让请教，结果懂得了许多深奥的教义（见《景德传灯录》卷五）。后来，道一往江西、福建一带去传道，聚徒说法，弟子众多，于是禅宗愈加昌盛。

怀海（720—814年）是马祖道一的弟子。后来在洪州百丈山创立禅院，制定"禅门规式"，规定禅宗寺院的僧职，成为后代"丛林清规"的模式。

怀海的弟子义玄创立临济宗,以棒喝启迪觉悟,通过机锋对答方式促人醒悟。唐宋时期的僧人们,喜欢手持禅杖,必要时可用它对弟子进行棒喝,启迪智慧。作为一种禅宗的智慧方法,棒喝后来流行极广。

慧能另有一弟子前往吉安青原山静居寺弘法。同门希迁(700—790年)前来受道。希迁得法后,前往南岳的南寺,结庵于寺东的大石上,时人称为"石头和尚"。《五灯会元》(卷五)记:"僧问:'如何是解脱?'师曰:'谁缚汝'?问:'如何是净土?'师曰:'谁垢汝?'问:'如何是涅槃?'师曰:'谁将生死与汝?'"①后来,希迁成为与道一同名的高僧,世称"并世二大士"。希迁以后的高僧分别创立了曹洞宗、云门宗和法眼宗。

九 禅与士大夫生活

中唐以后,禅宗成为佛教的主流。

禅宗的说教,简易直截,直指人心,因此,在普通民众中传播广泛。它追求自我超越,且相信人性生来就有很美好的东西,一定能够超越自己。这种追求和自信,使禅宗很容易赢得士大夫们的普遍青睐。

禅宗又是一种特殊的宗教。

一方面,它突出人的内在修养,融合且提升了儒、释、道三家的综合性智慧。在此之前,中国人的修养方式是从外向内的,总是

---

① 见[宋]普济:《五灯会元》,中华书局1984年版,第256页。

看重某些规范，然后用来约束人的言行举止；而禅宗却反其道而行之，它认定"本性是佛"，不用遵从任何外在的约束，只需要把本性显现出来就行了。

另一方面，由于禅宗直接解除了外在形式的束缚，甚至于呵骂佛祖，这使得它的宗教色彩渐趋淡薄，进而对佛教信仰的传统也提出了挑战。

因此，禅宗不同于一般的宗教，它使士大夫们自信自觉地接受其教义的清净本性，直接领悟人性的本源。《坛经》中说："世人性本自净，万法在自性，思量一切恶事，即行于恶行；思量一切善事，便修于善行。知如是，一切法尽在自性，自性常清净。"① 又说："我心自有佛，自佛是真佛；自若无佛心，向何处求佛？"② 这是一种自性本善的思想，把佛性论与儒家所讲的性善论调和了起来，对儒家士大夫们的思想产生了深远的影响。后来宋明理学家讲修养，喜欢说"念念不忘存天理克人欲"、"不假外求"，这实际上跟禅宗的佛理并无二致。禅宗另外还讲不立文字、教外别传，这对宋明儒者的影响也不小。不过，这并不是禅宗的独创，早在先秦时期，道家的庄子等人就讲过言意之辩。

除了上述的学理特点之外，禅宗跟士大夫的生活情趣也很契合。

禅宗讲的修道，不必遵从某些程式。在人的日常生活、行住坐卧中，随处都有妙道。道家主张道无处不在，禅宗和道家在这方面是相通的，且对宋明理学的心学一派产生了启迪作用。王阳明说，老百姓的日用就是道，这个思想跟禅宗是一脉相承的。

---

① 见周绍良编著：《敦煌写本〈坛经〉原本》，文物出版社1997年版，第125页。
② 同上书，第168页。

禅定对于儒者而言，也是一门必要的修养工夫。朱熹就曾说，他每天静坐半天，读书半天。王阳明以后的学者，许多都是禅学的实践者，他们追求内心的宁静于情之未发之际。

士大夫喜欢玄谈，禅宗对话方式的语录式机锋也迎合了他们的口味。机锋是禅宗中禅师回答学生问题的一种特殊方法。按照这种方法，对于学生的提问，禅师一般都不做正面回答，他们的回答多是随口道来，借物喻事，甚至做一些动作打哑谜。看起来好像是答非所问，但是，有悟性的学生能够从中领会老师的意思。学生能否和禅师形成某种默契，是衡量他道行高低的标准。用机锋来表达悟性、启迪觉悟，这种做法在士大夫中成为一种时尚。

另外，禅宗与士大夫的精神生活和审美趣味紧密相关。禅宗讲觉悟，这点与中国传统的艺术审美趣味恰好吻合，并通过禅悦、不离世间觉的方式表现出来。唐朝以后，有很多士大夫自称为"居士"，如王维、白居易、苏东坡等。居士们热衷于赞美《维摩诘经》中的主角维摩诘居士①，希望像他一样，做个享尽人间之乐的人。居士们精悉禅理，以世间为出世间，禅学思想深深渗入他们的生活追求之中。因此对士大夫来说，禅还是一种处世精神，一种人格境界，一种理想的生活方式。

十 禅对文学艺术的渗透

禅宗对文学艺术产生了深刻的影响。这种影响在禅宗成系统之前就有了，到禅宗鼎盛以后尤甚。

---

① 见周绍良编著：《敦煌写本〈坛经〉原本》，文物出版社1997年版，第125页。

文学方面,盛唐诗人中,王维(字摩诘)是受禅学影响很深的一个。他对于禅理有很深的体悟,并写有《能禅师碑》。如他的《山居秋暝》、《鹿柴》等诗,富有深深的禅意:"空山新雨后,天气晚来秋。明月松间照,清泉石上流。竹喧归浣女,莲动下渔舟。随意春芳歇,王孙自可留。"(《山居秋暝》)"空山不见人,但闻人语响。返景入深林,复照青苔上。"(《鹿柴》)

孟浩然、常建二人也受到禅学熏陶,他们喜欢把自己独坐时的感悟写下来,在禅的静默观照中欣赏山水,体验其中的禅趣与空灵。

图 11 维摩诘像

白居易三教并举，炼丹坐禅，显然受到禅宗的影响。诗与禅，天然就具有文化渊源上的默契，因而容易在二者之间找到共通的妙趣。当时的许多诗人都援禅入诗。晚唐的文论家司空图，更是直接把禅悟与诗学融会在一起。

宋代以后，士大夫更是谈禅成风。在他们那里，诗和禅相互印证以激发人的灵感，且与生活情趣相映衬。苏东坡在这方面堪称典范，他有一首诗咏道："殷勤稽首维摩诘，敢问如何是法门。弹指未终千偈了，向人还道本无言。"①

士大夫们在谈禅与诗的关系时，把禅悟带入诗的境界。戴复古说："欲参诗律似参禅，妙趣不由文字传。个里稍关心有悟，发为言句自超然。"②严羽在《沧浪诗话》中说："羚羊挂角无迹可求，故其妙处，透彻玲珑不可凑泊，如空中之音、相中之色、水中之月、镜中之象，言有尽而意无穷。"③他的妙悟之说，用禅的"直证"说明了诗的意趣所在。

除诗歌外，许多杂记散文中也时常渗透参禅的意境。文学作品如《红楼梦》中也把参禅体验作为刻画人物性格的灵感源泉。

参禅的体验化入士大夫的生活后，很自然地就会流露在其文学创作中。如白居易，他建了一个草堂，并给这个草堂写了一个记："乐天既来为主，仰观山，俯听泉，旁睨竹树云石，自辰至酉，应接不暇。俄而物诱气随，外适内和，一宿体宁，再宿心恬，三宿后颓然、嗒然，不知其然而然。"④

---

① 见《苏东坡全集》卷七《无言亭》，珠海出版社1996年版，第594页。
② 见《石屏诗》卷七《论诗十绝》。
③ 见[宋]严羽：《沧浪诗话校释》（郭绍虞校释），人民文学出版社1961年版，第24页。
④ 见《白居易集》（顾学颉校点），中华书局1979年版，第934页。

儒家的很多学者，也随处流露出对禅悟的灵感。比如北宋著名的理学家程颢，他在诗中咏道："闲来无事不从容，睡觉东窗日已红。万物静观皆自得，四时佳兴与人同。道通天地有形外，思入风云变态中。"[①]这些诗文都显示出禅对士大夫的生活艺术产生了深远的影响。

在书法、绘画、雕刻、园林艺术等方面，禅宗的影响也是很深刻的。以绘画为例，王维特别善于将诗的意境融入画中，他画画时随心所欲，花鸟景色不拘四季，可谓诗中有画，画中寓禅。王维有一幅画名为《袁安卧雪图》，被后人沈括收藏。沈括在《梦溪笔谈》中评论说："余家所藏摩诘画《袁安卧雪图》，有雪中芭蕉，此乃得心应手，意到便成，故妙理入神，迥得天意，此难可与俗人论也。"[②]著名画家董其昌精通禅理，在绘画实践中受益于禅悟启迪匪浅。石涛甚至开堂讲授禅法，其精熟于禅理自不待言。唐代以后的绘画是受禅学影响深远的重要艺术领域之一。此外，如在中唐开始兴起的欣赏奇石的情趣，也与参禅的意境相互启迪。

禅宗与老庄学说可谓是一脉相承。它与传统文化的这种承继，体现为哲学与艺术的灵思与感悟，体现为智慧与审美的互动。在士大夫的日常思想与艺术活动中，禅的精神无处不在。

---

① 见《千家诗句解》，河北大学出版社1999年版，第268页。
② 见[宋]沈括：《梦溪笔谈》（刘尚荣校点），辽宁教育出版社1997年版，第92页。

第二节 三教融合与新儒学的展开

一 三教交融

隋朝统一中国以后，采取了三教并行的政策。隋朝开皇年间，有个叫李士谦的人就对儒、释、道三教之优劣有过评论，他喻佛为日，道为月，儒为五星。唐代，除了武则天之外，其他皇帝都重点扶持道教，也重视儒学，但对佛教的态度就不一样了。政府的政策，一方面促进了儒、释、道的相互融合，使三家都获得了很大的发展；另一方面，由于相互之间的竞雄逐鹿，又导致了儒、释、道三教的相互争雄。

唐玄宗在位期间，曾注释《孝经》、《道德经》、《金刚经》，颁行于天下，这是很有象征意义的。唐德宗以后，下令在每年皇帝生日那天，都召儒释道三教上殿论道，并渐渐形成惯例（洪迈《容斋随笔》）。

杨坚笃信佛教，后周曾有一次毁佛运动，这跟他的信仰构成了冲突。后来，他在后周以外戚的身份担任宰相，主持朝廷大事，凭借对小皇帝的影响，诏令天下，复行佛、道二教（《周书·静帝纪》）。后来杨坚做了隋朝的开国皇帝，在政策上他特意强调佛、道平等。这些政策的实施，有利于维护儒、释、道三教的均衡发展。

佛教自传入中土之初，就跟中国传统的伦理文化发生了冲突。在中华文化的儒家传统中，素来讲究以"忠"、"孝"治国；而佛教主张出家修行、不要家庭、不要祖宗，还说"沙门不敬王者"。这在传统儒家看来是大逆不道的，并斥之为"无父无君"。佛教讲生死轮回，这跟儒家的价值观也有冲突。佛教与道教也有矛盾。道教讲炼丹成仙，以求长生不老；而佛教则形容人生在世是万般皆苦，苦海无边，人要修行方能在死后超脱苦海。道家和儒家也有冲突。儒家鼓励人积极进取、建功立业，道家则主张避世、清净无为，不受功名利禄的诱惑。三教思想冲突中，儒与佛的冲突是最为剧烈的。

但这并不是说，三教就是完全水火不容。实际上，隋唐时期的三教，主要呈现出一种融合的趋势。三教融合的思想进程，直接在思想交锋上体现了出来。

佛教一直在调和与儒家之间的歧异，特别是在伦理方面。隋唐佛教理论、教义和制度仪轨，也反过来影响了儒家思想的发展。如唐代的韩愈，他认为佛教既不利于社会教化，又不利于忠孝，因此力主排佛。但另一方面，韩愈学说的核心是道统论。所谓"道"，指的是儒家的正统学说；"统"，则是指这种学说的师承传继关系。本来在儒家那里是不存在什么"道统"的，后来由于受佛教宗派传法世系"祖统"的影响，韩愈才提出了"道统"这一说法。

佛教常常有组织地进行宗教活动、编辑经典，这给道教树立了一个榜样。反过来，佛教在中土化的过程中，也吸收了道教的神仙信仰思想。如天台宗综合北方禅学与南方义学，并把道家的神仙思想吸收进来，用以构筑自己的体系；又如禅宗，它把孟子的性善论、庄子的自然主义引入佛教，主张不有不空，心空一切空，认为人人皆有佛性，宣扬"运水搬柴，无非妙道"，这无疑加速了佛教思想本土化、世俗化的进程。

道教始终在吸收儒家伦理与佛教思想，并在这个过程中不断地壮大。

佛教传入中土以后，一直试图入乡随俗。隋唐的时候，佛教在选择译典、翻译经文、确定礼仪制度上，都力图适应汉地的风俗习惯及政治情况。由于身为异邦之教的佛教来自西土，中土化促使它在中国扎下根来，进而与儒、道二教呈鼎立之势。

佛教的本土化，反过来也影响并促进了儒家思想的发展。上面说的韩愈，就是先行排佛而后又援佛入儒的一个典范。与他同时的李翱和柳宗元则直接以佛教义理来诠释儒家的心性思想。

李翱主张复性说。他说，性好比水，本来是清澈的；情好比泥沙，它使水变得浑浊。复性就是要让水呈现它本来的清澈，通过至诚、正思来恢复人的善良本性。这是对儒、佛"心性"理论的正面融合。后来的宋明理学讲求心性义理，李翱之学实开其端倪。和李翱一样，柳宗元对佛典的研究也很深。他认为佛教有些内容跟《论语》相符合，便采佛家"不与孔子异道"①者入儒，想借此来复兴儒学。

在唐代的士大夫们看来，三教所追求的精神境界，有一致抑或相互补充之处。那些具有儒家知识分子情怀的文士，如陈子昂、白居易等人，都喜欢道家或佛家的修养境界。但同时，从唐初傅奕排佛开始，许多士大夫都对兴佛与佞佛的宗教或迷信活动从社会安定与经济发展的角度提出了质疑。

在唐代，三教的融合、碰撞是直接的。到了宋明时期，三教融合变得隐而不显。理学家们虽然不喜欢佛道两家的学说，但是他们在价值观和生活方式上，却多钟情于佛、道二教。佛教和道教对于文人学士们，仿佛有着天然的吸引力。一般的士人对佛学、道家的义理兴趣浓郁，尤其是宗教的修养论对他们启迪很大。反过来，新儒家对于道、佛的影响也不小。

---

① 见《柳宗元集》卷二十五《送僧浩初序》，中华书局1979年版，第673页。

三教融合的进程，还反映在对世俗社会的影响上。早期的佛教徒要接近王公贵族，主要是通过附会方术。经过几百年的发展，佛教已经成为民间最具影响力的信仰之一。特别是净土宗，它的法门简易，流传得很广。高僧善导在长安传教的时候，从者不可胜数，他的信众竟诵《阿弥陀经》十万到五十万遍，每天念佛一万到十万声。民众敬佛的方式很多，除了法会之外，还有如写经、刻经、造佛像、建寺庙、斋僧等方式。道教也在民间流传，不过没有佛教那么广泛。

三教的交融，丰富了文学艺术。在宗教艺术与诗歌中，神仙观念和佛教思想（如禅味主题的诗歌），成为新的艺术内容。反映在其他艺术形式上，如雕塑、佛像壁画、建筑艺术等，都极大地丰富了中土的艺术观念和实践。

二 道教地位的提高

老子讲深奥玄妙的"道"，这种抽象思想为道教创始人所用。《老子》一书遂被奉为道教经典，老子本人也摇身一变，化身为道教中的太上老君，成了天界最高神之一。道教起源于先秦时期的神仙方术，形成于东汉，是土生土长的中国宗教。经过了魏晋道儒融合的玄学发展阶段，至六朝道教进入了大发展的时期，而隋朝则是道教发展的转折点。隋唐两朝的皇帝们大多数持有三教并存的态度，在许多时期甚至重点扶持道教。

公元581年隋文帝继位的时候曾颁布了一道诏令，说他"念存清净，慕释氏不二之门，贵老生得一之义"云云，其对佛教和道教的扶持可见一斑。但是在隋文帝那里，佛、道的区别并不是很大。虽然道教在发展速度上跟佛教不可同日而语，但是依然影响深远。尤其是道教与统治阶级接触频繁,以茅山宗为例,它的领袖王远之在政界十分活跃,很受皇帝重视。不过道教在民间的发展却缓慢得多。

道教跟唐朝皇帝更是有不解之缘。后来成为唐代开国皇帝的李渊,他在刚起兵的时候,收到道士王远之给他的秘传符命,楼观台的道士们也用他们的全部粮草来支持李渊。李渊在建国后,为了宣扬

图 12 唐开元七年 (719) 赵思礼造常阳天尊像

自己是真命天子,更是特别优待道教。老子被尊奉为"玄远皇帝",道教于是获得了国教的地位。后来的唐朝皇帝们,都有崇道的措施。高宗李治规定《道德经》为上经,与《论语》、《孝经》一样,是天下读书人的必读之书(《旧唐书·高宗本纪》)。李治采取了很多措施来提高道教的地位,他在位时期,全国兴建道观无数。武则天虽然崇佛,却也不排斥道教。到唐玄宗李隆基的时候,中央政府里的"崇玄署"(道教事务管理机构)被划由宗正寺来管理,这样,道教就能享受到皇室特权。道士们若是犯了法,还享有不受俗制处罚的特权(《唐会要》卷五十)。唐玄宗还大量召见道士,封官赐物,甚至亲受法箓,拜道士为师。例如,他在位期间,起用了道士尹愔做

谏议大夫、集贤学士兼知史馆事。

开元九年,玄宗遣使迎司马承祯入京,亲受法箓,还给了这位著名道士大量的赏赐。开元时,设置了崇玄馆,习《老》、《庄》、《列》、《文》四子,这就是所谓的"道举"。玄宗还亲自注解《道德经》,并把它颁行天下,皇帝此举引发了一场全国人民都来学习道家著述的热潮(《旧唐书·玄宗本纪》)。皇帝亲自注道经,这在历史上不多见。中唐和晚唐的好几个皇帝,都是服金丹而死的,可见道教当时在统治阶层中的影响有多大。

尽管在这一时期,道教得到了隋唐皇帝们不遗余力的支持,但在学术上的建树却不多。

由于南北朝以来三教思想的融合,道教的教理教义得到了一定的发展。在三教融合与碰撞之中,道教吸取了来自佛教的营养,理论表达水平得到了提高。当时著名的道教理论家有孙思邈、成玄英、王玄览、李荣、司马承祯、吴筠、李筌、张万福等。司马承祯、吴筠等人侧重于规范修炼方式和整理教义,理论水平不是太高。比较突出的是成玄英,他对老庄进行注疏,发展了"重玄"说。

重玄学说大有玄学遗风,体现了唐代道教的思辨水平。但整体上来看,唐代的道教侧重于人的内在修养,它的宗教信仰并不是很完善。因此,虽然顶着"国教"的光环,地位尊贵,但从整体发展水平上看,道教还远不能和佛教相抗衡。道教的主要影响还是在民间,真正出家接受道教修行的人,依然没有佛教寺院僧尼的人数那么多。

宋代的皇帝也大力提倡道教,以期能为自己的君权戴上神授的光环。宋太祖赵匡胤令人在终南山修建了一座"上清太平宫",它有三百座殿堂，一百多名士兵守卫。每逢国家大事，这里都要大张旗鼓地搞活动，以敬祷天神。北宋各代皇帝都崇道，在宋真宗、宋徽宗时最盛。从元代起，道教逐渐衰落。

在宋元时期，道教思想获得了新的发展。宋初有个道士叫陈抟，对理学理论的影响很大。南宋以后创立的全真道，大力阐扬内丹学，系统地发挥了汉末魏伯阳以来的内丹学，深化了道教的修养论。道教影响了很多宋明儒者，如周敦颐、邵雍和王阳明等人。如周敦颐的《太极图·易说》，从中很容易看出与道家思想的联系，尤其取自老子"致虚极，守静笃"以及"道生一，一生二"。邵雍是新儒学的早期的代表人物，他过着隐居不仕的生活，且坦言自己仰慕道士陈抟之学，随处以道教学说作为思想支柱。明代心学大师王阳明，自称有三十年在道教书籍和修持方法中过活。"在他的《传习录》中，不惟道教的语汇所在多有，其中尽有若干条，没有道教知识的人是不容易知道他讲什么的。"[①]

三 佛学的隆盛与排佛

在儒、释、道三教并立的格局中，佛教的遭遇最为曲折。

前面说到，佛教在隋唐时盛况空前，势力日渐庞大。根据《法苑珠琳》的统计数据，僧人在隋朝有二十三万六千二百人。到唐太宗时，对佛教采取抑制政策，僧人降至不足七万。到武宗灭佛前，僧尼数量又累积至几十万之众。唐代佛教发展经历了几次大的波折，其中，抑佛与排佛活动是重要的原因。

对佛教的抑制，主要来自政治上的需要。一方面，佛教徒在政

---

① 见柳存仁：《和风堂文集》，上海古籍出版社1991年版，第816页。

治上的势力过于突出和强大，难免引起警惕；另一方面，也是为了取得各种宗教之间的均衡，便于相互制衡，并利用它们之间的矛盾来维护政治利益。而且，唐朝和宋朝的开国皇帝都曾利用宗教为自己服务，但一旦王朝建立以后，他们却努力避免宗教参与政治生活。这样做，可以防止宗教在民间的势力过大，以免宗教势力颠覆政治。因此，无论是对佛教饶有兴趣的武则天，还是对道教情有独钟的李隆基，都能较好地平衡这三教之间的关系。

排佛运动主要来自儒家士大夫，以及士大夫出身的政治家。在唐代，曾经有几次比较有影响的排佛运动。

第一次是由傅奕提出来的。傅奕是个道士，唐初授太史令。武德四年，傅奕上《废省佛僧表》，指责佛教的不好之处，如它与中土文化相悖，对政治经济也造成了不良的影响。后来，他又多次上疏皇帝，请求废除佛教。僧人对此进行了反击，造成了道、释之间一场大规模的辩论。傅奕的排佛对李唐早期抑制佛教的政策产生了一定的影响。

如果说，傅奕曾出身道士，他的排佛可能有门户之见的话，那么，后来的排佛则更直斥佛教的负面影响。因此，盛唐以后佛教盛行时，士大夫反佛、排佛也渐成势力，如武则天佞佛，大臣狄仁杰、李峤、张廷珪等纷纷上疏，指陈兴佛造寺的危害。

第二次排佛运动的导火线，是唐宪宗迎接佛骨的举动。元和十四年，宪宗在凤翔法门寺敕迎佛骨，举国疯狂。韩愈很不满，冒死上表谏阻。宪宗很生气，差点杀了韩愈，后来改贬韩愈为潮州刺史。由于韩愈直接排斥佛教，冒死上疏排佛，险些丢了脑袋，他这种勇于抗争的勇气和为社稷着想的行为，在百姓中影响很大，人们认为他非常有骨气。

第三次排佛，则给佛教带来了几近毁灭性的打击。这就是历史上著名的"武宗灭佛"运动。据《唐会要》的记载，会昌五年，武宗下诏灭佛，拆天下寺庙四千六百余所，还俗僧尼二十六万余人，收充为两税户；拆招提兰若寺四万余所，收膏腴数千万顷，收奴婢为两税户十五万人。经这次排佛之后，佛教的许多宗派逐渐衰落下去。

出家人以慈悲为怀，可佛教为什么会招来这些人的反对呢？除了各教派之间的门户之争外，这跟佛教自身的种种弊端也是分不开的。如三阶教，它是个很善于敛财的宗派，难免招致儒生的反感。此外，僧尼们疏于戒律也是一个重要的原因。《唐书》中曾有多次关于僧尼谋乱的记载。在唐人笔记中，也记载过一些僧门不法之事，特别是佛寺规模太大，占有大量的社会经济资源，如睿宗时，"十分天下之财而佛有七八"①。由于僧人不用服徭役，这样，一些富人、壮丁为了逃避徭役，纷纷剃发为僧②，把佛寺作为逃避栖身之地。寺院甚至侵占民田，扩充庄园，经营工商业、开当铺、放高利贷敛财等等。佛门如此张扬地扩充寺院经济，势必酿成社会经济危机，并最终导致士大夫们的愤慨，进而转化为轰轰烈烈的排佛运动。然而，尽管佛教受到了沉重打击，它的中土化进程却依然在进行着。

四 三教互动与新儒学的展开

佛教、道教的传播，一方面对儒家形成了巨大的挑战，另一方

---

① 见[后晋]刘昫等：《旧唐书》，中华书局1975年版，第3158页。
② 见《四库全书荟要》，（台湾）世界书局1988年版，第76册第443页，"富户强丁多剃发以避徭役"。

面也为新儒学的孕育提供了丰厚的理论资源。

汉代董仲舒罢黜百家，把儒家抬到很高的地位。但他所欣赏的是儒家的社会教化，而不是心性哲学。从那时候开始，心性哲学一直不是儒学的主流。而道教讲修养论，佛教讲佛性论，其哲学显然很重视心性。隋唐时期，佛老的发展对传统儒学提出了新的挑战。在宗教思潮的影响下，儒家的士大夫开始转移兴趣，开始关注心性哲学。如李翱，他的思想很明显是受到了佛性论和修养论的影响。他的老师韩愈虽以排佛闻名，可韩愈在探讨性情时，也明显吸收了佛教"重性轻情"的观念。陈子昂、白居易等士大夫，也不同程度地吸纳了道家的思想，以求自然通达。

唐代三教相互碰撞、相互交融，这种思想文化历程为宋明时期的学者所传续。在唐代中叶排佛运动以后，佛教的力量有所减弱，但士大夫对佛教学说的兴趣并未消减。与此同时，大多数士大夫也积极钻研老庄，想从中寻找真正的道家智慧。周敦颐、张载、二程、朱熹、王阳明等人就是典型例子，他们既是宋明时期的理学大师，也都是佛、老学理修养上的知名人物。

因此，理学的兴起，与佛教和道家道教密切相关。很多理学家年轻时都经过佛教与道教的长期熏陶。如朱熹，他十多岁就读了很多佛学书，参加礼部会试时，就是用禅学的意思去回答关于儒家经典的考题，竟然高中了进士。即使年至不惑，朱熹仍对佛教保持兴趣。而王阳明的一生，更是与道教结下了不解之缘。在他的理学思想中，包括"理"的观念的来源、性与情的基本概念，都跟佛老思想有关；在其哲学的体系结构上，他注重心性学说；在其对天理或自然的理解上，都打上了佛学与道家道教思想的烙印。

佛教和道教所讲的主静和克欲，是传统儒家所漠视的。这种修养方法和价值观深深地渗透到新儒学（理学）中，影响了新儒学的修养论、审美趣味和日常生活方式。

总之，三教交融为新儒学（即理学）的创生奠定了深厚的基础。作为新时代的儒学，理学体现了诸多方面的特点。

树有多大，根就有多深。如果说理学是棵大树，它的树根，就是我国传统儒学的深厚文化基础。儒家有着稳固的社会观念。古代社会的政治制度决定了它的社会组织，其重视"礼"的秩序、人与人之间的伦理关系、人的社会功业的理想，都奠定了儒家文化稳固的观念基础。即使在六朝和隋唐五代，虽然道家与佛教文化很繁盛，在宗教的强烈冲击下，儒家的价值信念却并未动摇。不但如此，在儒家士大夫的努力下，宋代初期三教合流的局面被打破，代之以儒学的复兴。宋代以后的儒家文化新生，绝不仅仅是依靠理学家们的道德自觉，而是士人阶层集体努力的结果。

其次，三教的交融给新儒学提供了思想资源。在义理与形上学上，佛、道两家的思辨成果十分显著，其积累对儒家哲学的结构影响深远。三教一边合流，一边争论，有利于儒家选择吸收二家之理。新儒家讲道德本体论哲学，讲人生修养论的工夫方法，理论构建得很精密，来自佛老的启发功不可没。理学家们是一群很自觉的人，他们大胆地吸收佛老两家的义理而为儒学所用，巧妙地"破椟取珠"。传统的儒家价值观和几百年来的非正统义理被联结了起来，融入新儒家哲学之中。

再者，由于儒家思想的不断发展，终于演化成为理学的前导。儒学在发展过程中，不断地吸收新的方法、新的观念。理学作为一种新学说，是儒学成果的继承与综合，它包括先秦儒学、玄学化儒学、纲常礼教思想、韩愈的道统观、韩愈和李翱的人性论，另外还有许多士大夫身上那种安身立命的态度与博爱的情怀。这些因素汇聚在一起，形成了新学说的体系和行为准则。

第三节 宋明理学

一 唐代的儒学复兴

汉末，随着汉王朝统治的解体，儒学不再能够一元独尊。魏晋时期，玄学兴起，佛学和佛教广为传播。到了东晋南朝，玄佛合流，成为思想界的主流。唐朝建国后，儒学开始复兴，唐太宗命颜师古、孔颖达等人考订五经，下诏颁行，传习天下[1]。唐玄宗追谥孔子为文宣王，并下诏曰："弘我王化，在乎儒术。"[2]

但是，儒学并没有恢复独尊的地位。唐玄宗在提倡儒学的同时，以更大的热情提倡道家和道教。唐玄宗对老子多次追加尊号，并于开元二十九年在两京、诸州分别建造玄元皇帝庙，招募大批道徒，让他们修习《老子》、《庄子》等书，以至于社会上求仙学道之风广为传播[3]。

此外，因为有皇帝的扶植，佛教发展得也很快。玄奘取经归国，唐太宗亲自撰写《大唐三藏圣教序》。武则天非常推崇佛教，简直达到无以复加的地步。她自立为皇帝后，把沙门怀义等人所献的《大

---

[1] 见《旧唐书·儒学传序》，中华书局1975年版，第4941页。
[2] 见唐玄宗开元27年所颁发的诏书，《旧唐书》卷二十四《礼仪四》，中华书局1975年版，第920页。
[3] 见《旧唐书》卷九《玄宗本纪》，中华书局1975年版，第213页。

云经》颁行天下，召神秀入京问道，并开凿了龙门石窟。

唐代是佛教大放异彩的时代，慧能的宗教改革，使得禅宗在中唐以后一枝独秀。作为外来宗教的佛教在大唐竟如此隆盛，儒家怎能容忍！然而，隋唐时期儒家在思想上的建树并不多。在这种形式下，儒学复兴运动便发展起来了。从唐代中叶开始，韩愈、李翱等人在道统观念的指导下，兴起了儒学复古运动。儒学复古成了当时的时代思潮，它为宋代新儒学的蓬勃发展奠定了理论基础。

虽然理论建树不多，但在意识形态中，儒学却是权威。从唐太宗诏编《五经正义》开始，儒学在大唐受到了统治者的重视。学校教育学生，基础教材是《论语》、《孝经》等儒家经典，礼教成为文化的内涵和生活方式的核心。因此，儒家思想成为一种稳定社会的力量，维持着社会风俗。在这种情况下，道、释二教在阐释伦理思想时，逐渐向儒家文化靠拢。而那些关注民生苦乐的士大夫，始终对其他两教（尤其是佛教）怀着强烈的警惕心，怕它们冲击正统文化，怕它们误导民众的精神生活。于是，即便是贵为一尊的皇帝对佛老热衷不已时，也还有不少士大夫挺身予以抗击。

韩愈是个典型的例子。他倡导的儒学复兴运动，矛头直指佛道两教。对长期以来佛老流行的状况，韩愈痛心疾首。他在《原道》中说："凡吾所谓道

图13 韩愈

德云者,合仁与义言之也,天下之公言也。老子之所谓道德云者,去仁与义言之也,一人之私言也。""周道衰,孔子没,火于秦,黄老于汉,佛于晋、魏、梁、隋之间。"韩愈认为,佛道两教的过度发展,不仅惑乱了人心,同时也浪费了大量的社会财富,使中央财政收入减少,这对一个王朝的统治来说是极为不利的。在皇帝欲迎接佛骨入宫、引起一场全国性宗教狂热的时候,这个直性子的人竟敢冒死上疏排佛,还险些丢了脑袋。

对于复兴儒道的思想自觉,标志着儒士们形成了一种共识,他们愿意约束自身并承担历史文化职责。像韩愈这样忠实的儒者,并不在少数。综观唐代,儒家的士大夫们大都仁民爱物,积极济世。尤其是很多诗人学者,他们不但关注社会生活,其本人也是人格楷模,在他们身上展现了儒家所倡导的诸种品格。因此,仁义道德、忠孝博爱的操行自觉,成为了儒士们的普遍共识。韩愈对这点深有感触,将它概括为道德之道:"博爱之谓仁,行而宜之之谓义,由是而之焉之谓道,足乎己无待于外之谓德。"①

韩愈并不是第一个倡导儒学复兴运动的先驱。早在韩愈之前,元结等人就曾经倡导复兴儒学。元结曾说过:"夫至理之道,先之于仁明,故颂帝尧为仁帝;安之于慈顺,故颂帝舜为慈帝;成之于劳俭,故颂夏禹为劳王;修之于敬慎,故颂殷宗为正王;守正以清一,故颂周成为理王;此理风也。"②稍晚于元结的柳宗元、刘禹锡、白居易、杜牧,也都讲道之不可离,极力地为儒家辩护。如柳宗元说:"力足者取乎人,力不足者取乎神。所谓足,足乎道之谓也,尧舜是

---

① 见《韩愈选集》(孙昌武选注),上海古籍出版社1996年版,第263页。
② 见[唐]元结:《元次山集》,中华书局1960年版,第10页。

矣。"①尽管柳宗元曾批评韩愈，他认为佛教诚有不可排之精奥，韩愈的做法有些过激；然而从实质上来看，他们两个殊途同归：韩愈的排佛是为了复兴儒道，而柳宗元的旨趣在于仁民厚物。另外，刘禹锡也努力主张仁民之法，他说"尧民之余，难以神诬"②。

这种伦理精神的推衍，成了唐中叶儒学复兴的关键。在唐代古文学家的努力下，儒学改变了方向，特别注重儒家圣人之道的阐发。这样，原来的章句之学就开始转向义理之学。韩愈创立了道统概念，且亲身宣导道统。他在叙述尧舜文武周公孔孟道统之后，以继承孟子的道统自居，排斥佛教迷信。同时，他提出"文以载道"，并写了大量的诗文来实践"载道"。韩愈的学生李翱也与韩愈一样，对儒学道统做出新的发挥。"道统"也好，"文以载道"也好，它们都对宋明理学产生了深远的影响。

二 宋代的新儒学

唐代的儒学复兴运动，被宋代儒者所继承。一方面，一些儒者继承了唐代儒家关心民生疾苦的情怀，积极发展经世致用之学，如范仲淹、苏东坡、王安石、陈亮、叶適、陆游、辛弃疾等，其中部分学者如陈亮、叶適等更强调事功之学。另一方面，一些学者则比较蔑视与器用有关的事业，专注于讲说道德性命之理，并导致了"理学"的诞生。

从南宋开始，"理学"逐渐被用来指称从宋代开始形成的儒学新形态。"理学"一词，最初是元末的张九韶提出的(见《理学类编》)，

---

① 见[唐]柳宗元：《柳宗元集》，中华书局1979年版，第1272页。
② 见《刘禹锡集》，上海人民出版社1975年版，第55页。

用来称呼周、张、程、朱一派的儒学。后来，"理学"多与"道学"互用，指称宋明以来以注重天道(理)、心性的理义探讨为特征的儒学，成为一个普通用语，一直沿用到今天。

在追溯理学的渊源时，胡瑗、孙复、石介被南宋理学家追认作理学的源头，这三个人被合称为"三先生"。虽然在义理方面，他们还不具备理学的繁密化和体系化，但在他们那里可以窥见后来理学的影子。如石介在讲致中和的方法时，注重心理情感的自我观照、约束与道德训练，这是后来理学修养论的基本理路。

理学的兴起及体系化开始于周敦颐和张载。与周、张两人同时的司马光(1019—1086年)，已经开始展开求证，论证理学基础的道德修养论、特别是道德心理的"惟精惟一"的方法论。朱熹早年曾把他列入重要道学家之列，后来又把他排除于外了。显然，司马光对朱熹继承伪古文《尚书》中所谓"十六字心传"的影响是不可否认的。他说："君子从学贵于博，求道贵于要，道之要在治方寸之地而已。《大禹谟》曰：'人心惟危，道心惟微；惟精惟一，允执厥中。'危则难安，微则难明，精之所以明其微，一之所以安其危也。要在执中而已矣。"(《温国文正司马公集》卷七十一《中和论》)修己治心，以致中和，这种方法被司马光视为实现合乎伦理规范的基本纲领。而且，司马光的思想也深刻地反映出了理学家的价值取向。因此，司马光的思想观点，深契于理学的精神。

三 理学的流派

北宋著名理学家，有周敦颐、张载、邵雍、程颢和程颐兄弟等。南宋著名理学家有陆九渊、朱熹和吕祖谦等。若要分学派，则有两种划分方法。

第一种方法，依据的是理学家讲学或出身之地。如周敦颐故乡是濂溪，其学被称为"濂学"；张载和他的弟子们多为关中人，故该派被称为"关学"；二程兄弟是河南洛阳人，其学被称为"洛学"；南宋朱熹长期在福建讲学，其学被称为"闽学"；张栻在湖南讲学，其学被称为"湘学"。

另一种方法，是根据理学的学理内容来划分学派的。比如，二程和朱熹之学被称为"理学"（狭义），南宋陆九渊和明代王阳明的学说被称为"心学"。

四 理学的思想与精神

作为儒家哲学的新形态——理学，是宋明时期影响最大的哲学流派，故称"宋明理学"。理学家们综合吸纳了百家营养，如儒家的中庸学说、孟子的性善论、《易传》的形上学说、佛教的佛性论、道家哲学和方法论等。他们以"心"、"性"、"理"、"气"概念为核心，构筑了一套宇宙论和道德哲学体系，在修养论上，以"存天理，克人欲"为主旨。理学有一套独特的伦理世界观和修养论，"天理"概念是它的核心。他们还注重维护儒家纲常，并以身作则，投入伦理实践。从道德哲学发展史的角度来看，理学是古代道德哲学的新形态。

在思想资源方面，理学的思想来源非常丰富：儒家《易传》、《孟子》和《礼记》中的《大学》、《中庸》篇，佛教禅宗、华严宗的思想；道家《老子》、《庄子》以及魏晋玄学等，它们都为理学的形成提供了丰厚的给养。

在思想方法上，理学吸取道家的一多关系论，佛教的理一分殊说的结构理论，以及玄学关于本体与境界经由德性自然、冥会体悟而融合的直觉方法。

理学要发挥微言大义，一般得借助儒家经典的注疏。但是，跟先秦儒家不同，理学更加突出伦理修养的唯一性。比如，先秦的儒家（尤其是孔孟）都很有审美意趣，而理学家并不太关注审美，他们写的诗文，要么是道德说教的警世恒言，要么是证悟本体的哲理文字。

在注重伦理秩序、道德心理建设的同时，理学从玄学那里吸收了营养，直接继承了德性论的形上学传统。因此，理学又具有鲜明的"玄儒"色彩。理学能够支配士人精神观念世界，这也是一个重要的原因。

换句话说，理学得以发展起来，跟时代道德精神复归、儒家伦理经世的背景有关，也跟它吸取玄学和佛教的哲学成果有关。理学的核心，固然是探求性命之理；但在义蕴上，则不外乎智慧境界与道德境界之融合。正是基于这种传统的士人精神活动方式，士人对于理学的认同经久不衰。

理学家们希望德治兴邦，他们是一批很有忧患意识的人。正因如此，其思想目的性十分明朗。他们坚持以道德匡世，希望通过学术教育，以整治人心；他们积极整顿身份性的尊卑秩序，确立出更细密的道德规范。在他们身上，体现出一种很强的历史使命感。

首先，理学家极为注重立身处世的道德自励。理学家们都主张"持敬"，求修身过程中乐道的精神。他们大都生活简朴，注重自律。他们通过自己的行为榜样，以约束门人，以言传身教开导后学，极为注重化人的道德教育方法与效果。《横渠先生行状》中所载张载之事迹,可谓典型:"终日危坐一室,左右简编,俯而读,仰而思,有得则识之,或中夜起坐,取烛以书。其志道精思,未始须臾息,亦未尝须臾忘也。学者有问,多告以知礼成性变化气质之道,学必如圣人而后已,闻者莫不动心有进。"① 其实,这并不仅仅是张载一个人的事迹,理学家们的生活普遍如此。

其次,理学家很重视教育。他们开书院、收门徒,以讲学为职业和志向,不管走到哪里,总是不遗余力地教人,传授进退之道和治心达性之法。书院讲学的方式很有效,吸引了大批士人,并把理学家的思想传到整个社会。自从宋初"三先生"以来,通过这一方式,理学家们灌输传导自己道德修养的工夫,教人以理义奥妙。

再次,理学家都积极地从政立业,希望以道德化民。理学家上书皇帝,强调儒家的纲纪伦理才是立国之本。及至他们居任地方官吏,更以实际的道德化民为主要事业。历史上,很多理学家都做过官,大小不等。史载他们为治的政绩,不是帮助百姓兴富求利,不是政治变革,也不是发展经济经世致用,而是体恤民情、明尊卑长幼之类的风化,以及救灾济贫等等。能做官当然好,但不能做官时,理学家大多也不努力于仕途,不追求个人功名利禄,而是退而聚学化民。如朱熹论陶渊明时,就给了他很高的评价。

再者,理学家们都注重整顿宗法组织,弘扬宗法精神,倡导宗法伦理。在治家上,张载是一个很有代表性的人物。其他的理学家,也都很重视宗法与伦理的结合。

此外,理学家还注重对乡风进行道德整顿,严格地教导乡村士

---

① 见《张载集》,中华书局1978年版,第383页。

子们。通过聚会策励，乡人之间形成道德相互促进的风气。比如，朱熹曾创立乡村读约组织，教主忠孝，改善纠过。张载的弟子吕大钧，曾创制乡约，建立德业互励与患难互助的乡村组织，风行甚远。儒家讲修身、齐家、平治天下，理学家的叙宗谱、劝道德，就是为此服务的。

最后，在理学家的著作中，始终贯穿了"文以载道"的宗旨。无论是注疏、语录还是诗文，都贯穿了弘道这一宗旨。

在道德境界上，理学家立意高远。如胡宏曾说"道学衰微，风教大颓，吾徒当以死自担"①，为了道学可以不顾生死。又如张载，他的志向是"为天地立心，为生民立命，为往圣继绝学，为万世开太平"②，这也是理学家的人生最高境界。

所以，理学家的学问就是关于道德的学问，他们倡导尊德性、道问学，就是要专注于道德修养，这是他们唯一的目标。如专门研究道问学的朱熹就说得很明白："格物之论，伊川意虽谓眼前无非是物，然其格之也，亦须有缓急先后之序，岂遽以为存心于一草木器用之间，而忽然悬悟也哉？今为学而不穷天理，正人伦，讲圣言，通世故。乃兀然存心於一草木、一器用之间，此是何学问！如此而望有所得，是炊沙而欲其成饭也。"③这段文字明显体现了理学的价值取向。

五 北宋五子

北宋五子是指北宋中期以前五个著名的理学思想家，他们是周敦颐、邵雍、张载、程颢和程颐。

---

① 见《宋元学案》，中华书局1986年版，第1382页。
② 见《张载集》，中华书局1978年版，第376页。
③ 见《朱熹集》，四川教育出版社1996年版，第1792页。

周敦颐(1017—1073年),字茂叔,道州营道人。一生多任地方官吏,尤其擅长明断官司。他喜好自然,受道家生活态度和禅宗哲学影响较深。他曾在庐山建造书堂,堂前有溪,所以他给书堂命名为"濂溪书堂"。他著有《爱莲说》,比喻自己的人格如莲之出淤泥而不染,高洁而挺拔。周敦颐存世的著作有《太极图说》及《通书》,他是理学重要的开创者之一。他以易学、中庸和老子哲学为基干,构筑了新的宇宙观。在修

图14 周敦颐

身上他主张主静和惩忿窒欲,强调应当以"中庸"和"诚"为修养方法。"诚"既是宇宙的本体,也是他所提倡的最高境界。他的著述中有明显的道家老学色彩,为后来许多理学家所怀疑。但他的学说对朱熹的影响十分深远。借助于阐释《太极图说》,朱熹表达了完整的形上学思想。因此,在建立理学体系方面,应首推周敦颐。

邵雍(1011—1077年),字尧夫,自号安乐先生,其祖先为范阳(今河北涿县)人,幼年随父迁居共城(今河南辉县),曾隐居于苏门山之百源山上。史传邵雍少年时便有大志,勤奋苦学。据同时代人的描绘,他襟怀洒落,大有道家气息。邵雍对象数学深有研究,对道家道教也有浓厚兴趣。比如,他曾经拜共城令李之才为师以学习象数之学。邵雍穷毕生之力钻研象数学,非常有成就。他构筑了先天宇宙图式,他认为,天地万物的生存变化,就是按照"先天象数"的图式展

开的。他把先天象数归之于"心",他说:"先天之学,心法也"①;"故图皆自中起,万化万事生乎心也"②。这里的"心",既是人心,也是宇宙之心。人是宇宙间"物之至者",人灵于万物。邵雍最著名的学说,就是他的"以物观物":"夫所以谓之观物者,非以目观之也,非观之以目,而观之以心也,非观以心,而观之以理也。"③有"反观",则物我不蔽。这样就能以一心观万物,一物通万物,一身同万身,一世观万世。邵雍的著作有《皇极经世书》、《渔樵问对》和诗集《伊川击壤集》等。④他的思想在理学中属于别派。

张载(1020—1077年),字子厚,祖上为大梁人,他的父辈移居凤翔眉县横渠镇。因此,后人也称他为"张横渠"。张载少年时喜欢兵法,很年轻时就曾上书范仲淹。范氏认为张载颇有儒家气质,劝勉他致力于体验名教,并向他推荐《中庸》。读完《中庸》后,张载还是感到不满足,故又致力于研究佛老之书。后因嫌厌,又转攻六经。做县令时,他力行敦本善俗的德治观念。后来有人把他推荐给朝廷,曾授崇文院校书。张载攻击王安石变法,遭贬,不久就辞了官。时人评述张载,说他颇有复古之思,力倡儒家古礼并身体力行。司马光论张载时说:"窃惟子厚平生用心,欲率今世之人,复三代之礼者也。"⑤张载胸怀大志,曾立志于"为天地立心,为生民立命,为往圣继绝学,为万世开太平"⑥。他的门人

---

① 见《太极图说·通书·观物篇》,上海古籍出版社1992年,第57页。
② 同上。
③ 见《太极图说·通书·观物篇》,上海古籍出版社1992年版,第23页。
④ 见《宋史》列传第一百八十六。
⑤ 见《张载集》,中华书局1978年版,第387页。
⑥ 同上书,第376页。

图15 张载

很多,逝去之后,部分门人归依二程,关学也因此衰落。张载一生著述较多,但不少已亡佚。现存的著作及门人记录有《正蒙》、《横渠易说》、《经学理窟》、《张子语录》等,合编为《张载集》。其中,以《正蒙》流传最广。张载的学说,包括以"天命之性"和"气质之性"区分人性方法,以及提出变化气质的主张,对理学发展的贡献非常大。他在强调儒家博爱精神时,吸收了佛教万物一体的观念及墨子兼爱的伦理观,并在其中体现了理一分殊的道德哲学。

程颢和程颐是兄弟,程颢是哥哥,程颐是弟弟,人称"二程"。后学编辑文集时,大都不分二人语录归属,因此,后人在论述两人的思想时,也都视为同质一体而统论之。

程颢(1032—1086年),字伯淳,学者称明道先生。世代居于中山,后来迁居河南开封①。"自十五六时,与弟颐闻汝南周敦颐论学,遂厌科举之习,慨然有求道之志。泛滥于诸家,出入于老、释者几十年,返求诸六经而后得之。秦汉以来,未有臻斯理者。教人自致知至于知止,诚意至于平天下,洒扫应对至于穷理尽性,循循有序。"②"资

---

① 见[元]脱脱等:《宋史》,中华书局1977年版,第12713页。
② 见[元]脱脱等:《宋史》,中华书局1977年版,第12716页。

图16 程颢

图17 程颐

性过人,充养有道,和粹之气,盎于面背;门人交友从之数十年,亦未尝见其忿厉之容。"①"颢之死,士大夫识与不识,莫不哀伤焉。文彦博采众论,题其墓曰:明道先生。"②程颢举进士后,曾数为县吏。神宗初,任御史。帝召见,必为陈君道以至诚仁爱为本。未尝及功利,王安石变法,程颢屡上之质疑解惑;"闾里大夫皆高仰之,乐从之游,学士皆宗师之,讲道劝义";"于是先生身益退,位益卑,而名益高于天下"。文收《二程集》。

程颐(1033—1107年),字正叔,学者称伊川先生。年仅十八之时,程颐就曾上书希望天子复兴王道。他游历于太学时,曾有人问他所好何学,他回答说:学以至圣人之道也。③程颐一生仕途坎坷,

---

① 见[元]脱脱等:《宋史》,中华书局1977年版,第12716页。
② 同上书,第12717页。
③ 同上书,第12718页。

崇宁党禁时被黜官。他致力于教学育人，学者多出其门下，并有许多成为当时名士。程颐性情端正严厉，以致有人以春日比喻程颢，以秋气比喻程颐。程颢和程颐都是理学思想体系的重要开创者。他们提出了比较完整的理学形上学学说和天理观。从学术特点上看，程颢比较重视自然德性的涵养，或者以自然方法涵养德性，主张"成性存存"，自然体贴。而程颐强调刻苦用功，循序渐进，主张人通过内心自主和持敬工夫来约束自己，防范人心被物欲所诱惑。程颐对朱熹的影响非常深刻。

六 陆九渊和鹅湖之会

在理学历史上，有一次著名的学术会议，那就是朱熹和陆九渊的"鹅湖之会"。

陆九渊（1139—1193年），字子静，学者称象山先生，江西抚州金溪（今天的江西金溪）人。他的兄弟陆九韶、陆九龄都是当时有影响的学者，人称"三陆子"。根据《宋史·儒林列传》的传载，陆九渊的一生很富有传奇色彩。他小时候很好学，三四岁时九次问父亲"天地何所穷际？"他父笑而不答。于是他深思不已，以致废寝忘食。有天他读古书时，看到对"宇宙"二字的解释："四

图18 陆九渊

方上下曰宇，往古来今曰宙"，于是恍然大悟说："宇宙内事乃己分内事，己分内事乃宇宙内事。"① 陆九渊家族曾以门风整肃闻名当地，孝宗皇帝表扬"陆九渊满门孝弟者也"。陆九渊三十四岁中进士，开始仁途生涯。五十三岁出任知荆门军，一面积极筹措抗金，筑城整军，一面改良政务，修郡学贡院，颇有成效。他一生在政务方面颇受好评。

心学是理学（广义）中一个重要的流派，陆九渊是该派的开创者。他受孟子影响比较大，提出了"吾心即是宇宙"和"心即理"的命题："东海有圣人出焉，此心同也，此理同也；至西海、南海、北海有圣人出，亦莫不然。千百世之上有圣人出焉，此心同也，此理同也；至于千百世之下有圣人出，此心此理亦无不同也。"② 在陆九

图19 江西上饶鹅湖寺

---
① 见[元]脱脱等：《宋史》，中华书局1977年版，第12880页。
② 见《陆九渊集》，中华书局1980年版，第483页。

渊这里,"心"成了宇宙的本体,由此开创了理学(道学)中"心学"的基本路数。保养本心最重要,用不着追随权威,也用不着穷求考索经典,所以他又提出"六经皆我注脚"。他主张尊德性,在修养方法上,他强调要先"立其大者",以确立动机为首要教育目标和修养纲领。在学术观点上,他与朱熹差别较大,双方互有辩驳。在"鹅湖之会"上,朱陆二人的争论非常精彩。

淳熙二年(公元1175年),由吕祖谦出面邀约,陆九龄、陆九渊兄弟与朱熹论学于信州铅山鹅湖寺,同时参加会议的还有其若干门人。吕祖谦本来是一番好意,想调和二人,最终朱陆却不欢而散。

首先,陆九龄作了一首诗,用来讽刺朱熹:

孩提知爱长知钦,古圣相传只此心。大抵有基方筑室,未闻无址忽成岑。

留情传注翻榛塞,著意精微转陆沉。珍重友朋相切琢,须知至乐在于今。

显然,这首诗在歌唱"发明本心",它说的"留情传注",明明是在说朱熹。朱熹很不屑,反唇相讥说:陆九龄啊,你早已经上了你弟弟的船。

对于哥哥的那首诗,陆九渊觉得第二句不是很好,但还是依照原韵作了一首诗:

墟墓兴哀宗庙钦,斯人千古不磨心。涓流积至沧溟水,拳石崇成泰华岑。

> 易简工夫终久大，支离事业竟浮沉。欲知自下升高处，真伪先须辨只今。①

说朱熹是"支离事业"，这个讽刺的确厉害，让朱熹感到非常恼火。鹅湖之会后，朱熹在跟朋友的通信中，把陆九渊说成是自信太过、气度狭窄，流于异学却无自知之明的一个人。三年之后，陆九龄访朱熹，朱熹还是耿耿于怀，于是和前诗一首，反讥陆九渊：

> 德义风流夙所钦，别离三载更关心。偶扶藜杖出寒谷，又枉篮舆度远岑。
>
> 旧学商量加邃密，新知培养转深沉。却愁说到无言处，不信人间有古今。②

大概二人的主张因侧重点和方法的不同而生歧异。朱熹希望通过讲学使人处处关注外在约束，最终确立主体自觉。而陆九渊主张人必须先有向善之志，那么才能在实践中做到合乎约束。如果人仅服从于外在规范，就不能判断其道德境界的高低，因为小人也有求名求利而努力遵守道德规范约束的。此外，陆九渊认为，书本上的知识有时也是各持一端，如果不先确立主体的道德意识，则在前人的圣贤书之间会不知所从："读书亲师友是学，思则在己。问与辨，皆须即人。任私智而能尽学者？然往哲之言，因时乖理，其指不一。方册所载，又有正伪、纯疵，若不能择，则是泛观。欲取决于师友，

---

① 见《陆九渊集》，第301页。
② 见《朱熹集》，四川教育出版社1996年版，第185页。

师友之言亦不一；又有是非当否，若不能择，则是泛从。泛观泛从，何所知止。"① 而朱熹虽然强调先验之理为道德本体，但他所关注的却是人伦日用的经验世界，并强调要听从师友的教导和勉励，循序渐进。由此，朱熹认为陆九渊流于空疏，而陆九渊认为朱熹陷于烦琐。

当然，朱陆两人的不同，跟他们的气质性情和学术方法也有关系。比如，评价同一个人的道德，他们的标准相去甚远。这可表现在他们各自对王安石的人品评价上。

对于王安石变法，陆九渊以为，他过于倚重汉度。但是，他又不像司马光、程朱那样以为祖宗之法不可变。在他看来，王安石的变法合乎理想的儒家价值，为民请命。因此，陆九渊对王安石的人格境界评价很高。受抚州郡守钱伯同之请，在重修王安石祠堂时，陆九渊撰写了《荆国王文公祠堂记》，称其人品为："英特迈往，不屑于流俗声色利达之习，介然无毫毛得以入于其心，洁白之操寒于冰霜：公之质也，扫俗学之凡陋，振弊法之因循，道术必为孔孟，勋绩必为伊周：公之志也。"② 这个评价可谓很高。同时，陆九渊又说世人攻击王安石，是出于自私。在王安石变法的时候，程颐是反对新法的。朱熹推崇程颐，对陆九渊的评价很不好。朱熹在书信中认为，陆九渊的《荆国王文公祠堂记》中的各种议论是学问偏枯、见识昏昧所致。这样，两人之间的分歧隔阂又深了一层。

鹅湖之会是一次很有影响的聚会。尽管二人的见解不同，但朱熹还曾邀请陆九渊到白鹿洞书院讲学，理学家之间的交流有助于打破门户之见。然而，朱熹和陆九渊的弟子们相互之间则加深了隔阂。

---

① 见《陆九渊集》，第411页。
② 见《陆九渊集》，第232页。

后来理学家的学派意识就更突出了,在不同思想之间,相互吸收与借鉴的积极性亦大为减少。

七 元代理学

与两宋际遇不同,理学在元代渐成主流。元代是蒙古族政权,虽然理学家们地位尴尬,但理学思想成了官方的哲学,地位从此非同一般。

元朝"土宇旷远,诸民相杂,俗既不同,论难遽定"①。在这种情况下,蒙古统治者对治术的需要不亚于对领土的渴望,他们面临的问题是:采取什么样的治术?如何对待中土文化?在中土文化中,儒学思想是主流,蒙古皇帝意识到,需要用积极的态度去消化它。

南宋理宗端平二年(1235),蒙古兵陷湖北德安。初行中书省事的是杨惟中,他奉忽必烈之命,随军网罗"南儒"。杨在俘囚中找到"南儒"赵复,护送到燕京。赵复,字仁甫,湖北德安人,学者称江汉先生,南宋乡贡进士。他自幼有志于义理之学,学宗二程、朱熹。他的身世、学行未见详细史载,著述几乎没有什么流传。而且,他在燕京太极书院讲学一年后,不久退隐,晚年不知所踪。然而,他又是个不平常的人。此前的数百年来,南北战乱不断,几乎没有什么文化交流。正是赵复,第一个把程朱理学传到北方。"北方有程朱学,自复始。"②由此,北方的儒士姚枢、许衡、窦默、刘固、郝经等人才直接或间接得悉理学奥义。

为什么程朱理学能在异族政权下立足呢?元初,程朱理学逆蒙

---

① [元]苏天爵:《元文类》,上海古籍出版社1993年版,第161页。
② [明]宋濂等:《元史》,中华书局1976年版,第4314页。

古铁骑锋镝而流布北方,于乱世之中得以流传。它之所以能够兴盛,主要有以下几个方面的原因。首先,蒙古初入中原时,自然地承继了金朝的仪文制度,然而,忽必烈继位后,不愿让人指为从亡国之政,希望直接取法唐、宋,以此成为中朝正统。其次,北宋曾兴起王(安石)学,但又为蔡京、秦桧等权奸玷污,到元初时,几乎已经绝灭;金宋之际,风行的思想主要是苏(洵、轼、辙)学,但其不切时务,不被励精图治的元代皇帝所取。相形之下,二程理学到朱熹时已至臻大成,儒林叹服;而且,程朱理学曾被权奸几度排压,到宋元之际,它已博得了世人的同情和尊重。更重要的是,程朱理学作为正人伦、厚风俗、兴王道的统治之术,的的确确有助于社会稳定。另外,元世祖忽必烈本人年少时曾倾心儒术,跟中土的儒士多方交游。他作为藩王经略漠南汉地时,在藩府中广纳儒学精英,其中就包括元朝第一代理学宗师许衡。

许衡(1209—1281年),字仲平,学者称鲁斋先生,河内(今河南沁县)人。他幼受章句之学,后师从弃官隐居的姚枢,从他那里得理学义旨。其著作有《许文正公遗书》、《许鲁斋集》。许衡思想中的天道观、心性论以朱子为其宗。由于他"得朱子数书于南北未通之日",又唯朱子是宗,不免使其思想流于狭浅,对于义理,他也只能作出浮泛的解释。但是,许衡的入世态度,使他的理学讲求修、齐、治、平,贯彻朱学于力行践履之中。许衡对儒学传统范畴"中"作出新的阐发。他认为,所谓"中"是"适时之义",并认为"中无定体"。许衡在赵复之后"承流宣化",彰显理学。他主持元朝初期的国学时,谨遵朱熹所倡行的教育方法,把《小学》作为进阶,把《四书》当成进习的途径。在此影响下,程朱理学成为地方学校和书院的主要授课内容，由此确立了儒学思想的正统地位。之后，按朱熹《贡举私议》中的构想，重开科举的意见被元统治者采纳。元皇庆二年（1313），仁宗下诏实行科举。元仁宗制定了《科试条例》，其中规定科考内容依据《四书》，并用朱氏《四书章句集注》。这样，程朱理学成为官方哲学。

然而，元代科举录取的名额实在太少。从皇庆三年（1314）到元朝灭亡，50多年中，总共举行了七次进士考试，每次录取的名额，最多只有一百人。蒙古人有自己的一套用人制度，朝廷选拔儒士必须以保证民族压迫和歧视为前提。在崇儒的程度上，元朝不如南宋和金。所以，虽然程朱理学在北方迎蛮风而登堂，在中土，儒士却多怅然于江湖，境遇不如前代。刘因是元朝的大儒，他的遭际就是这一时代特征的缩影。刘因（1247—1293年），字梦吉，自号"静修"，学者称静修先生，雄州容城（今河北徐水）人，谥文靖。刘因虽然家穷，却不苟取一物；他也曾聚众讲学，从学者很多。刘因官场不利，居家潜心钻研学问，教授弟子，四十五岁时就病死了。他崇信理学，至死不移。所著《四书精要》、《易系辞说》及门生所录《小学四书语录》皆佚，仅存《静修先生文集》传世。

在元代，北方理学以程朱为宗。在南方，陆九渊一派也不弱，陆学一直是一股"伏流"，与朱学相互攀缠，或隐或显。在朱学与陆学"合会"过程中，产生了诸多理学巨擘，吴澄就是著名的一位。吴澄（1249—1333年），字幼清，学者称草庐先生，抚州崇仁（今江西崇仁县）人，谥文正。吴澄著有《五经智慧纂言》，后人把他的文字合编为《草庐吴文正公全集》。吴澄在少年时代便用心儒学，以继承"道统"自命。他师承饶鲁门人程若庸，而饶鲁则是朱熹的再传弟子，所以被人认为是"正学直传",直承理学正宗。吴澄认为,"太极"是绝对体,称为"天"、"理";它付与万物,则称为"命";"物受以生",则称为"性";"具于心",即是"仁"。理、心、性本来为一。他认为要体悟天理,就应当以尊德性为本,反求诸己。吴澄的另外一位老师叫程绍开,此人既研习朱熹之学,又研习陆九渊之学,"本为陆学而和合朱学"。另外,朱熹生前曾说:"愚深欲劝同志者,兼取两家之长,不轻相诋毁。"①这个态度还算开明。朱、陆及其后学们在争论时,主要关注"尊德性"与"道问学"谁先谁后,而精神实质上,双方并无不同。可以说朱陆合流是学术史的必然,这一过程就是陆学在元代由"隐"到"显"的过程。在鹅湖之会上,陆九渊曾说:"易简工夫终久大,支离事业竟浮沉。"也许,这是他的高瞻远瞩,预见了理学在未来发展的方向。

八 明前期理学

纵观元代,在民族交往大融合的同时,理学也经历了融合的历程:一方面,它跟外部的政治环境相契合,另一方面,理学内部各流派之间相互交融。在这一过程中,程朱理学获得了官方哲学的地位,其巨大影响延及后世王朝。

但是,程朱理学真正确立它作为统治思想的地位,还是在明朝初年。在元代,程朱的经传、集注既是官方哲学,又是科举程式。但是,从大处来看,儒学不过是维持民族压迫和民族歧视的工具;直到明代初年,专制主义的强化,为思想上的统一提供了政治前提。洪武年间,解缙上万言书,建议修书。以关、闽、濂、洛,上接唐、夏、商、周、孔,"随事类别,勒成一经",作为"太平制作之一端"。其

---

① 见[明]宋濂等:《元史》,中华书局1976年版,第4012页。

用意，显然是想把程朱理学树为统治思想。明成祖永乐十二年（1414），政府开始纂修《五经大全》、《四书大全》和《性理大全》。但顾炎武瞧不起这三部《大全》，他指出，"八股行而古学弃，《大全》出而经说亡"①。三部理学《大全》只是对程朱的经传、集注和接近程朱的其它注解加以辑集，整齐划一。其目的并不在于发明，而是通过皇帝的钦定，合众途于一轨，会万理于一原，使程朱理学成为统治思想。虽然天下儒士的头脑被束缚在程朱理学之中，但理学家们各自对义理的"体认"不一样，所得不同，由此发其新义，也使明代前期的理学显得错综复杂。其中著名的理学人士，有刘基、宋濂、方孝孺、曹瑞、薛瑄、吴与弼等等。

　　刘基（1311—1375年），字伯温，处州青田（今浙江青田县）人，谥文成。刘基早年修习春秋学，后来接受了濂、洛之学。后人将他的著作编为《诚意伯刘文成公文集》。在理学的天道观上，刘基提出"元气"概念。他认为，元气是万物的基础，但并不是绝对本体，绝对的本体仍然是"理"。宋濂（1310—1381年）和刘基生活在同一个时代。他字景濂，学者称潜溪先生，浙江浦江人，谥文宪。后人辑其所著为《宋文宪公全集》。《明史》记载说："一代礼乐制度，濂所裁定者居多。"而且，三部理学《大全》的颁定，都跟宋濂等人的鼓吹有关。宋濂门下最得意的门生，要数方孝孺。但是，宋濂出入于释、老二氏，方孝孺却放言驱斥释、道，常说被后人称为"程朱复出"的千秋正学。方孝孺（1357—1402年），浙江宁海人，字希直，另有一字希古，号逊志，学者称"正学先生"。朱棣篡位后，方孝孺当面声讨，被处死，诛及十族，明后期追谥文正。其著作因

---

① 见顾炎武：《日知录》卷十八《四书五经大全》。

获罪而散佚，后人辑有《方正学行先生逊志斋集》。方孝孺重视小学的功夫，认为"治心"是学道的要旨。心正则可以体验天道，同时可使"心通乎天"。在方孝孺之后，继往开来的重要人物是曹端。曹端（1376—1434年），字正夫，号月川，河南渑池人。永乐乡试举人，后人辑其著作为《曹月川遗书》。曹端理学主张躬行践履。他说："一诚足以消万伪，一敬足以做千邪。所谓先立乎其大者，莫切于此。"①时人受其影响。另一位学者薛瑄(1389—1464年)，字德温，号敬轩，山西河津人，谥文清。后人辑其著作为《薛文清公全集》。薛瑄以朱学为宗，但有所修正和发挥。与薛瑄同时的吴与弼，开创了江西"崇仁之学"。吴与弼（1391—1469年），字子傅，号康斋，抚州崇仁（今属江西）临川人，有《康斋文集》、《吴先生集》传世。吴与弼之学着重省察克治，奉行"存于理，去人欲"的训条。吴与弼之学，不是"上达"，而是"下学"，是修养功夫论，不是本体论。而且，从方孝孺、曹端和吴与弼之学可以看出，明初的理学是重视修养功夫论的。吴与弼的弟子在其门下分成数派，其中陈献章深得其静观涵养的功夫，开创了"白沙之宗"。

陈献章（1428—1500年），字公甫，号石斋，广东新会人，世称白沙先生。谥文恭。著有《白沙子全集》。陈献章早年学宗朱熹，后受吴与弼的影响，观点变化。他以"心"为其哲学的出发点，赋予"心"以"无我无人，无古今，塞乎天地之间"的绝对性质，具有"生生化化之妙"，得出"一体乾坤是此心"，"若个人心即是天"的结论。陈献章的思想突破了朱熹思想的统治，建立了明代第一个较为系统的心学体系，影响到后来的王阳明。黄宗羲说："有明之学，

---

① 见《文渊阁四库全书》，第457册，第74页。

至白沙始入精微，……至阳明而后大。"①在陈献章的学生当中，跟他师生情谊最深厚的是湛若水。湛若水（1466—1560年），字元明，学者称甘泉先生，广东增城人。中进士后，与王阳明交往甚多。湛若水长期做高级学官，弟子众多，著述宏富。后人辑其著为《甘泉先生文集》。

应当说，对王阳明有影响的"崇仁之学"，已不是本来面目的朱学，但也不是陆学，而是一种新的理学，它兼采了朱陆之长。从元代到明初时的理学流变，可见这样一个"三步曲"的发展过程：从元代的朱陆合流，到明初宋濂的朱陆调和，再到吴与弼的"兼采朱陆"。这个过程，影响了后来的王阳明的学说。王阳明以本心论为主，兼取朱学的理欲、理气论，在这个基础上加以熔铸，脱胎一变，建立了自己博大、精细的王学体系。至此，朱、陆二学，殊途同归。

理学对中世纪后期朝鲜、日本和越南的思想文化产生了深远的影响。

第四节 朱熹与王阳明

一 朱熹

朱熹（1130—1200年），是宋代理学的集大成者。他综合了周敦颐、张载和二程兄弟的学说，并吸收道家、佛教的部分主张，建立了自己独特的思想体系。朱熹是我国古代最博学的大学者之一，他是南宋著名的思想家、哲学家、教育家。清代史学家全祖望对他的

---

① 见《文渊阁四库全书》，第457册，第107页。

学术给了很高的评价,他称赞朱熹是个"致广大,尽精微,综罗百代"的学者。

朱熹,字元晦,一字仲晦,号晦庵,晚年改号晦翁,他祖籍徽州婺源(今天的江西婺源),生于建州龙溪(今福建龙溪)。根据《宋史·道学列传》的记载,朱熹小时候极为聪明。他四岁时,父亲指着天说,

图20 朱熹

这是"天也",朱熹问:"天之上何物?"这种追根究底的问法,完全是哲学的追问,让他的父亲感到非常惊讶:这哪像出自四岁孩童之口啊!莫非我的儿子天生就是个奇才?五岁的时候,他又冥思苦想,思考"天地四边有没有穷尽"一类的问题。父亲终于确信他是个天才,于是亲自教育这个聪明的孩子。朱熹自幼奋发习读古代圣贤的学问,十来岁的时候便攻读儒家经典。十四岁父亲去世后,朱熹遵从父亲的临终嘱咐,师从胡宪、刘勉之、刘子羽等学者,这三位先生都是信奉二程的道学家。后来他从学于李侗,此人是二程的第三代弟子。在李侗的影响下,朱熹开始潜心研究义理之学,渐渐走上理学的道路,成为洛学的第四代传人。

不过,少年朱熹并不只是学习儒家经典。上面所说三位先生,都好佛老之学,受其影响,他曾涉猎了很多佛老典籍。他自己后来也说:"某旧时,亦要无所不学,禅、道文章、楚辞、诗、兵法,事事要学,出入时无数文字。"(《朱子语类》卷一○四。这段经历,使他后来能够用儒学来融会佛道。)十九岁(1148)时,朱熹登进士第。他

图 21 朱熹信札

参加礼部考试时,就是用禅学的意思去回答《周易》、《论语》、《孟子》的考题,竟然高中了进士。这跟当时的主考官好佛老之学有关。

　　进士是最高的学衔,是读书人一生的梦想;学而优则仕,按理来说这个哲学天才也该做大官。但是纵观朱熹的一生,官做得不大,也做得不开心。朱熹一生仅在朝廷做了四十天的官,当了九年的地方官,曾任同安县主簿、知南康军、知漳州、知潭州以及宁宗侍讲等。其余的时间,他都是奉祠(官禄)著书讲学,建精舍,建修书院多处,广收门徒。1163 年,朱熹由于反对朝廷跟金兵议和,跟当时的宰臣们发生了冲突,于是他回到老家,读书著述,潜心研究理学。庆元元年(1196),朝廷重臣赵汝愚被罢相,朱熹极力反对这件事。韩侂胄专政后,诬陷朱熹,说他的理学是伪学的罪魁祸首,欺君罔世,要求毁掉道学书籍。朱熹被罢官贬抑,当时许多人对他避而远之。朱熹虽然感到有些不安，但还是不停地讲学，不断地订书，直至临终前他仍在修改《大学》的注解，给学生讲论哲学。庆元六年（1200），朱熹在处境艰危中病故。

《大学》本是《礼记》中的一篇，其中提出了"三纲领、八条目"。三纲，即"明明德、亲民、止于至善"；八目，即"格物、致知、正心、诚意、修身、齐家、治国、平天下"。朱熹最重视其中的"格物"。他用"即物穷理"来解释格物。"格物"包含了解事物的道理。但他所说的"物"，主要是指"事"，也就是行为；而格物其实就是做合乎伦理之事，而穷理的意思除把握知识外，主要也是穷尽天理，就是伦理实践。他在庐山白鹿洞书院讲学时，制定了《白鹿洞书院揭示》，这标明他所重视的伦理就是儒家的五伦。

朱熹极为重视人心道德方面的修养。他时刻不忘"十六字心传"。"十六字心传"出自伪《古文尚书》，即四句话、共十六个字："道心惟微，人心惟危。惟精惟一，允执厥中。"朱熹所理解的道统心传，很重视人的内心修养。"人心"是指感性欲望，如果它无所主宰，流而忘返，就会"危"及伦常。学者当警惕不已，常勤修身，用"道心"来主宰"人心"。"道心"是指人的道德意识与理性，也是指人得之于天的道德本性。

在教育思想方面，朱熹也是古代最著名的教育家之一。他的一生，勤于讲学著述，提出了系统的教育思想。在短暂的仕途生涯中，朱熹所到任之处，必定大兴学校。中国古代四大著名书院，半数跟朱熹有关。如白鹿洞书院初建于南唐，南宋初已经废坏，朱熹五十岁出任江西南康军的郡守时，他到庐山上访求白鹿洞书院的废址，并重建了这座古老的书院。他亲自订立了《白鹿洞书院揭示》作为书院的学规。这个学规一方面提倡博学、审问、慎思、明辨,另一方面强调修身、处事、践行的原则。学规不仅对后来的中国教育影响很大,至今在东亚的一些国家仍可以看到其影响。朱熹六十五岁时,出知潭州,此间他主持修复了岳麓书院,以《白鹿洞书院揭示》为学规,以《四书集注》为教材,亲自到书院讲学。白鹿洞书院和岳麓书院是中国古代四大书院中的两个,它们都和朱熹的教育实践有关。他所编著的教材,无论是童蒙读物还是《四书集注》,都对后来的道德教育影响深远。

朱熹的学术成就十分突出,论著很多。在易学方面,他著有《周易本义》、《易学启蒙》;在文学方面有《诗集传》、《楚辞集注》、《韩文考异》;在礼学方面有《家礼》、《仪礼经传通解》;在蒙学方面,有《小学》、《童蒙须知》;史学方面,有《资治通鉴纲目》等。此外,他还指导学生注解《书经》。他对古代经典如《周易》、《诗经》、《尚书》等都有独到的看法,对古代文献的整理贡献甚丰。特别是在四书学方面,他著有《四书集注》、《四书或问》。在性理学方面,朱熹的著述更多,他的讲学语录有一百四十卷,文集一百二十卷,分部著述有五百多卷。后人编有《朱文公文集》。另外,讲学录有《朱子语类》。

元代以后,《四书集注》被历代规定为科举考试的标准,这和朱熹一生致力于四书的严谨研究是分不开的。接下来我们要重点谈谈这本影响中国数百年之久的《四书集注》。

二 《四书章句集注》及其影响

《四书章句集注》又称《四书集注》,包括《大学章句》、《中庸章句》、《论语集注》、《孟子集注》,是这四部书的汇集。

《论语》、《孟子》是儒家的经典,前人或者当时学者均有许多注释,朱熹选择了其中的一些,并加以阐发,所以称为"集注";对于《大学》和《中庸》,朱熹主要是根据自己的思想来解释,所以称为"章句"。通过《四书章句集注》,朱熹阐述了自己的哲学思想。《四书集注》是朱熹最重视的一部系统化的集注解与专论为一体的大著作,自从他开始学术活动以来,几乎把最主要的思想集中体现于该书,并花费了多年心血不断加以完善。书中除发扬儒家注重修身养性、慎思博学的思想外,主要是表达了系统化的理学思想,包括朱熹自己的理学思想体系。

朱熹虽然也曾以义理注释五经,但在伦理学方面的代表作,还是他多年集注的《学》、《庸》、《论》、《孟》四书。《四书章句集注》集中体现了朱熹思想的精髓,是宋代以后影响最深远的儒家著作。朱熹从三十多岁起,就下工夫反复修改,直到临终前一天,他还在斟酌此书。《论语集注》和《孟子集注》于淳熙四年编成,《大学章句》和《中庸章句》早已在此之前完成,但直到淳熙十六年才改定。朱熹觉得,《大学》是"初学入德之门"[①],而《中庸》是"孔门传授心法"[②],所以他故意把《大学》和《中庸》排在作为六经的《论语》和《孟子》之前。朱熹在漳州当知州时,于绍熙元年(1190)首次刊刻《四书集注》。《四书》之名,从此确立。《四书集注》刊印之后,不久就风行天下。此后又多次修改,最后的定本是在朱熹死后才刊行于世的。

朱熹一生弟子众多,大批弟子传播他的学说。如弟子陈淳,为了阐发老师的这本著作,写了一本《四书性理字义》,影响迅速波及

---

① 见《大学章句序引》。
② 见《中庸章句序引》。

整个学界。元朝皇庆二年（1313），规定科举考试以《四书集注》为标准。从此，《四书集注》成为科举考试的标准答案，各级学校都把它作为必读的教科书，其地位甚至高于"五经"，于是此书大行于天下，为它疏解者不乏其人。

不但官学重视朱注"四书"，在私学教育中，它也成了主要教材。由于程朱理学在民间的教学实践影响很大，在元代时，私学开始受到官方的推崇。在和吕祖谦的通信中，朱熹曾评说读书的顺序，他说："盖为学之序，为己而后可以及人，达理然后可以制事，故程夫子教人先读《论》、《孟》，次及诸经，然后看史，其序不可乱也。"①

《四书章句集注》经过多年的修改，成了朱熹的代表作。元初，赵复把程朱理学传到北方，他带去了很多书籍，其中自然有朱熹的《四书集注》。吴澄弟子虞集曾提及此事时说："昔在世祖皇帝（忽必烈）时，先正许文正公（许衡）得朱子《四书》之说于江汉先生赵氏（复），深潜玩味，而得其旨，朱氏诸书，定为国是，学者尊信，无敢疑二。"②许衡之学以程朱为其宗，是元代的理学大儒。他在政治上也很有势力，官高位重，曾任左丞、国学祭酒。通过许衡的表彰，赵复传授的朱注《四书》被迅速推行。接下来就是文明史上的一件大事——元仁宗皇庆二年，科举条格中明确规定：明经一科中的四书、五经，用程、朱的注本。从此，朱注被国家定为科场考试程式，开始成为官学。这也就是"朱氏诸书，定为国是"。科举考试以朱注为指定教材，这自然要影响到整个社会的读书、讲学之风。虞集在《考亭书院物理重建文公祠堂记》中说："群经、四书之说，自朱子折衷

---

① 见《朱熹集》，四川教育出版社1996年版，第1535页。
② 见《四部丛刊·道园学古录》卷三十九，商务印书馆，第11页。

论定，学者（赵复）传之，我国家尊信其学，而讲诵授受，必以是为则，而天下之学皆朱子之书。"①

明、清两代，以朱学为官学。明朝统治者竭力推崇程朱理学，程朱理学成了思想、文化、教育领域的主导思想。明太祖朱元璋曾下令，学者讲学"一宗朱子之学"，"非濂、洛、关、闽之学不讲"。明成祖永乐十二年（1414），明政府开始纂修《五经大全》、《四书大全》和《性理大全》。朱熹的《四书集注》原文《大全》保留不动，并且"诸儒之说有相发明者，采附其下"②。《性理大全》卷二十六以下至最后一卷，大体依照《朱子语类》的门目。清继承明初的衣钵，大力提倡程朱理学，朝廷诏命熊赐履、李光地等"理学名臣"编辑《朱子全书》，并把《四书集注》确立为官方哲学。

三 王阳明

在历史上，王阳明是个奇人，他的一生富有传奇色彩。王阳明不但是位心学大师，而且是一位军事家，此外，他的武艺也很精湛。他既平定过农民起义，还镇压了宁王朱宸濠的叛乱，可谓军功显赫。像这样文武俱精、政学兼优的人，中国历史上实不多见。

王阳明（1472—1529年），字伯安，浙江余姚人。他本名王守仁，因曾慕行道教之术筑室于阳明洞，自号阳明子，所以学者都称他为阳明先生。习惯上，人们也都称他为"王阳明"。据年谱传载，王阳明少年时豪迈不羁，文武兼修。十五岁游居庸三关时，便立下经略四方之志。他起先学习词章，也出入佛老。在王阳明的时代，朱熹的学说

---

① 见[元]虞集：《道园学古录》，台湾华文书局民国元年书本影印版，第1780页。
② 见[明]胡广等纂修：《性理大全》，山东友谊出版社1989年版，第21页。

是儒家的正统,天下读书人都绕不过朱子学。阳明在与人(娄谅)讨论程朱时,对"格物致知"说产生了浓厚的兴趣。二十一岁时,他依朱子的格物之说,对着庭前的竹子来格理。因为朱子说过,众物必有精粗表里,一草一木,都包含至理;所以,只要耐着

图22 王阳明

性子,一个一个地去格,终有一日能悟到人生的大道理。王阳明对着竹子,连日盘腿静坐,心无杂念。坐了七天,终于病倒了,可竹子还是竹子,它的"理"却一点也没格出来。

　　因对朱子学无所收获,阳明便转向了仙佛。三十一岁时,他筑室阳明洞,行导引之术。所以,在他的学说中,佛老思想的影响有迹可寻。不过,他并未皈依仙佛,因为这时他又悟到仙佛遗弃人伦,就转而求道。三十四岁时,王阳明开始讲学,与湛若水交往。正德元年,武宗初即位,宦官刘瑾专权,王阳明上书抗议,为此他被下狱受廷杖四十,然后被贬到贵州偏远的龙场作一个小小的驿丞。一路上刘瑾派人追踪,想暗杀他。为躲避刘瑾的暗杀,在钱塘,王阳明假装跳江自杀,骗过了盯梢的人。三十七岁时他才到龙场。孟子说过"天将降大任于斯人也,必先苦其心志、劳其筋骨",阳明在偏远荒凉、疫病流行的龙场的经历,正应了孟圣人的这句话。他努力探研圣学的真谛,突然有一天奇迹就发生了,王阳明忽然觉悟,这

就是有名的"龙场悟道"。

在以后的十几年当中,王阳明在两京及地方上又多次做官。正德十四年,即四十八岁那年,阳明时任都察院右副都御史。这一年夏宁王朱宸濠叛乱。王阳明当时正在江西领兵,负责平定南赣农民暴动。在丰城闻报,王阳明马上赶往发生叛乱的地点,一路躲避追捕,经过四天四夜到了吉安。在未得旨命的紧急情势下,他倡义讨叛,并很快指挥部队在鄱阳湖边生擒了朱宸濠,平定了大叛乱。由于平叛有功,他被擢升为南京兵部尚书,封新建伯。王阳明堪称"才兼文武",不仅思想独树一帜,他的事功业绩在古今儒者中也是少见的。晚年的王阳明并没被重用,而是居越讲学。因他的学说与主流朱子学不同,阳明学一直被视为近乎叛逆的伪学,受到攻击和压制。他死后才几个月,朝廷便下诏禁伪学,这和朱熹晚年遭受伪学之禁的境遇几乎一样。

自龙场悟道后,虽然王阳明一直阐述良知之学与知行合一之说,但在方法上及理论环节上,都有不够精当之处。直到五十岁左右,他才揭明致良知工夫,并开始阐明万物同体之理,最后,他终于明白良知自己就能知善知恶。王阳明在世的时候,各方攻击不断。但由于他是个很有个人魅力的人,所以其学派并没有分裂。在逝世的前一年,王阳明向门人解说了"四句教"及四无之说。他死后,门人散居各地,依照自己的理解来阐发他的学说。王阳明的作品被辑为《王文成公全书》,流传于世。近年来,在日本陆续发现王阳明的一些佚文,其中包括一部佚著《阳明兵筴》[①]。

王阳明是心学的集大成者。他的思想体系核心有三:一是"心

[①] 见永富青地:《〈阳明兵筴〉の基础研究》,(日本)《人文社会科学研究》第41号2001年。

外无理",二是"知行合一",三是"致良知"的学说。

他认为,朱熹对《大学》格物致知的理解是错的。朱熹将"物理吾心终判为二",所以,就无法把握自身内在的道德主体性。早年他并没有认识到这个,朱熹的格物说也让他困惑良久;龙场悟道是个转折点,使他认识到心和理的关系。不管是所谓的"道"也好,"理"也好,都不在事物之中,只在我们自己的心里。道德的法则,并不存在于外部事物,而内在于我们的心中;它不是外在的东西,是我们内在的要求。所以,格物并不应到事物上去格,对着竹子是格不出理的。要格物,就应当在自己的心中去找。这样,他就提出了他的哲学命题"心即理也","心外无理"。从此,他就与朱熹的思想分道扬镳。

既然心理不二,心和理并非两个截然不同的东西,他说:"故有孝亲之心,即有孝之理;无孝亲之心,即无孝之理矣。有忠君之心,即有忠之理;无忠君之心,即无忠之理矣。理岂外于吾心邪?"(《传习录》上卷二)那么,良知就不假外求。良知能够知善知恶,并由此加以实践,即可以成就完满德性。因此,王阳明提出了"知行合一"的思想。他在龙场居贫处困、动心忍性、中夜大悟之后,第二年便开始在贵阳书院讲"知行合一"。

"知行合一"的提出,针对的是明代中期社会现实,当时风气败坏、道德水平下降。这个学说,与朱熹讲的"格物致知"显然不一样。王阳明认为,讲"格物",这个"物"不是物理的物,而是指行为。这样,格物与致知就不可分割了。讲"致知",是指自己了解到道德准则后,就要把它付诸实践,而不是停留在认识上。事实上,对"致知"的"知",王阳明并不把它当做认识。他说,知是行的开始,行是知的完成,不能把它割裂为两截。但有人提出质疑,问他:有些人明知当孝，却不去践履，这是什么原因？王阳明回答，这是那人没有真知。所谓真知，就是知而欲行。

因此，"知行合一"这个命题，并不是认识论的，而是道德实践的命题。他说："就如称某人知孝，某人知弟，必是其人已曾行孝行弟，方可称他知孝知弟，不成只是晓得说些孝弟的话，便可称为知孝弟？又如知痛，必已自痛了，方知痛；知寒，必已自寒了；知饥，必已自饥了。知行如何分得开？此便是知行的本体，不曾有私欲隔断的。"（《传习录》上卷一）在阳明看来，"知"既包含认识，也包含强烈将所知加以践履的意向。所以他以为，人们因为有良知，并不缺乏关于道德的知识，关键是要培养意志，自觉地去实践自己所知为善的意志。至于修养的要点，简单说来，便是"念念不忘存天理克人欲"。人欲会阻碍良知的自然发生，所以要克人欲。

所以，王阳明又提出了"致良知"的学说。"良知"这个观念，最早出于孟子。"致知"的概念，来源于《大学》。王阳明把两者结合起来。他认为，"致知"的"知"字就是指良知，所以把大学的"致知"说发展为"致良知"说。在《孟子》中，良知是"不虑而知者"，它与生俱来；作为一种道德知识与道德情感，它不依赖于后天教育，也不受社会环境的干扰。王阳明认为，每一个人都有一定的道德意识，他称此为良知。这个概念，跟伦理学上所说的"良心"比较接近。王阳明认为，良知人人具备，是人的内在的道德评判的体系，它影响人的意识活动，起着指导、监督、评价、判断的作用；良知知善知恶，好善恶恶，是道德意识与道德情感的统一。然而，良知虽人人现成具有，但常受到私欲的遮蔽，所以就要致良知。所谓"致良知"，"致"首先是扩充，就是使良知扩充至极。另一方面，"致"

又表示实实在在地力行、践行，把你的良知努力地实现出来，变为具体的行动。所以，致良知本身也体现了知行合一，就是人应当实实在在、完完全全地按自己的良知去行动。

当然，晚年的王阳明还提出"良知自致"的思想，这种思想就是修养达到一个境界以后，良知知善知恶，就像孔子所说的"随心所欲不逾矩"，也相当于《中庸》中所谓的"自明诚"。由于它是一种极高明的境界，也需要切入良知，随顺天理，因此，也是一种带有觉悟的当下境界。既然人人都有良知，觉悟者就可以随顺之，成为圣人。"致良知"和"良知自致"是两种不同的修养方法，也是针对不同禀性的人的不同要求。那么，究竟以何者为主呢？这就留待后学去争论了。

在教育方面，王阳明的教育方法也有独到之处。上面曾经说到，在仕途生涯中，王阳明经常开堂讲学。他很注重教育方法，与其哲学思想相应，他提出了自己的教育学说。

王阳明认为，教育应该顺应人的本性，强调学贵自得，静处体悟，事上磨炼。他教人，从来不居高临下，用的是启发式的谈话。平常，但凡学生提问，他总让学生先讲述自己的观点，以便把握症结所在，然后再加以启发，这样就能举一反三。对乡人的教导也是如此。《传习录》记载了这样一个故事。乡人有一对父子发生了纠纷，诉于王阳明，他听了以后，刚说了几句话，竟然能让父子二人相抱恸哭而去。当时有个叫柴鸣治的学生，很不理解，就问老师这是怎么回事？阳明回答他说，"我只说舜是世间大不孝的儿子，而瞽瞍是世间大慈的父"。在传统儒家看来，这真是惊世骇俗：舜是个大孝子，瞽瞍是个顽固不化的人，怎么王阳明却反过来说呢？阳明的解释是，舜常以为自己大不孝,所以能孝;而瞽瞍常以为自己大慈,所以不能慈。他之所以对那父子二人那么说,就是暗示他们反省自己。所幸这对父子颇有悟性,听了马上就感到惭愧,重归于好。

在儿童教育方面,阳明也很有见地。他严厉批评当时的童蒙教育,认为那是拘囚式教育,把儿童的天性给扼杀了。对于小孩子,不能用教大人的方法来教育。正确的做法应该是陶冶引导,结合情感发抒,让儿童在歌诗和娱乐中健康成长。他的教育思想对近现代教育家产生了深远的影响。

王阳明的思想,突出人的主体意识,也强调个人的内在道德自觉。对传统心性学说来说,这是新的综合与发展。在东邻日本,王学很受重视。它对江户时代的日本影响很大,形成了具有日本特色的阳明学。

第二章 文学的全面繁荣

　　文学重心的下移,是隋唐到明中叶文学发展的主要趋势:文学体裁从诗文扩大到词、曲、小说,而词、曲、小说都和市井有密切的关系;创作主体从士族文人扩大到庶族文人,进而扩大到市井文人;文学的接受者扩大到市民以及更广泛的社会大众。

　　唐宋文学,是中国文学发展的重要时段,也是中国文学的全面繁荣时期。唐诗和宋词既是这个时期的标志性文学体裁,也是中国文学奉献给人类文明的艺术瑰宝。唐宋古文运动作为一次影响广泛的文化运动,为此后上千年的文学语言奠定了基础;而宋元兴起的白话通俗小说,则为叙事文学的繁荣注入了蓬勃的生命力。

第一节　唐宋古文运动

一　古文与骈文

"古文"是指盛行于先秦、两汉的散文，它是相对于后来骈文而言的，古文的风格质朴。骈文盛行于六朝时期。"骈"意思是对偶，两句为一组，每句十个字，前四个字一个节拍，后面六个字又一个节拍，所以骈文又称"四六文"。这种文体讲究声律的调谐，读起来朗朗上口；且其行文辞藻华丽，讲究词汇的对偶和用典。

在骈文盛行时，不单文人用它记事抒怀，政府公函也是用骈文写的。起初，骈文的出现丰富了文学体裁，也丰富了语言的艺术表现力，在文学史上起到过积极的作用。可是，骈文发展到后来，由于过于追求语言的形式美，最终导致了文章形式的僵化和文风的华而不实。

所以，早在南北朝时期，就有梁裴子野的《雕虫论》、北齐颜之推的《颜氏家训·文章篇》批评了骈文。在隋代和初唐，也不断有人呼吁改革文风。隋代的李谔上书隋高祖，说骈文是"以傲诞为清虚，以缘情为勋绩，指儒素为古拙，用词赋为君子。故文笔日繁，其政日乱，良由弃大圣之轨模，构无用以为用也。"（《隋书·李谔传》）皇帝觉得有道理，便采纳了他的意见。开皇四年，皇帝诏告天下，要求公私文翰都要写得朴实明白。这一年的九月，泗州刺史司马幼所上的文表辞藻华艳，还被治了罪。初唐陈子昂写了篇《修竹篇序》，他说诗歌创作要风雅兴寄，这篇文章促进了整个文风的改变。此后还有李白、元结、李华、萧颖士等人，无论在理论上还是创作实践上，他们都把文体、文风和文学语言的革新不断向前推进了。

不过，在韩愈和柳宗元之前，这种情况并没有根本的变化。

二 韩愈和柳宗元

韩愈（768—824年），字退之，唐代河南南阳（今河南孟南县）人。他的祖先曾经居住在昌黎（今河北昌黎），所以世人又称他为韩昌黎。三岁时，韩愈父母双亡，被亲戚抚养长大。他自幼学习六经百家书籍，特别喜欢读西汉司马相如、司马迁、扬雄的文章。唐德宗贞元八年，韩愈登进士第，这一年他二十五岁。后来他担任监察御史，因为说话太直而惹了事，被贬到连州山阳（今广东西北）做县令。赦免后还朝，又先后担任国子博士、中书舍人等职务。后因平定淮西之乱有功，升做刑部侍郎。后来，唐宪宗想迎接佛骨入朝廷，韩愈冒着掉脑袋的危险上谏，得罪了皇帝，被贬为潮州刺史。后来穆宗即位，当了国子祭酒，后转为兵部侍郎、吏部侍郎。长庆四年，韩愈病逝，终年五十七岁。

图23 韩愈

柳宗元（774—819年），字子厚，唐代河东（今山西永济）人，人称柳河东。唐德宗贞元九年（793）中进士，后任秘书省校书郎。唐顺宗贞元二十

图24 柳宗元

一年（805），跟刘禹锡等人一起参加政治革新集团，担任礼部员外郎。改革失败后，被贬官为永州司马。后来改贬为柳州刺史，在柳州去世。柳宗元一生创作了大量优美的散文，包括政论文、传记文、山水游记、小品文等。

对于骈文，韩愈是非常不满的。他主张的文学改革，得到了柳宗元的支持，于是二人各自写出不少散文，让人耳目一新。如韩愈的《原道》、《师说》、《送李愿归盘谷序》、《张中丞传后叙》，气势磅礴，生动精炼，一改骈俪之文的呆板风格；柳宗元的"永州八记"、《捕蛇者说》、《种树郭橐驼传》，关注民生，很有深度和力度。

试看韩愈的《张中丞传后叙》中的一段，它刻画了张巡等人英勇守卫睢阳的事迹，慷慨悲壮，可歌可泣：

> 南霁云之乞救于贺兰也，贺兰嫉巡远之声威功绩出己上，不肯出师救；爱霁云之勇且壮，不听其语，强留之。具食与乐，延霁云坐。霁云慷慨语曰："云来时，睢阳之人不食月余日矣！云虽欲独食，义不忍，虽食且不下咽。"因拔所佩刀断一指，血淋漓，以示贺兰。一座大惊，皆感激为云泣下。云知贺兰终无为云出师意，即驰去。将出城，抽矢射佛寺浮图，矢著其上砖半箭。曰："吾归破贼，必灭贺兰，此矢所以志也！"

再看柳宗元的《小石潭记》中的一段，用诗的笔法来写山水的清净优美，鱼儿的生动灵活仿佛就呈现在读者面前，使人身临其境：

潭中鱼可百许头，皆若空游无所依。日光下澈，影布石上，怡然不动，俶尔远逝，往来翕忽，似与游者相乐。

与六朝以来流行的骈文相比，这些文字真是别开生面。

韩、柳发起的这场古文运动，目标明确，从文学层面来讲，可以概括为两点：一是要革新文体。由于骈文内容空虚、唯美倾向严重，束缚思想表达，他们觉得应该摒弃。取而代之的，应该是在先秦、两汉古文的基础上建立新的散文。二是要革新文风和文学语言，也就是韩愈在《南阳樊绍述墓志铭》中所提出的"词必己出"和"文从字顺"。

韩、柳提倡的古文，在短时间内产生了广泛的影响，文坛的面貌也随之一变。但在他们死后，后继者片面追求怪异，又让古文衰微不振，骈文的势力重新抬头。直到北宋中叶，欧阳修、王安石、苏轼等人再一次掀起古文运动，才确立了古文的传统。欧阳修的《与高司谏书》《醉翁亭记》、王安石的《答司马谏议书》《读孟尝君传》、苏轼的《石钟山记》《日喻》《贾谊论》等，都堪称古文的典范之作。

三　唐代古文运动与儒学复兴

古文运动经历了二百多年，从中唐宪宗贞元、元和年间开始，直到北宋政和、大观年间结束。前后投入其中的，除了韩愈、柳宗元之外，在中唐还有张籍、刘禹锡、李观，以及韩愈的学生李翱、皇甫湜、孙樵等人。晚唐以小品文著称的皮日休、陆龟蒙、罗隐等人也在其中。到了宋代，欧阳修、曾巩、王安石、苏洵、苏轼、苏辙等人将古文发扬光大,终于使古文运动取得了成功。

不过,它的意义并不仅仅限于文学领域。从思想层面来说,古文运动也是一场儒学复兴运动。文体和文学语言的革新与儒学复兴紧密地结合在一起,正是因为这样,它才能在社会上产生广泛的影响。

韩、柳的主张,其核心是"文""道"合一。

韩愈说:"君子居其位,则思其官;未得其位,则思修其辞以明其道。我将以明道也,非以为直而加人也。"(《谏臣论》)"愈之为古文,岂独取其句读不类于今者耶?思古人而不得见,学古道则欲兼通其辞,通其辞者本志于古道者也。"(《题欧阳生哀辞后》)柳宗元说:"吾幼且少为文章以辞为工,及长,乃知文者以明道。""本之《书》以求其质,本之《诗》以求其恒,本之《礼》以求其宜,本之《春秋》以求其断,本之《易》以求其动,此吾所以取道之原也。"(《答韦中立论师道书》)

在上面的话中,他们屡次说到"道"。他们讲的"道"不是道家的道,而是以孔孟为代表的、以仁义为核心的儒家思想体系。正像韩愈在《原道》中所说:"博爱之谓仁,行而宜之之谓义,由是而之焉之谓道。"

韩愈以儒家道统的继承者自居。孔子死后,儒家分为八派,孟子学派只是其中之一。汉代独尊儒术,儒家成为教化的工具,但兴趣并不在心性方面。孟子是讲心性、讲道德修养的;而韩愈认为,儒学是一门心性之学,所以,孟子才是孔子的真正继承者。韩愈感叹道:从尧、舜、禹、汤、文、武,到周公、孔子、孟子的道统,在孟子之后就不得其传了。"使其道由愈而粗传,遂灭死万万无恨。"

(《与孟尚书书》)话虽说得很谦虚,言下之意却不含糊:我韩愈才是儒家道统的真正继承者!

在韩、柳看来,过于追求形式美的骈文,既不便于自由地表达儒家的思想,又背离了儒家社会教化的需要;所以,必须废弃骈文,代之以载道的古文。于是,他们在先秦、两汉古文的基础上,创立出一种新的文学语言,并用它来写作不同于骈文的古文。他们号称追随先秦诸子,是想借古文来昌明儒家之道,恢复儒家的道统。

关于这一点,韩愈的学生李汉说得很清楚。他说,文学是用来贯道的。他称赞自己的老师韩愈,说他"日光玉洁,周情孔思。千态万貌,卒泽于道德仁义,炳如也。洞视万古,愍恻当世,遂大拯颓风,教人自为"(《昌黎先生集序》)。苏轼也说韩愈是"文起八代之衰,道济天下之溺"(《潮州韩文公庙碑》)。李汉和苏轼的话,指出了韩愈倡导古文的目的,从"文"、"道"结合的角度给予韩愈很高的评价。

四 宋代古文运动和"文以载道"

语言是文化的重要载体。"文所以载道"是周敦颐在《周子通书·文辞》中提出来的。朱熹对它作了更深入的阐发,他说道是文的根本,文是道的枝叶。在载道说的指导下,宋代文章更富于议论性,文章与政治教化的关系也增强了。

宋代古文不是对唐代古文的简单模仿,它有自己的新面貌。一方面,宋代古文家受理学的影响,他们更加重视"文"与"道"的关系,其主张也更加明确。另一方面,宋代的古文家取骈文之所长以补古文之所短。韩愈的一些古文稍显艰涩古奥,宋代古文家们则

图 25 安徽滁州醉翁亭

纠正了这个弊病,并且吸取骈文运用语言的长处,使文风更富有艺术效果。所以,宋代的古文并没有因为议论的增多,而削弱了抒情和叙事的效果。欧阳修就曾说过,孟、韩的文章虽很高明,却也不必刻意模仿,取其自然就可以了。

宋代优秀的古文家发挥各自的个性,把议论、抒情、叙事完美地结合在文中,风格多姿多彩。比如,欧阳修平易自然,王安石简洁犀利。

在众多散文家中,苏轼是最为突出的一个。对于自己的文才,苏轼也毫不谦虚。他说自己的文章"常行于所当行,常止于不可不止",就像泉水一样,在哪里都可以涌出,在平地上水流汹涌,一日千里也不难做到;如果碰到阻碍物,便会随物赋形。事实上,苏轼对自己的这个评价并不过分。如《记承天夜游》,全文不足百字,情趣盎然,境界全出:

元丰六年十月十二日,夜,解衣欲睡,月色入户,欣然起行。念无与为乐者,遂至承天寺,寻张怀民。怀民亦未寝,相与步于中庭。庭下如积水空明,水中藻荇交横,盖竹柏影也。何夜无月?何处无竹柏?但少闲人如吾两人者耳。

唐宋古文家所开创的新文学语言和散文新范式,以及"文以载道"这个重要理念,为中国文化开启了新的历程。载道的古文一直延续到元明清三代,在此后一千年间占据正统地位。直到五四新文化运动兴起,树立了新的文学观念,白话文流行,情况才有了根本的改变。

韩、柳提倡的古文运动,历时二百多年,多位古文家参与,既有鲜明的理论主张,也有丰硕的创作成果,不仅确立了新的散文范式,而且延续了儒家的道统。因此可以说,这是中国文化史上一次具有划时代意义的文化运动。

第二节　唐诗

一　诗歌的繁荣

俗话说"熟读唐诗三百首,不会做诗也会吟"。如果说中国是一个诗的国度,那唐诗就是这诗国的高峰。

唐代在不到三百年的历史中,留下来的诗歌总数,很难确切地统计出来。仅仅据清代康熙年间所编的《全唐诗》所录,就有诗人

图26 清扬州诗局《全唐诗》书影

两千二百多人,作品四万八千九百多首,共九百卷。可别小瞧了这个数目。隋唐之前的中国历史上,把所有的诗歌加起来,总数还不及这本《全唐诗》的三分之一。

唐诗不仅在数量上无与伦比,在质量上也是空前绝后。唐代不仅涌现了李白、杜甫这样伟大的诗人,还有王勃、陈子昂、王维、孟浩然、王昌龄、王之涣、高适、岑参、韩愈、柳宗元、刘禹锡、白居易、李贺、李商隐、杜牧等一大批各具特色的优秀诗人。未留名青史的民间诗人更是难以计数。从整体水平来看,唐诗超过了此前任何一个朝代,也是此后任何一个朝代都难以企及的。

在唐代,诗歌是最为普及的文学。诗歌和唐人的日常生活关系密切。作诗的人,上自帝王、公卿、官僚,下至布衣,旁及僧人、道士,几乎遍及各个阶层。从现存唐诗所涉及的地域来看,除中原地区之外,北部、西部和东北边塞都进入了诗歌吟咏的范围。

一首好诗写出之后,便很快被传抄或传唱,不多久就可以传到许多地方。除了传抄、传唱外，还有题壁等多种传播方式，这使诗歌在社会上广泛流传。今天我们能看到的唐人所选的唐诗，不包括敦煌石窟中发现的唐诗抄本，就达十几种之多。另外，诗歌还是唐代科举考试的科目。这种状况也促成了诗歌的进一步繁荣。

为什么唐诗能如此繁荣呢？文学史家们早已作了各种解释，我们无须在此加以重复；但是从文明史的角度，可从以下三点来说明其原因：

一是南北之间文化的整合。南北朝文化的整合，简单地说，就是清绮与贞刚的互补、性情与声色的统一。各去所短，合其两长，则文质彬彬，尽善尽美。如果没有这样一个历史性的文化整合，唐诗是无法臻于极致的。

二是文化的开放。唐代是个富饶、开放的时代，文化欣欣向荣。仅以首都长安为例，这是当时世界上最大的国际都会，在8世纪前半叶，人口就已经达到百万之多。各国的使臣、留学生、留学僧、商贾、艺术家络绎不绝。多种外来的宗教，如佛教、祆教、景教、摩尼教，都可以自由地传播。由于广泛地吸收了外来的成分，唐朝的音乐、美术、舞蹈多姿多彩，来自米国、曹国、康国、安国的艺术家都很活跃。

三是政治的相对开明。由于实行科举考试，大量中下层庶族士人可以通过努力学习来进入仕途。这是一个了不起的选人制度，它打破了门阀垄断政治，使唐王朝的统治建立在更广泛的基础之上。初唐皇帝吸取隋亡的教训，相对来说比较开明，能够听取各方面意见；而在新进的士人当中，也有不少人敢于直言谏诤，渐渐使唐朝的政治呈现相对开明的状态。政治开明，思想也就自由。诗人们也敢在诗歌中揭露社会矛盾,讽喻时政。

总之,整合、开放与开明,为唐朝诗人提供了探索创新的机会,这是唐诗繁荣的重要原因。

二 唐诗的时代风貌

唐诗的风格多种多样,有的偏于豪放,有的偏于深沉,有的偏于平易,有的偏于险怪。但不可否认的是,唐诗的确有着一种特别的总体风貌。正是因为这种风貌,使它明显地区别于其他时代的诗歌。

关于这种总体风貌,宋朝的严羽在其《沧浪诗话》中说过:"本朝人尚理","唐朝人尚意兴"。钱锺书先生在概括唐宋诗歌时说:"唐诗多以风神情韵擅长,宋诗多以筋骨思理见胜。"(《谈艺录·诗分唐宋》)林庚先生则把它概括为新鲜的认知感、充沛的创造性、深入浅出的表现力(《唐诗综论·代序》)。参考这些论述,我们也许可以这样概括:唐诗之时代风貌在于气象的恢宏、神韵的超逸、意境的深远、性情的天真、格调的高雅、语言的新鲜,以及由这些方面共同形成的健康的美、新鲜的美、灵动的美,这是一种新的富有时代特色的美感。

三 近体诗的确立及其审美影响

近体诗(包括五言和七言律诗、绝句、排律)是一种由唐代诗人确立的、新的诗歌体裁。

五言和七言的近体诗,每一首诗和每一句诗都有固定的字数,又有严格的关于押韵、对仗、平仄的格律。为了适应这种格律的要求,诗歌语言必须有某些超出常规之处,也就是"变异"之处;或者,虽没有变异,而只是频繁地突出某些常规,而造成"强调"。这种"变异"或"强调"最明显的情况就是词语(或意象)之间不用介词、连词,直接连缀,造成自由联想的空间,峰断云连,辞断意属,形成含蓄的美感和多义的效果。

如"浮云游子意,落日故人情"(李白《送友人》)。"风急天高猿啸哀,渚清沙白鸟飞回"(杜甫《登高》)。"鸡声茅店月,人迹板桥霜"(温庭筠《商山早行》)。在这几句诗中,几个词语(或意象)并列在一起,它们之间是什么关系?诗人没有明确地说。作为读者,完全可以自由联想;那些蕴涵在字里行间的意趣,也全凭读者自己来补充。近体诗的这种写法,既使诗歌具有含蓄的美感和多义的效果,也创造出读者自由想象的空间,在很大程度上影响了中国人的艺术趣味和欣赏心理,进而影响了中国人文化心理的形成。

四 唐代诗歌的演变

唐诗的演变过程,一般来说可分为初盛中晚四个时期。

初唐时期:从高祖武德元年(618)到玄宗先天元年(712),约一百年。

这一百年的诗歌创作,成就不是很突出,但是诗坛的主角开始变化。以前的诗歌创作,除了民歌之外,主要掌握在宫廷贵族手中。他们多半四体不勤、五谷不分,不了解人民大众的疾苦,因此创作的题材也很狭窄。唐代的情况就不同了。由于实行科举考试制度,一批出身于中下层的平民纷纷进入政坛,他们也都会作诗,成为诗歌创作的主力。

和原先占据诗坛的宫廷诗人相比,他们的生活经历和视野都比较开阔,诗歌的题材也就随之扩大了。正如闻一多所说,宫体诗在卢照邻和骆宾王手里"由宫廷走到市井",五律在王勃和杨炯的时代"从台阁移至江山与塞漠"(《唐诗杂论·四杰》)。

此外,初唐还解决了两个重要问题,它们事关诗歌本身的发展。一是融合了南北文风,也就是把声色和性情两方面统一起来;二是确立了近体诗,并在七言歌行的写作上取得突出的成就(如张若虚的《春江花月夜》)。这一切,为盛唐诗歌的健康发展开辟了道路。"初唐四杰"(王勃、杨炯、卢照邻、骆宾王)和陈子昂、张若虚等,便是这一时期的代表诗人。

盛唐时期:从玄宗开元元年(713)到代宗永泰元年(765),约五十年。

这五十年,是唐代诗歌史的顶峰,也是整个中国诗歌史的顶峰。大量的诗人涌现出来,如贺知章、张九龄、王之涣、孟浩然、崔颢、王昌龄、李颀、王维、李白、高适、岑参、杜甫等等。他们经历各异,风格不同,整个诗坛显得很活泼。

说到唐代诗派,人们就要想到山水田园诗派、边塞诗派。但是,它们并不能概括全部盛唐诗人,比如说李白、杜甫,他们的创作题材极其广泛,很难划入其中任何一派。而且,说到山水田园诗派的代表人物,自然要数王维;可他并不仅仅写作山水田园诗,他的政治感遇诗和边塞诗也很出色。说到边塞诗派的代表诗人,自然不得不说高适;可是高适写的诗,又何尝是边塞二字所能概括的呢?所以,盛唐并没有形成严格意义上的诗派,用两个诗派来概括盛唐诗歌未免过于简单了。

当然，这并不是说，盛唐诗坛就没有共同的时代风格。恰恰相反，盛唐诗歌的时代特色很强，这就是博大、雄浑、深远、超逸；充沛的活力、创作的愉悦、崭新的体验，以及通过意象的运用、意境的表现，性情和声色的结合，所形成的那种新型的美。这一切构成盛唐气象，足以代表一个时代风貌的总体风格，令后人企羡不已。

值得注意的是，"盛唐气象"四字本来是用来评论诗歌的，但现在已经被历史学家所接受。这个词的意义扩大了，被用来说明中国历史上的那个黄金时代。

中唐时期：从代宗大历元年（766）到文宗太和九年（835），约七十年。

安史之乱以后，唐朝的政治经济开始衰颓，诗歌也失去了昔日的盛唐气象。但在另一方面，诗歌却有了新的发展，因为诗人们不得不面对严酷的现实，并在诗里加以描写。

和盛唐诗人不同的另一点是，中唐诗人较深地参与政治，有的还处于政治漩涡的中心，所以中唐诗歌的政治色彩比盛唐要强。白居易和元稹就是这样的典型。他们用类似写谏书的方式写诗，在诗里揭露社会的种种弊端，希望引起皇帝的重视；以韩愈、孟郊、李贺为代表的一批诗人，则着重写自身的不幸，抒发"不平之鸣"，这也在客观上揭露了社会的不合理现象。

晚唐时期：从文宗开成元年（836）到哀帝天祐四年（907），约七十年。

在前面三个时期，当官员的素质普遍较高。如初唐的上官仪，盛唐的贺知章、张说，中唐的韩愈、白居易，他们既在朝廷做大官，又领导诗坛。到了晚唐，从当时的政治局势看来，那些有才华的诗人已经很难凭借自己的才华进入政治结构的上层,而位居高官的人又缺乏诗的才情。在晚唐,官居高位而又在诗坛独领风骚的人物,几乎再也找不见了。

如果从儒家诗论的立场看来,在这七十年中,诗歌已经在两个方面转变了方向:首先,在相当的程度上,诗歌逐渐脱离了政治教化的轨道,转而追求它自身的美学价值;二是面向日常生活,沉湎于内心深处,品咂一己的哀愁,随之而来的就是境界的狭小化。杜牧、李商隐等人并非没有关乎社会政治的作品,不过就他们的代表作来说,已经转变了方向。

五 著名诗人

从文化史的角度来看,唐代诗人中最值得注意的有四位:王维、李白、杜甫、白居易。

王维(699—761年),字摩诘,太原祁县(在今天的山西)人。开元九年中了进士,天宝末年官做到了给事中。安史之乱时,王维在长安曾被叛军抓过。平叛之后,王维最高做过尚书右丞,但并不得志,多数时间里过着半官半隐的生活。

王维是一个文化教养很高的人,不仅擅长诗文,而且精通音乐,工于绘画书

图 27 王维

法。此外,他还谙熟佛学,是一个虔诚的佛教徒。

王维最擅长写五言诗,在开元天宝年间很有名气,被称为"文坛霸主"。他的诗保存下来的有400多首,后期的山水田园诗成就很高。五言绝句的佳作有《鹿柴》、《辛夷坞》、《鸟鸣涧》等,短小却韵味无穷。五言律诗的代表作则有《山居秋暝》、《终南山》等。

现在人们常把"诗情"和"画意"连起来说,其实,最具诗情画意的莫属王维了。他的山水诗,画意盎然,正如苏轼所说:"味摩诘之诗,诗中有画;观摩诘之画,画中有诗"(《书摩诘蓝田烟雨图》),像"日落江湖白,潮来天地青"(《送邢桂州》),"坐看苍苔色,欲上人衣来"(《书事》),都是画意绝美的好诗。

王维有"诗佛"之称,他的佛学修养很深,禅意常常被融进诗中。如《鹿柴》:"空山不见人,但闻人语响。返景入深林,复照青苔上。"前两句写山间的空旷,后两句写落日映在青苔上的那种光感,在静谧之中时间不断推移,那万千变化仿佛都在此刻被觉悟到了。

说到李白,人们会自然地想起"诗仙"之称。诗仙或许是他本人的追求,甚至是他本人造就的舆论;但不可否认,李白确有一些与凡人不同的魅力,否则,人们就很难普遍认同他了。

李白(701—762年),字太白,号青莲居士。早年好读奇书,

图28 李白

好习剑术。20岁开始游历四方，25岁开始新的漫游兼求仕。他身怀壮志，却不愿参加科举考试：他希望一飞冲天，直取卿相。他仰慕鲁仲连、谢安等人，他们曾在乱世中挺身而出，收拾残局、拯救苍生。42岁时，经人推荐，李白受到唐玄宗的召见。在长安，太子宾客贺知章见了他写的《蜀道难》，赞叹不已，称他作"谪仙人"，从此，李白名声大振。但玄宗赏识李白，不过是想让他做一个御用文人，写些东西，点缀升平；而李白襟怀高远，这自然让他感到失落。安史之乱期间，李白追随永王李璘起兵征讨安史叛军；后来，听说李光弼将率大军征讨史朝义，又请缨从军。这两件事说明，李白是多么希望得到一个机会施展自己的才能、实现自己的抱负。他虽被称为"诗仙"，并不表示他真的想如神仙那样，超然世外；他还有着浓厚的纵横家思想、侠客思想，有积极入世的一面。

李白一生做了很多诗，现存900多首。题材广泛，内容丰富。代表作有《行路难》、《早发白帝城》、《梦游天姥吟留别》、《黄鹤楼送孟浩然之广陵》等等。

李白是个天才，他的想象力非同寻常，皮日休称赞他道："言出天地外，思出鬼神表。"（《刘枣强碑·皮子文薮》）他常以大鹏比喻自己，无拘无束自由翱翔于天地之间："大鹏一日同风起，扶摇直上九万里。假令风歇时下来，犹能簸却沧溟水。"（《上李邕》）他又讴歌虎和鹰："摧残槛中虎，羁绁韝上鹰。何时腾风云，搏击申所能。"（《赠新平少年》）他描写一泻千里的江河、高出天外的峰峦："黄河之水天上来，奔流到海不复回。"（《将进酒》）"登高壮观天地间，大江茫茫去不还。"（《庐山谣》）"连峰去天不盈尺，枯松倒挂倚绝壁。"（《蜀道难》）从这些诗句中，不难看出李白豪放雄奇的气魄。他常常想与大自然融为一体:"吾将囊括大块,浩然与溟涬同科。"(《日出入行》)这就更不是一般人所能想象的了。

李白是个浪漫主义大师。他笔下的意象是很个性化的,而且往往超越现实,带有强烈的主观幻想的色彩。他的诗宛如回旋的狂飙、喷溢的火山,狂呼怒斥,纵横变化,不可穷其究竟,《蜀道难》便是一篇代表作。他又善于夸张,语言豪放,富有想象力,如"抽刀断水水更流,举杯消愁愁更愁"(《宣州谢朓楼饯别校书叔云》)。"白发三千丈,缘愁似个长。"(《秋浦歌》)"我寄愁心与明月,随君直到夜郎西。"(《闻王昌龄左迁龙标遥有此寄》)"举杯邀明月,对影成三人。"(《月下独酌》)当感情达到高潮时,他甚至冲破格律的束缚,写出一些散文化的诗句,如:"清风明月不用一钱买,玉山自倒非人推。"(《襄阳歌》)"我且为君槌碎黄鹤楼,君亦为吾倒却鹦鹉洲。"(《江夏赠韦南陵冰》)

在后世对李白的认同中,包含着对他人格的崇敬。李白标举特立独行、热爱自由,对贫苦民众很同情。在权贵面前,李白桀骜不驯,不肯摧眉折腰:"安能摧眉折腰事权贵,使我不得开心颜。"(《梦游天姥吟留别》)"松柏本孤直,难为桃李言。"(《古风》其十二)"黄金白璧买歌笑,一醉累月轻王侯。"(《忆旧游寄谯郡元参军》)他曾故意装醉,当着皇帝的面令高力士给他脱鞋,搞得高力士很难堪。但是,对普通百姓,他却表现得很谦逊。如在《宿五松山下荀媪家》中他写道:"我宿五松下,寂寥无所欢。田家秋作苦,邻女夜舂寒。跪进雕胡饭,月光明素盘。令人惭漂母,三谢不能餐。"两种态度对比之下,我们不能不对李白产生敬仰之情。李白不但诗名灿烂,他本人也成为一种文化符号,象征着自由与解放。

"李杜文章在,光焰万丈长",后人常把李杜并称。但与李白的浪漫主义不同,杜甫是个现实主义的巨匠,被称为"诗圣"。

杜甫(701—770年),字子美。原籍襄阳,曾祖迁居巩县(今天的河南巩县)。他出生在一个"奉儒守官"的家庭,少年家贫。三十五岁时,他怀着"致君尧舜上"的政治抱负,来到长安赶考。他读了很多书,下笔左右逢源,如有神助。这给了他很大的自信。不过,命运却跟他开玩笑,考进士落了榜,功名不济。从此杜甫困居长安十年,直到四十四岁时才任了一个小官职,接下来又碰上安史之乱,饱经战争之苦,亲眼看到了唐朝由盛而衰。后来又在西南颠簸了十多年,一直过着穷困潦倒的失意生活,最后病死在一条破船上。

图29 杜甫

人人都盼富贵如意,但是,贫穷和不幸往往令人更清醒。杜甫留下的诗篇很多,至今保存下来的有1400多首。诗中贯穿着强烈的现实感,体现了他忧国忧民的情怀。玄宗、肃宗、代宗三朝的社会面貌,齐、赵、陇、蜀、楚各地的风土人情,以及帝王将相、农夫渔父等各个阶层的生活状况,在他的诗中都有真实的反映。他的诗歌反映了安史之乱前后重大的社会政治事件,因此,他的诗又被誉为"诗史"。《兵车行》、《丽人行》、《自京赴奉先县咏怀五百字》、《北征》、"三吏"、"三别"，以及入蜀之后所写的一些带有叙事性的诗歌，都是这方面的代表作。

杜甫是语言的大师。他有一种特殊的才能，擅长将复杂的社会现象提炼成高度概括的诗句。如揭露贫富悬殊，他用"朱门酒肉臭，路有冻死骨"（《自京赴奉先县咏怀五百字》）；写战乱，他用"烽火连三月，家书抵万金"（《春望》），"戎马不如归马逸，千家今有百家存。"（《白帝》）

李杜文章在风格上大不一样。李白常用风驰电掣、大刀阔斧的手法，取得雄浑壮阔的效果；而杜甫则常用体贴入微、精雕细刻的手法来取得同样的效果。他的诗，艺术境界雄浑壮阔，表现手法细致入微，有咫尺万里之势。意象密集是杜诗的一大特点，如"风急天高猿啸哀，渚清沙白鸟飞回"（《登高》）。诗中出现了很多意象：劲风，高天，悲叫的猿猴，渚洲，白沙，飞鸟，意境雄浑，读起来让人生出一腔的悲壮感。

杜诗的风格，人们常用"沉郁顿挫"四个字来概括。这和他忧国忧民的思想、跌宕起伏的感情密切相关，《秋兴》八首便是最能代表其风格的作品。杜甫也已成为一种文化符号，代表着仁爱、善良和忠厚，得到后世的广泛认同。

杜甫之后，最具现实主义意味的诗人当属白居易。

白居易（772—846年），字乐天，自号香山居士，生于河南新郑。他是在战乱后民不聊生的时代中成长起来的。8岁时，开始离家避难，亲眼看到了人民的疾苦。也许是命运对不幸少年的补偿吧，跟前面李、杜的仕途失意不同，长大后白居易做官做得一帆风顺。他曾经做过翰林学士、中书舍人、刑部尚书，声名显赫。

白居易是唐代诗人中作品最多的一个,他的诗,流传至今的有3000多首。

白居易主张"文章合为时而作,歌诗合为事而作",早年以《秦中吟》十首和"新乐府"五十首而闻名,"唯歌生民病,愿得天子知"(《寄唐生》),这已成了诗歌写作的一种指导思想。他把写诗当成进谏的一种方式。因此,这些诗歌具有类似报告文学的特点,常常

图30 白居易

是就某一具体事件、某项政治措施或某种社会风气加以描写,并申述己见。如《卖炭翁》是"苦宫市也",《红线毯》是"忧蚕桑之费也"。在后期,白居易写了许多闲适诗,这些诗以个人日常生活为题材,有的内容相当琐碎,例如落齿、镊白、晏起之类,和前期相比发生了很大的变化。

说起白居易诗歌,可以用一个"俗"字概括。

这里的"俗"不是庸俗,而是"通俗化"的意思。通俗化是中唐文化的趋势。随着城市的繁荣和城市经济的发展,文化向市民下移,白居易便代表了这个新的趋势。他的诗,无论是"新乐府",还是《长恨歌》、《琵琶行》,在语言和内容上都力求通俗易懂。据说,他每做完一首诗,都要读给老太太听。老太太无法理解艰深之文字,诗若能被她听懂,这首诗就做好了;听不懂,那就还得改,直到她能听懂为止。在以往,诗歌被视为经国之大业、不朽之盛事,白居

易却用它来写日常生活琐事，深入浅出、化雅为俗。这的确是种大胆的尝试。

六 宋代诗坛的新变

唐代诗歌近三百年的辉煌，几乎是空前绝后。它进一步诗化了中国人的思维方式。在某种意义上说，中国是一个诗的国度，中华文明是诗的文明，诗渗透在文明的各个方面，铸就了中华文明的特色。

唐诗盛极难继，宋代的诗人面临着十分棘手的问题。

"山穷水复疑无路，柳暗花明又一村"，宋人还是想出了新的路子。他们不是就诗本身想办法，而是借鉴其他体裁，即用写散文的方法写诗，以文为诗。严羽概括得好，他说宋诗的特点是"以文字为诗，以才学为诗，以议论为诗"（《沧浪诗话·诗辨》）。钱锺书先生在比较唐宋诗时，曾说"唐诗多以风神情韵擅长，宋诗则以筋骨思理见胜"。从风情神韵转到筋骨思理，这不能不算是一种创新。

由于印刷术的普及，宋人比较容易得到书籍，饱览千家之作。所以，他们在写诗的时候，可以信手拈来、轻易地化用前人的诗意和诗句，用来锻炼自己的诗句。不过，宋代的诗人并不甘心总是从书本里寻找诗料，他们还从自己身边的日常生活中寻找诗料，并努力挖掘其中的意蕴。较之唐诗，宋诗带着更强的人文气息。唐诗重在表现自然意象，而宋诗则偏重于表现人文意象，这是宋诗与唐诗的一大区别。

下面介绍宋代的两位著名诗人，一位是北宋的苏轼，另一位是南宋的陆游。

苏轼，号东坡，是个奇才。他留存至今的诗有4000多首，才情豪迈，挥洒自如。在描写自然现象和日常生活时，他特别长于比喻，如："黑云翻墨未遮山，白雨跳珠乱入船"（《六月二十七日望湖楼醉书五绝》其一），"欲把西湖比西子，淡妆浓抹总相宜"（《饮湖上初晴后雨》），"扫地焚香闭阁眠，簟纹如水帐如烟"（《南堂》五首其五）。

宋诗以筋骨思理见胜，一个人如果仅仅乐在写景，会有流于浅薄之嫌。苏东坡的"筋骨思理"在于，他擅长从普通描写中提炼出人生的哲理。如《题西林壁》："横看成岭侧成峰，远近高低各不同。不识庐山真面目，只缘身在此山中。"苏轼一生虽然遭遇坎坷，但他总能以旷达的态度处之，并以豪放的心情写出色彩斑斓的作品。

陆游早年学习江西诗派，中年参军后风格大变。他作诗近万首，在平易晓畅之中呈现出恢宏踔厉之气。其代表作如《秋夜将晓出篱门迎凉有感》其二："三万里河东入海，五千仞岳上摩天。遗民泪尽胡尘里，南望王师又一年。"又如《十一月四日风雨大作》："僵卧孤村不自哀，尚思为国戍轮台。夜阑卧听风吹雨，铁马冰河入梦来。"这两首诗渗透着强烈的爱国情怀，被后世广为传诵。陆游写日常生活、富有情趣的诗，如《游山西村》，也是难得的佳作。

第三节　曲子词

一　曲子词

词，又称"曲子词"。我们今天看到的词，是刊印在书本上的，可当初它为什么会以"曲子"命名呢？

这跟隋唐时期的流行音乐"燕乐"有关。隋唐的时候，从西北传入的西域音乐在中土很流行，经常在宴会上演奏，燕乐又称宴乐，演奏的乐器以琵琶为主。跟今天的流行音乐一样，燕乐也有歌词，这就是"曲子词"。在唐宋时代，词人多精通音律，按照乐谱的节律来写词，所以写词又叫填词，或叫依声。后来，词人不需要燕乐也能写词，因为前人作品的字句平仄都很明白了，只要依照字句平仄规律就能写词。于是词跟曲子逐渐分离，成了一种独立的文学体裁。

词的起源，可以上溯到隋代。宋人王灼在《碧鸡漫志》中有清楚的记载："盖隋以来，今之所谓曲子者渐兴，至唐稍盛。"《河传》、《柳枝》等常用的词牌，据记载就是创自隋代。即使是最保守的推测，词的起源也不会晚于盛唐。这是有证据的，因为在敦煌发现了一百六十多首曲子词，其中就有部分盛唐时期的作品。

二 词的兴起和鼎盛

词的兴起，跟唐代以来流行的酒令艺术有关，词中的小令就是从酒令中演化出来的。当时，酒令不但在士大夫当中流行，也在民间流行，这已演化成为一种社会习俗。词的起源虽然可以追溯到较早的隋唐，但迅速发展却在中唐以后。白居易、刘禹锡等人是早期有影响的词人。到了晚唐五代，温庭筠、韦庄、冯延巳、李煜等人都对词的创作起了重要的推动作用。

在宋代，诗虽难继唐盛，词却异军突起。唐圭璋编《全宋词》共收录词人1330多家，词作19900多首。许多著名的诗人都有词的创作，欧阳修、王安石、苏轼、黄庭坚、陆游，都是填词的高手。还有一些政治家，本不以文学著称，却有很好的词作，如范仲淹。当然还有更多主要以词名世的，如柳永、周邦彦、李清照、姜夔等。参与词之创作的人如此广泛，这也足以说明宋词之盛况。

词本非宋代独有，为什么会在宋代上演出如此辉煌的一段历史呢？

词的演唱本来是仅供宴乐场所之用，词的创作也自然随着城市娱乐的需要而发展起来。在宋代，有不少秦楼楚馆、勾栏瓦舍的娱乐场所。比如著名的词人柳永，经常出入于秦楼楚馆，与乐妓、乐工交往甚密，无心于仕进，自称"白衣卿相"。虽然他后来考取了进士并做了屯田员外郎，但还是轻视功名，沉溺市井，可以说他是全身心地投入到了市井创作的著名词人。柳永这种市井文人的出现，反映了文化下移到市井的趋势。从封建正统的眼光看来，可以说他是一个浪子；但从文学的眼光看来，他是个专业的市井作家。柳永这类市井作家，往上可以追溯到晚唐的温庭筠，往下又可以找到元代的关汉卿、明代的冯梦龙。

宋代的士大夫生活优越，他们既有钱，又有闲暇工夫，所以经常在一起饮酒欢宴。宴饮中需有娱乐，故常有歌伎歌唱，她们唱的就是词。柳永的《玉蝴蝶》中道："珊瑚席上，亲持犀管，旋叠香笺，要索新词。"这里说的就是歌伎在宴席上向词人索词的情形。

除了市井间的歌伎之外，一些士大夫在自己家中也蓄养歌伎。他们往往有些文采，便自己填词，供家妓演唱。晏几道在《小山词》的自序中说："始时沈十二廉叔、陈十君龙家有莲、鸿、苹、云，品清讴娱客。每得一解，即草授诸儿。吾三人持酒听之，为一笑乐而已。"这里提到莲、鸿、苹、云，都是家里的歌伎。寇准在朝廷做宰相，他也喜欢词。澶渊之役，敌请和之后，"真宗使侯莱公曰：'相公饮酒矣,唱曲子矣,掷骰子矣,酣睡矣。'"(陈师道《后山集·谈丛》)在士大夫家中,有时也演唱一些词人的流行作品,如范仲淹喜爱柳永词,"客至辄歌之"(刘克庄《题汤梅孙长短句》)。姜夔曾在范成大家居住过一段时间,临走时,范成大送他一名歌伎——小红。一路上,姜夔"自琢新词韵最娇,小红低唱我吹箫"(陆友仁《研北杂志》卷下)。

还有一种官妓,也是词的歌手。陈师道《后山谈丛》记载了当年欧阳修被官妓唱其词劝酒的一段轶事:"文元贾公居守北都,欧阳永叔使北还。公预戒官妓办词以劝酒,妓唯唯。……既燕,妓奉觞歌以为寿,永叔把盏侧听,每为引满。公复怪之,召问所歌,皆其词也。"

三 著名词人和词的几度创新

宋词是在不断创新变革之中前进并保持其繁荣局面的。

北宋前期词坛基本上延续着南唐词风,晏殊、欧阳修的词风都类似冯延巳,他们三人的词作也往往混杂难辨。

宋词的第一次转变是从柳永开始的。

柳永(约987—约1053年),原名柳三变,福建崇安人。少年时,柳永对功名利禄很热心,曾

图31 柳永

经到京城应试，却不料遭遇坎坷，长期宦游漂泊。朝廷少了个官吏，文学史上却多了个风流潇洒的才子词人。他是个浪子词人，善于为新声填词，常常流连于青楼教坊。科场失意后，他索性"忍把浮名，换了浅斟低唱"。他又是一位全力作词的人，留有《乐章集》，词作将近200首。

他把词引向俚俗，吸收大量俚语，表现市民情趣，给词坛带来了新的气息、活力和趣味。试看他的代表作《定风波》，这是柳永俚词的代表作。词中描写了一位闺中少妇，丈夫客居在外，春色惊动了芳心，她感到百无聊赖。她恨丈夫薄情，她悔不该让丈夫远走，盼望着能与丈夫长相厮守：

> 自春来，惨绿愁红，芳心是事可可。日上花梢，莺穿柳带，犹压香衾卧。暖酥消，腻云嚲，终日厌厌倦梳裹。无那！恨薄情一去，音书无个。
>
> 早知恁么，悔当初，不把雕鞍锁。向鸡窗，只与蛮笺象管，拘束教吟课。镇相随，莫抛躲，针线闲拈伴伊坐，和我，免使年少光阴虚过。

柳永发展了慢词，扩大了词的容量。《乐章集》中，约有14调都采用了新声。他还增加了词的铺陈效果。他很擅长以层层铺叙的手法描写景色，如《雨霖铃》，表现作者离京南下时长亭送别的情景。上阕渲染秋日离别的悲凄，下阕写离别后的孤寂，展示了伤心的一幕：

> 寒蝉凄切，对长亭晚，骤雨初歇。都门帐饮无绪，留

恋处,兰舟催发。执手相看泪眼,竟无语凝噎。念去去千里烟波,暮霭沈沈楚天阔。

多情自古伤离别,更那堪冷落清秋节。今宵酒醒何处,杨柳岸,晓风残月。此去经年,应是良辰好景虚设。便纵有千种风情,更与何人说。

柳词以其新的面貌和韵律征服了广大的读者,他的词不但在国内传唱,还传出了国,远传到西夏。一位从西夏归朝的官员说:"凡有井水饮处,即能歌柳词。"(叶梦得《避暑录话》)

宋词第二次转变是从苏轼开始的,从此作为"艳科"的词才有了新的面貌,词不再被视为消遣娱乐、佐欢侑酒的工具。

苏轼(1036—1101年),字子瞻,号东坡居士。眉州(今四川眉山)人士。苏东坡是个天才,在文学、音乐、美术、书法等方面都有很高的造诣,堪称艺术大师。《东坡乐府》存词300多首。

苏东坡以诗为词,把词的内容大大扩展了,使词"无意不可入,无事不可言"。他用词去表现诗的传统题材,使词取得和诗同等的地位与功能。在此之前,词多为"艳科",纠缠于男女

图32 元代赵孟頫《苏轼像》

之情、春愁秋怨；苏东坡独树一帜，首开豪放词之先河。他的豪放词数量虽不多，但境界壮阔，显示了新的方向，产生了深远的影响。如《念奴娇·赤壁怀古》、《水调歌头》（丙辰中秋，欢饮达旦，大醉，作此篇兼怀子由），都是千古之绝唱。如《念奴娇·赤壁怀古》，上阕描写壮阔的江山，下阕从感叹周公瑾的英姿，转而叹自己是壮志难酬，年华虚度：

> 大江东去，浪淘尽、千古风流人物。故垒西边，人道是、三国周郎赤壁。乱石穿空，惊涛拍岸，卷起千堆雪。江山如画，一时多少豪杰！
>
> 遥想公瑾当年，小乔初嫁了，雄姿英发。羽扇纶巾，谈笑间，樯橹灰飞烟灭。故国神游，多情应笑我，早生华发。人生如梦，一尊还酹江月。

宋词第三次变革是从周邦彦开始的。他的创新在于以赋为词，也就是说，用铺陈的方法写词。

周邦彦（1056—1121年），字美成，号清真居士，钱塘（今浙江杭州）人士。他的词作，流传至今的有《清真集》（又名《片玉词》）。

跟柳永不同，周邦彦的词很少有俗语俚言，可以说是"无一点市民气"（宋沈义父《乐府指迷》）。

图33 周邦彦

他妙解音律，善于创调，所创新调，格律细密，严格区分每个字的平上去入，而且音韵清雅。试看他的代表作《瑞龙吟》：

> 章台路。还见褪粉梅梢，试花桃树。愔愔坊陌人家，定巢燕子，归来旧处。　黯凝伫。因念个人痴小，乍窥门户。侵晨浅约宫黄，障风映袖，盈盈笑语。　前度刘郎重到，访邻寻里，同时歌舞。唯有旧家秋娘，声价如故。吟笺赋笔，犹记燕台句。知谁伴，名园露饮，东城闲步。事与孤鸿去。探春尽是，伤离意绪。官柳低金缕。旧骑晚，纤纤池塘飞雨。断肠院落，一帘风絮。

宋词的第四次变革，是由辛弃疾实现的。他的词以豪放著称，与苏轼并称"苏辛"。

辛弃疾（1140—1207年），字幼安，号稼轩，历城（今山东济南）人。他是一个颇具传奇色彩的人物。他自幼壮志凌云，22岁时曾聚集两千多人参加了抵抗金兵的战争，曾单枪匹马，直捣金兵大营，亲斩谋害本军将领的叛徒首级；后来率领上万名起义军，投奔了南宋朝廷。然而，命运似乎在嘲弄人，这个神勇的将军始终未能实现大志，68岁时含恨而终。

图34 辛弃疾

辛弃疾虽与苏轼并称,然而他的豪放并不完全同于苏轼:苏轼是以诗为词,辛弃疾是以文为词。举凡议论、说理、经史百家、问答对话,辛弃疾统统拿来入词。他的词,既有孟子的雄辩,又有庄子的诡奇;既有韩愈的不平之鸣,又有柳宗元的秀骨俊语。他的词,气盛言宜,自由纵肆,不可一世,真可称得上是一支突起的异军。如《破阵子·为陈同甫赋壮语以寄之》:

醉里挑灯看剑,梦回吹角连营。八百里分麾下炙,五十弦翻塞外声,沙场秋点兵。 马作的卢飞快,弓如霹雳弦惊。了却君王天下事,赢得生前身后名,可怜白发生!

词的第五次变革,始自南宋词人姜夔。在辛弃疾之外,姜夔另立一宗,史达祖、吴文英、蒋捷、周密、王沂孙、张炎等追踪其后,成为南宋后期词坛的主流。

姜夔(约1155—1221年),字尧章,号白石道人,饶州鄱阳(今江西鄱阳)人。他父亲知汉阳县,所以姜夔自幼随父亲,往来于沔、鄂几十年。他一生没有做过官,常常以隐居江湖的晚唐诗人陆龟蒙自比。

姜夔精研乐理,能创作乐曲,他的词"幽韵冷香",自立于软媚、豪放、精工之外,成为

图35 姜夔

南宋词坛上影响重大的一位词人,他的《暗香》、《疏影》堪称南宋词坛上的杰作。试看他的《暗香》:

旧时月色,算几番照我,梅边吹笛。唤起玉人,不管清寒与攀摘。何逊而今渐老,都忘却春风词笔。但怪得竹外疏花,香冷入瑶席。 江国,正寂寂。叹寄与路遥,夜雪初积。翠尊易泣,红萼无言耿相忆。长记曾携手处,千树压西湖寒碧。又片片、吹尽也,几时见得。

除了上述词人之外,北宋的秦观、两宋之间的李清照,也都是独具特色的词人。

秦观(1049—1100年),字少游、太虚,号淮海居士,扬州高邮(今江苏)人。他曾任秘书省正字,兼国史院编修等官职。在政治上他倾向于旧党,故累遭贬谪。秦观是苏门四学士之一,但在当时,他作词的地位高于苏轼。秦观的词以"情韵兼胜"著称,婉约而不失典雅,代表作如《鹊桥仙》,其语言清丽自然,句法整饰,描写了牛郎织女瞬间相会的动人故事,表达了人间男女向往长久相爱的期盼:

纤云弄巧,飞星传恨,银汉迢迢暗度。金风玉露一相逢,便胜却、人间无数。 柔情似

图 36 秦观

水，佳期如梦，忍顾鹊桥归路。两情若是久长时，又岂在朝朝暮暮。

图 37 李清照

李清照是一位女词人。词这种体裁似乎特别适合女性作家，在宋代以及宋代以后，长于词作的女性不少，但论文学成就，却无出李清照之右者。

李清照(1084—1155年?)，号易安居士，齐州章丘（今属山东济南）人，以词著称，有较高的艺术造诣。她出生在一个书香之家，后嫁与太学生赵明诚，婚姻幸福美满。靖康之变后，她与丈夫避乱于江南，不幸丈夫又病逝，一人独自漂泊在杭州、越州、金华一带，在孤苦伶仃中度过晚年。

李清照的词以南渡为界，分为前后两期。前期的词，主要描写闺阁生活，如《如梦令》："昨夜雨疏风骤，浓睡不消残酒。试问卷帘人，却道海棠依旧。知否，知否，应是绿肥红瘦？"这首词，描写怜惜春花的情怀。南渡之后，她亲身经历了国破家亡的悲惨，反映到词中，到处是"物是人非事事休"的悲凄之情。《声声慢》是她后期的代表作：

寻寻觅觅，冷冷清清，凄凄惨惨戚戚。乍暖还寒时候，最难将息。三杯两盏淡酒，怎敌他、晚来风急。雁过也，正伤心，却是旧时相识。　　满地黄花堆积。憔悴损，如今有谁堪摘。守着窗儿，独自怎生得黑？梧桐更兼细雨，到黄昏、点点滴滴。这次第，怎一个愁字了得。

第四节　小说和说唱文学

一　传奇

　　传奇是唐代发展起来的一种新的文学体裁。所谓传奇，一般是文言小说，其篇幅较短；它不仅写神鬼怪异之事，还写现实中的奇异之事。传奇之名本非尊称，而是讥讽其没有鸿篇巨制，不能跟诗文并列。然而，传奇的出现是小说史上的一大飞跃，标志着中国小说进入了成熟阶段。

　　唐代以前的小说，没有比较完整的作品，只是粗陈梗概的一些片断；到了唐代，作家辈出，创作了大量文情并茂的完整传奇。跟六朝的志怪小说相比，唐传奇进步很大。在内容上，志怪小说主要是搜奇记异，以神仙鬼怪之事"资谈笑"；唐传奇虽然也写奇闻逸事，但大多数还是取材于现实生活。在表现手法上，志怪小说的"志"，意思是记录事实，人们多相信神仙妖魔鬼怪是实有的；而唐传奇多采用"虚构法"，凭空构想故事，有意识地创作小说。

　　唐传奇属于士大夫文学，其作者大都是参加科举考试的士人。唐传奇取得的文学成就很高，流传至今的作品大概有90篇。这些作品，大致可以分为这样几类：

爱情小说。在唐传奇小说中,这类作品数量最多,成就也最高。如《李娃传》、《霍小玉传》、《莺莺传》。虽然作品主题是爱情故事,故事的悲欢离合中却反映了深刻的社会现实。

寓言小说。这类小说以梦幻寓事,如《南柯太守传》、《枕中记》,借用梦境来写真,启发读者对"人生如梦"的感悟。

侠义小说。这类作品歌颂具有侠义精神的豪士,如《红线传》中的红线、《虬髯客传》中的"风尘三侠"(李靖、红拂女、虬髯客)、《昆仑奴》中的磨勒、《柳毅传》中的柳毅,都是这样的豪杰侠士。

此外,还有历史类的小说,如《长恨歌传》、《东城父老传》。

二 变文

变文是一种说唱文学,属于市民文学。

最初的变文是在佛教的影响之下发展起来的。唐代的僧侣要向普通人宣传教义,为了吸引听众,他们就要把佛经讲得生动有趣。这样,经文被故事化,讲文夹叙夹唱,其讲稿话本就是"变文"。

变文发展到后来,范围渐渐扩大,它不再限于佛教故事,而开始讲起了中国历史故事,如《伍子胥变文》、《孟姜女变文》等。一

图38 唐代寺院中盛行一种的"俗讲"

批说唱变文的专业艺人、艺僧也就这样出现了。

赵璘《因话录》载："有文溆僧者，公为聚众谈说，假托经论，所言无非淫秽鄙亵之事。不逞之徒，转相鼓扇扶树，愚夫冶妇，乐闻其说，听者填咽寺舍，瞻礼崇奉，呼为'和尚'。教坊效其声调，以为歌曲。"这个文溆和尚，就是一个著名的讲变文的僧人，他的听众，即所谓"愚夫冶妇"，大都来自市民阶层。在日本僧人圆仁所著《入唐求法巡礼行记》中，也提到"左右街七寺开俗讲"，著名的艺僧有海岸、体虚、文溆等，以文溆法师讲《法华经》为第一。由此可见，唐代时这种被称作"变文"的民间说唱艺术是何等繁盛。

三 话本

宋代城市经济繁荣，市民的文化生活也丰富起来。在一些大的城市中，出现了比较集中的游艺场所，被称为"瓦舍"或"瓦子"。据孟元老《东京梦华录》载，北宋开封"桑家瓦子，近北侧中瓦，次里瓦，其中大小勾栏五十余座。内中瓦子、莲花棚、牡丹棚、里瓦子、夜叉棚、象棚最大，可容数千人"。周密《武林旧事》记南宋杭州有瓦子二十三处。在瓦舍伎艺的娱乐中，说书艺人的"说话"是很受欢迎的一种。

说话本来是口头艺术，但多数都有文字底本，即"话本"。有的话本是由说话艺人自己写的，有的则经过了文人的创作或加工。跟唐传奇不同，宋话本不是文言小说，而是用白话写的小说。

根据灌圃耐得翁《都城纪胜》的"瓦舍众伎"条中所说，宋代杭州的说话有四家。但是，究竟是哪四家呢？他并没说清楚，把这个问题留给了后代的学者们。对此目前尚未有统一的解释，但至少有三家是可以肯定的：小说、说经和讲史。我们现在能看到的宋元话本，主要是小说和讲史两家。

"小说"之名，在不同朝代含义也不一样。在宋元，"小说"专指短小的话本；长篇历史故事不归入小说之中。另立有讲史一家称平话，二者的界限本来是很分明的。明代以后，小说的概念又起了变化，一些中长篇的作品也包括了进去，小说与平话、演义的区别渐渐消失了；而话本却成了短篇小说的专称。如明谢肇淛《五杂俎》所举小说，既包括《水浒传》，也包括《三国演义》。在清初钱曾的《也是园书目》中的通俗小说类包括《古今演义三国志》十二卷。《丙辰札记》说："《三国演义》固为小说。"《两般秋雨盦随笔》也说："《隋唐演义》，小说也。"到这时，小说已成为一个广义的名称，它的含义和今天的小说比较接近了。

唐传奇是小说的新形式，而宋元时的（话本）"小说"，与传奇小说不同，它是"小说话"的简称，也就是说小故事的意思。小说又称银字儿，用银字笙、银字觱篥伴奏，有讲有唱，专门演述短篇故事。从文学上看，它专指短篇的话本。

小说的题材非常广泛，不但采撷前代志怪传奇加以敷演，还从现实生活中汲取素材，特别是社会新闻，也成了它的一个重要题材。罗烨所编《醉翁谈录》收录了一篇《小说开辟》，其中列举了八类小说的名目，它们是：灵怪（精怪故事）、烟粉（妇女故事）、传奇（爱情故事）、公案（审案、侦察故事）、朴刀、杆棒（以上两类讲英雄好汉故事）、妖术、神仙等。顾名思义，可见其内容大概。此外，《都城纪胜》和《梦粱录》还提到"发迹变泰"（获得功名富贵的故事）和"铁骑儿"（战争故事）。

宋元话本小说的代表作有《碾玉观音》、《错斩崔宁》等。

《碾玉观音》中的主人公秀秀的形象：聪明、勇敢、坚强。她是一个书画装裱匠人的女儿，善于刺绣，被节度使咸安郡王要去，做了府上的奴婢。王府里的碾玉工人崔宁与她相爱，郡王一时高兴，说要把秀秀许给他。后来王府失火，秀秀趁机和崔宁一起逃出王府，在千里之外的潭州开了个碾玉铺，做了夫妻。郡王知道以后把他们抓回来，打死秀秀，害得她的父母自杀，崔宁也被杖罚充军。秀秀的鬼魂又跟着崔宁来到建康府，重新建立了家庭。郡王得讯又来捉拿，秀秀遂拉着崔宁一同死去。这篇小说暴露了封建统治阶级的残暴，也歌颂了市民阶层的小人物同封建统治阶级所进行的不屈斗争。

讲史是说话的另一种形式。和小说相比，讲史的篇幅比较长，一次讲不完，得讲多次；在内容上，它专门讲历史故事。今天我们所能见到的讲史话本，多半叫"平话"，意思可能是平说的话本，即只说不唱。

由于是长篇故事，说书人一次没法讲完，每次中止的地方必是说书人精心选择的。中止之处，故事情节往往很紧张，在好奇心的驱使下，听众会再来光顾。因此，在话本上，讲史开后来章回体小说之先河。

宋刊话本今已很少见，目前所见元刊话本，以讲史居多。

宋元讲史话本的代表作，有元代至治年间（1321—1323年）的《全相平话五种》。书的版式一律，上图下文，每种分三卷，包括《武王伐纣平话》、《乐毅图齐七国春秋后集》、《秦并六国平话》、《前汉书平话》、《三国志平话》。其中，《三国志平话》讲述了三国故事，已经具备后来《三国演义》的主要情节。

图 39 元代《至治新刊全相三国志平话》书影

讲史话本的另外一部重要作品,是《大宋宣和遗事》。它主要讲北宋末年的各种历史故事,其中关于宋江等三十六人聚义梁山泊的故事,鲁迅称它是《水浒传》的先声。

从话本的艺术成就上来看,讲史不及小说;但是,讲史对后来《三国演义》、《水浒传》、《列国志传》、《封神演义》等历史小说产生了很大的影响。

第五节 杂剧和南戏

和中国的抒情诗相比,中国戏剧的成熟要晚得多,一般认为直到南宋才出现了成熟的戏剧形式。

中国戏剧的因素可以追溯到上古时代的原始歌舞和祭祀,此后又有各种戏剧的因素加入到它的孕育过程中来,例如春秋战国之际专门以滑稽娱人的俳优、汉代以竞技为主的角抵、唐代流行的参军戏,都为中国戏剧的形成做了必要的准备。经过漫长的孕育,到了宋代,杂剧这种形式发展起来。北宋以后南北分治,在金朝,宋杂剧变身院本,和宋金时期出现的说唱艺术形式诸宫调一起,为杂剧的产生奠定了基础。南戏则是宋杂剧吸收南方民间的音乐、表演而形成。

一 元杂剧

元曲在中国文学史上,取得了和唐诗、宋词并称的崇高地位。所谓元曲包括元散曲和元杂剧。

散曲是继词而起的新的歌曲形式,它既可以像诗词一样用来抒情写景,又是元杂剧的主要构成部分(曲词),元代散曲作家据不完全统计有二百余人,下自书会才人,上至达官显宦都有散曲的创作。著名散曲作家有关汉卿、白朴、马致远、卢挚、张可久、乔吉、张养浩、睢景臣等。马致远的[天净沙]《秋思》是脍炙人口的作品:"枯藤老树昏鸦,小桥流水人家,古道西风瘦马。夕阳西下,断肠人在天涯。"

元杂剧是在北方兴起的戏剧形式。当时读书人的地位发生变化一落千丈,他们的智慧和才能难以在政治上施展,于是他们选择了戏剧的创作,以此抒发感慨、寻找知音,出现了许多优秀的剧作家。与此同时,一批演员以其技艺著称于世,夏庭芝的《青楼集》就记录了众多女艺人的活动。当时,剧作家和演员多相过从,一些戏剧作家和演员还结下真挚的友谊,留下充满艺术情趣的佳话,如关汉卿与珠帘秀、杨显之与顺时秀、白仁甫与天然秀。整个元代就这样弥漫着戏剧的气氛,结出了丰硕的戏剧果实。据王季思主编的《全元戏曲》统计,今存元代戏曲剧本共计二百种以上,如果以存目计则达到约八百种;还有许多不见著录的剧本,那就无法统计了。

元杂剧的创作可以分为前后两期:前期从金末算起,到元大德年

图40 山西临汾王曲东岳庙元代戏台

间为止,将近一百年;后期从大德年间算起,到元末为止,约六十年。

前期是元杂剧的鼎盛时期。这时杂剧的中心在大都(今北京),据王恽《日蚀诗》记载,当时大都的居民有十万家之多。其中多是下层的市民,包括各种工匠、商贩等等。杂剧正是适应了他们的娱乐需求而兴盛起来的一种城市文化形式。此外,像东平、平阳、等地也是杂剧很发达的地区。杂剧的演出活动以城市为中心向周围辐射,与民众的生活紧密相连。杜仁杰的套曲《庄家不识勾栏》记录了元初戏曲演出的情况,以"正打街头过,见吊个花碌碌纸榜,不似那答儿闹穰穰人多"来形容

图41 山西洪洞水神庙明王殿元代壁画杂剧图

勾栏门前的热闹。这一时期著名的杂剧作家有关汉卿、王实甫、白朴、马致远、杨显之、高文秀、康进之、石君宝、纪君祥等。

关汉卿，大都（今北京）人，其户籍可能属太医院户。一生写有六十多种杂剧，保存到现在的有十八种。可以肯定确系关汉卿所作而且能代表其成就的重要作品有《感天动地窦娥冤》、《赵盼儿风月救风尘》、《闺怨佳人拜月亭》、《望江亭中秋切鲙》、《关大王单刀会》等。《窦娥冤》的曲文有惊心动魄的艺术效果，试看第三折窦娥赴刑场时所唱的〔滚绣球〕：

有日月朝暮悬，有鬼神掌着生死权。天地也只合把清浊分辨，可怎生糊突了盗跖颜渊！为善的受贫穷更命短，造恶的享富贵又寿延。天地也做得个怕硬欺软，却原来也这般顺水推船。地也，你不分好歹何为地？天也，你错勘贤愚枉做天！哎，只落得两泪涟涟。

关汉卿的杂剧揭示了社会各方面的矛盾和冲突，反映了各个阶层的生活面貌，塑造了一系列典型的人物形象。比如赵盼儿（《救风尘》）、燕燕（《诈妮子调风月》）等。他的《单刀会》以热情洋溢的笔墨歌颂关羽，关羽的曲词慷慨豪放："大江东去浪千叠，引着这数十人，驾着这小舟一叶。又不比九重龙凤阙，可正是千丈虎狼穴，大丈夫心别，我觑这单刀会似赛村社。"（第四折）

王实甫的生平不详，从贾仲明追悼他的一首《凌波仙》词中大概可以看出他混迹"风月营"、"莺花寨"之类艺人聚集场所的情形。

图 42 明崇祯刻本《秘本西厢》插图

　　他创作的杂剧有十四种,完整保存下来的很少。代表作是《崔莺莺待月西厢记》,这是中国古代爱情戏中成就最高、影响最大的作品之一,热烈歌颂了青年男女对自由爱情的追求。王实甫在错综复杂的戏剧冲突中刻画了具有不同个性的人物形象,人物语言高度个性化:张生的语言稚气、诚挚,常常是直抒胸臆,并带有夸张的成分,富有幽默的趣味。莺莺的语言含蓄蕴藉,带有感伤的情调和清丽的色彩。红娘的语言泼辣俏皮,机警犀利,有一针见血的效果。《西厢记》的曲辞优雅秀丽,其中许多曲子,既有宋词的意趣,又有元人小令的风格。特别是《长亭送别》一折,情景交融,朗朗上口:

　　〔正宫〕〔端正好〕碧云天,黄花地,西风紧,北雁南飞。晓来谁染霜林醉?总是离人泪。

　　〔滚绣球〕恨相见得迟,怨归去得疾。柳丝长玉骢难系，恨不倩疏林挂住斜晖。马儿迍迍的行，车儿快快的随，却告了相思回避，破题儿又早别离。听得道一声去也，松了金钏；遥望见十里长亭，减了玉肌。此恨谁知！

白朴的父亲曾任职于金朝，金亡后白朴终生未曾入仕。其代表作为《梧桐雨》，写唐玄宗和杨贵妃的故事。唐玄宗晚年荒淫昏庸，酿成安史之乱，作者关于这方面的笔墨似乎带有总结历史教训的意思；但在具体写到唐玄宗和杨贵妃的关系时，却又像是在歌颂一种真挚的爱情。马致远的代表作是《汉宫秋》，写王昭君出塞故事，赞扬王昭君的民族气节，突出她对汉朝的忠贞。同时借毛延寿这个人物鞭挞了那些贪污受贿、卖国求荣的佞臣。纪君祥的《赵氏孤儿》是最早流传到欧洲的中国剧本，先被译成法文，1735年发表。后又被转译成英文、德文、俄文。法国大作家伏尔泰还把它改写为《中国孤儿》，公演后轰动了巴黎。

大约从元成宗大德（1297—1307）末年开始，杂剧创作活动的中心，逐渐从北方的大都移向南方的杭州。杂剧作家、作品的数量减少，作品的质量降低，杂剧创作渐处于一种衰微的状态，作家有姓名可考的只有二十余人，有作品流传下来的不过十几人。作品大多宣扬封建伦理道德或隐逸求仙的思想，艺术也比较平庸。郑光祖是这个时期最有成就的作家，他的代表作《倩女离魂》取材于唐代陈玄的传奇小说《离魂记》，是一个富有浪漫色彩的爱情婚姻故事。作品对倩女形象的刻画虚虚实实迷离惝恍，很恰切地表现了一个失魂落魄的青年女子的心理和一个离开躯壳的灵魂的情态，其细腻之处超过了《离魂记》原作。

二 南戏

南戏是从北宋末年开始在中国南方流行的一种戏曲，产生于温州。南戏产生以后，虽然遭到统治阶级的禁止，但因受到人民群众的喜爱，得以逐渐流传开来。它首先流传到临安（今杭州），并在这里发展成为成熟的戏曲艺术。临安是南宋的都城，这里的艺术场所很多，据《武林旧事》记载，城内外有瓦子二十三处，每一处瓦子又有若干勾栏，作为固定的演出场所。此外还有一些流动演出的艺人。随着临安瓦舍伎艺的繁盛，出现了书会组织，这些书会编写了不少新的剧本，这也促进了南戏的进一步成熟和发展。元灭南宋以后，北方的杂剧南下，南戏一度趋于衰落。元末，南戏吸取了杂剧的一些优点，又重新兴盛起来，并为明清传奇奠定了基础。

南戏的剧本大多出自下层文人和艺人之手，多方面地反映了宋元时期复杂的社会状况，并表现了人民群众的爱憎。其中反映婚姻问题的剧目约占三分之一以上。有的赞扬对婚姻自由的争取，如《裴少俊墙头马上》（见《南词叙录》，有残曲）。有的写士人发迹以后抛弃原来的妻子（这类戏的内容被称为"婚变"），如《王魁负桂英》（见《南词叙录》，佚）。宋元南戏本来是民间的创作，剧本刊刻的机会不多。再加上统治阶级的禁毁，所以保存下来的本子较少。有些经明人修改而流传，其中以《荆钗记》、《拜月亭》、《杀狗记》、《白兔记》最著名，合称《荆》、《刘》、《拜》、《杀》四大传奇。

不过南戏中成就最高的还是高明的《琵琶记》，它所写赵五娘和蔡伯喈的故事，在南宋就已是民间说唱文学的题材。《琵琶记》最重要的改动是把蔡伯喈改写成全忠全孝的正面人物。他不愿意出仕，甘心隐居田园，可是又十分软弱，不得不顺从于外界的压力而使自己陷入矛盾与苦闷之中。当他入赘牛丞相家以后，他的原配赵五娘恪守封建妇道，处处以"贞"和"孝"要求自己，尽心侍奉公婆。《琵琶记》着力宣扬封建道德，同时也暴露了封建社会的一些黑暗现象，如牛丞相的专横无理、地方官吏的贪赃枉法，对遭受饥荒的农村也有比较真实的描绘。《琵琶记》的情节结构备受称道。蔡伯喈和赵五娘两人，京城和陈留两地，两种生活，两条线索，互相对比，交错发展。蔡伯喈虽然得到了功名富贵，却失去了自由，常常陷入忏悔和苦闷之中。赵五娘则替蔡伯喈挑起家庭的沉重担子，并天天盼望着蔡的归来。一边是洞房花烛，荷池消夏，中秋赏月；另一边是请粮被抢，糟糠自厌，剪发买葬。两相映照，取得很好的戏剧效果。

第三章 艺术

第一节 恢弘雄浑的唐代艺术

一 唐代书法

书法是一门造型艺术,以汉字为基础。作为艺术门类之一的书法,必须要超越文字本身的实用功能,而成为表现人心灵的符号。东晋的王羲之、王献之父子以书法著称,人称"二王"。二王书体对唐代书法影响很大。

唐代的皇帝多好书法。李渊在登基之前,便已认识欧阳询,很欣赏他的字。唐太宗李世民在艺术上很有天分。李世民十分喜欢王羲之的字，到处搜求王羲之书迹，拿来披玩研习，不知疲倦；他还请虞世南做书法老师。虞世南曾师从王羲之的七代孙智永和尚，颇得王氏家传。李世民的书法受王羲之影响较大，书风豪迈俊逸，很有大家风度。唐高宗李治、唐玄宗李隆基等人，也有较好的书法修养。

在朝廷的重视下，书法在唐代很受重视。如科举考试中设了"明字科"，要求考生书法达到一定标准。朝廷把书法定为国子监六学之一，设置书学博士，以书法取士。选官时，"书法遒美"是一个重要的标准，因此，练字成了读书人的必修课。

唐代书法可分三个时期：初唐、盛唐和晚唐。

初唐时期，蜚声书坛的有虞世南、欧阳询、褚遂良、薛稷四大书家。此四人，继承了"二王"书体，但并非一味地模仿，他们各有所创新。

欧阳询（557—641年），字信本，潭州临湘（今湖南长沙）人。他一生经历了陈、隋、唐三个朝代。最初，他学习王羲之的书法，后来渐渐变体，形成自己的独特风格。欧阳询其貌不扬，但由于写得一手好字，而闻名海内外。朝鲜国曾派使者来大唐求购他的作品。据

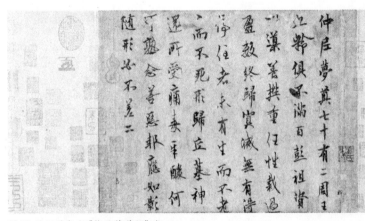

图43 欧阳询行书《仲尼梦奠帖》卷

说,唐高祖听了这件事以后,半开玩笑半为赞赏地说:他们看了欧阳询的作品,一定会以为他是个非常漂亮、身材魁梧的人吧!

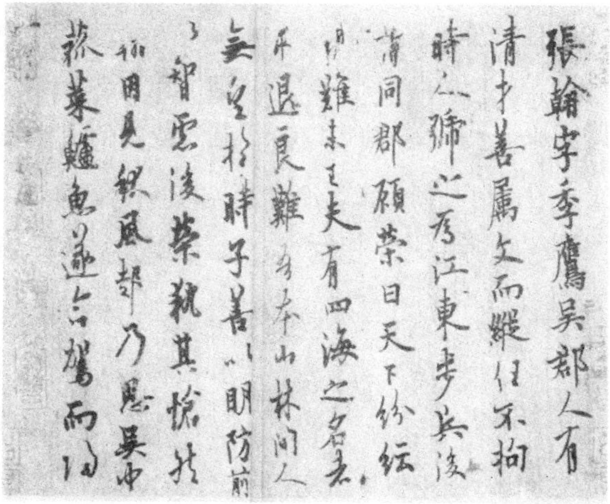

图44 欧阳询《张翰思鲈帖》

现存欧书多为晚年所写。其代表作中,碑刻有《化度寺故僧邕禅师舍利塔铭》、《徐州都督房彦谦碑》、《九成宫醴泉铭》、《皇甫诞碑》等,墨迹有《仲尼梦奠帖》、《卜商帖》、《张翰思鲈帖》等。

欧阳询的存世碑刻多是楷书。《化度寺故僧邕禅师舍利塔铭》、《虞恭公温彦博碑》、《皇甫诞碑》,凝练整秀,平正中见险峻。欧阳询的楷书被誉为唐人第一。其楷书以法度谨严而著称,骨气峭拔而方圆兼备,笔力劲健而中规中矩,颇适合初学者拿来临摹。后世在科举取士中,常以欧体作为考卷的标准书体。

欧阳询不仅擅长楷书,而且兼通诸体。他的隶书也写得很好,《徐州都督房彦谦碑》(贞观五年)是他的隶书代表作。房彦谦是唐开国名相房玄龄的父亲,该书作是欧阳询75岁时所写。它保持了六朝以来的隶书风格,笔法刚健森严,苍老瘦劲。这个碑树立以后,前来瞻仰的人络绎不绝,以至于把邻墓禾田都踩坏了。

在行楷方面,欧阳询有《张翰思鲈帖》传世。其体势纵长,风流俊逸。

欧阳询的儿子欧阳通,也是一位大书法家。父子二人都闻名书坛,人称"大小欧阳"。不过,从小欧阳的《道因法师碑》来看,隶意虽浓,但锋颖太露,没有父亲的那种含蓄。

虞世南(558—638年),字伯施,越州余姚(在今天浙江境内)人。官至秘书监,封永兴县字,故世称"虞永兴"。幼年时期,虞世南师从著名书法家僧智永,智永是王羲之的七世孙。虞世南受其亲传,学到了"二王"和智永书法的精髓。入唐以后,虞世南做了弘文馆学士。他不仅博学卓识,而且为人坦诚忠直,很得唐太宗的赏识。

虞世南流传下来的作品很少,还颇有争议,能确定为他所作的是《孔子庙堂碑》,这是初唐碑刻中的杰作,也是历代金石学家和书法家公认的虞书妙品。虞世南的楷书,俊朗圆腴,端雅静穆。他吸收了隋人的楷法,又得魏碑的气韵,形成外柔内含、圆润清拔的书风。

虞世南活到了81岁。他死后,唐太宗李世民悲伤地说:今后无人再与我论书法了。但魏徵又向他推荐了一个人,这个人就是褚遂良。

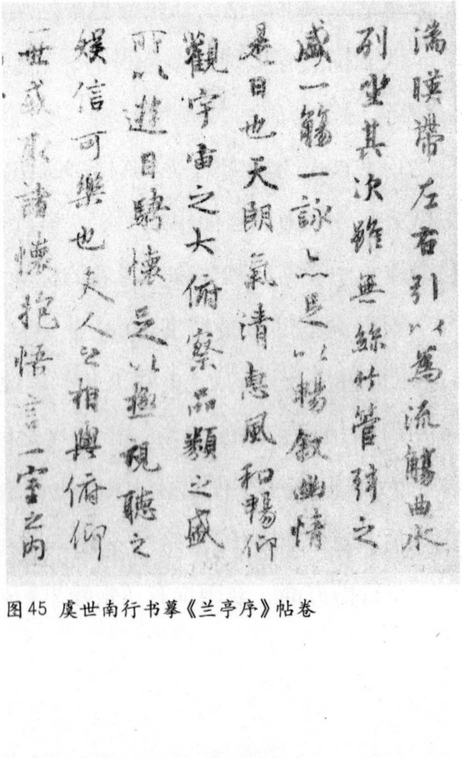

图45 虞世南行书摹《兰亭序》帖卷

褚遂良（596—658年），字登善。唐太宗时曾封河南郡公，世称"褚河南"。他博涉文史，尤工书法，历任起居郎、谏议大夫，累官至中书令。后因反对唐高宗立武昭仪为后，屡遭贬职而死。

褚遂良的父亲和欧阳询是好朋友。他的书法曾学欧阳询、虞世南，后来又取王羲之，将汉隶融会进去。他的楷书丰艳，自成一家；行草婉畅多姿，变化多端。他在世时就很有名气，很多人学他，颜真卿甚至也受到了他的影响。当时有《唐人书评》称赞他的书法"字里金生，行间玉润，法则温雅，美丽多方"。他的碑刻有《同州圣教序碑》、《伊阙佛龛记》、《孟法师碑》等，墨迹有《枯树赋》等。其中，《孟法师碑》是他的楷书代表作，《枯树赋》是他的行书代表作。

唐太宗喜欢搜集王羲之的字，每当难辨真假的时候，常请褚遂良来帮忙鉴定。有一次，唐太宗征得一墨宝，便请褚遂良来看，问他：这是不是王羲之的手笔？褚遂良看了一会儿，便说是赝品。唐太宗听了很惊讶，忙问原由。褚遂良请皇上把这卷书法举起来，对着太阳看。他用手指着"小"字和"波"字，说这个"小"字的点，"波"字的捺中，都有一层墨痕，比外层的更黑。王羲之的书法笔走龙蛇、

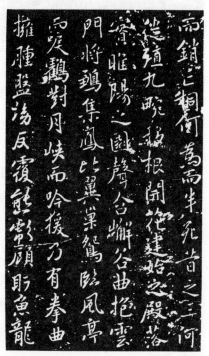

图46 褚遂良行书《枯树赋》局部

超妙入神,绝不可能出现这样的败笔。唐太宗听了,大为叹服。

薛稷(649—713年),字嗣通,蒲州汾阴(今山西万荣)人。他是名臣魏徵的亲戚,曾官至礼部尚书,太子少保,世称薛少保。他的书法学褚遂良学得很像,以至于当时有人说"买褚得薛,不失其节"。

不过,如果仅仅是摹仿别人,摹得再好,也无法成

图47 薛稷《信行禅师碑》

为大家。薛稷有自己的风格,他擅长楷书,《广川书跋》说他"师承血脉,则于褚为近。至于用笔纤瘦,结字疏通又自成一家"。他的书法瘦劲妍媚,可以说是后来宋徽宗"瘦金体"的先声。可惜的是,他的传世作品很少,仅有《信行禅师碑》拓本传世。

唐初四家对书法艺术的贡献很大。他们追求风骨,同时完善了楷书的基本法度,创造了"唐人尚法"的新局面。唐人在楷书上,融北碑、南帖为一体,以北碑刚正之质为本,杂以南帖遒媚之姿。唐楷风格刚正遒劲、结体舒展严整,不仅为后来唐代书体的两大代表——"颜体"、"柳体"的产生奠定了基础,也对后世书法产生深远影响。

除了这四大家之外,唐前期的著名书法家,还有孙过庭、李邕、贺知章等。

图48 孙过庭《书谱》

孙过庭(约648—约703年),字虔礼,初唐官至率府录事参军。他工于真、行、草书,尤其以草书闻名于世,其书风浓润圆熟。草书风格也出于"二王",唐吕总《续书评》称他的草书,如"丹崖绝壑,笔势坚劲"。《宣和书谱》说他:"得名翰墨,间作草书咄咄逼羲献,尤妙于用笔。"他的传世作品有《书谱》和草书《千字文》等。

李邕(675—747年),字泰和,官至北海太守,人

图49 李邕《云麾将军碑》

称李北海。他的字从"二王"入手,却又面目一新,显得雄健浑厚。其书结体闲雅,舒展而放纵;其骨力遒劲舒放,纵逸通达;给人以沉着而又豪爽的感觉,很能体现其刚毅忠烈、奇伟倜傥的精神气质。这是李邕书法的精髓所在,也是盛唐时代宏放精神的典型。后世的苏东坡、米芾都受过他的影响。李邕多以行书入碑,作品有《麓山寺碑》、《云麾将军李秀碑》、《云麾将军李思训碑》等。

此外,贺知章也是一位书法家,他善长草书,他的草书被喻为"落笔龙蛇",传世作品有草书《孝经》。

初唐的书风方整劲健,进入盛唐以后,书法的风格渐渐变得雄浑飘逸,体现出"盛唐气象"。张旭和怀素便是代表,二人都以草书著称。

张旭,字伯高。书法深得"二王"精髓,又独创新意。他擅长草书,以"草圣"闻名于世。他生性豪放,嗜酒贪杯,经常喝得大醉,呼叫狂走,然后落笔成书,一气呵成;甚至拿自己的头发蘸墨来写,所以人们称他为"张癫"。他的书法与李白的诗、裴旻的剑一起,并称"三绝"。杜甫有首《饮中八仙歌》,其中说道:"张旭三杯草圣传,脱帽露顶王公前,挥毫落纸如云烟。"韩愈的《送高闲上人序》说:"旭善草书,不治他伎,喜怒窘穷、忧悲

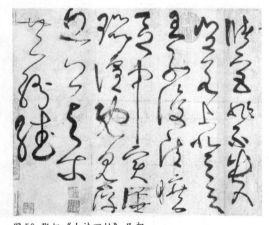

图 50 张旭《古诗四帖》局部

愉佚、怨恨思慕、酣醉无聊不平有动于心，必于草书焉发之。观于物，见山水崖谷、鸟兽虫鱼、草木之花实，日月列星、风雨水火、雷霆霹雳、歌舞战斗天地事物之变，可喜可愕，一寓于书。"

张旭的代表作有《肚痛帖》、《古诗四帖》等。

怀素（737—799年），俗姓钱，与张旭齐名。他少年老成，小时候突然想出家，急得双亲唉声叹气，却又拦不住。进入佛门后，做了玄奘门人，法名藏真。相传怀素练字很刻苦，由于贫穷没有纸，他种了一万多棵芭蕉，用芭蕉叶子做纸，勤学精研；后来又做了一块漆盘、一块漆板，写了擦，擦了写，以致把盘、板都写穿了，秃笔成冢。他也爱喝酒，一日多醉，以"狂草"闻名，与张旭并称"颠张醉素"。颜真卿曾向他请教笔法，怀素用"夏云多奇峰"比喻笔法多变，不可拘泥。颜真卿惊叹，称他为"草圣"。怀素的代表作有《自叙帖》等。

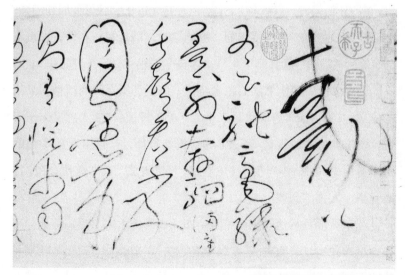

图51 唐代怀素《自叙帖》局部

图52 颜真卿《颜勤礼碑》局部

怀素用笔圆劲有力,使转如环;他敢从破体变风姿,字字笔走龙蛇,就像风骤雨旋一样,笔下气势磅礴,狂逸恣纵,一气呵成。怀素的狂草,具有惊天地、泣鬼神的艺术魅力。窦冀在《怀素上人草书歌》中说:"狂僧挥翰狂且逸,独任天机摧格律。龙虎惭因点画生,雷霆却避锋芒疾。"张旭与怀素书法雄豪纵逸的艺术境界,如同李白的诗、吴道子的画一样,体现出大唐的气度。

书法至盛唐以后,出现了"颜体"。其中所蕴涵的风骨气韵,成为盛唐气象的典型体现。

颜真卿(709—785年),字清臣,开元进士,后封鲁郡开国公,故又世称颜鲁公。他性情忠烈,唐德宗时,被叛军所扣留,忠贞不屈,最后被缢杀。颜真卿早年从褚遂良学习楷书,后来拜张旭为师。

书如其人,颜体书法的艺术特征,也正是颜真卿的精神与品格的体现。《集古录·唐颜鲁公二十二字帖》评道:"斯人忠义出于天性,故其字画刚劲独立,不袭前迹,挺然奇伟,有似其为人。"他的正楷多用中锋,结体丰茂,端庄雄伟,气势开张,行书遒劲舒和,自成一格,人称"颜体"。

苏东坡很赞赏他的创新精神,在《书唐氏六家书后》称他"颜鲁公雄秀独出,一变古法"。这个"古法",指的是"二王"以来书法的遒媚之姿。颜体书法雄浑凝重,点画丰满而筋骨强健,如《唐

图53 柳公权《大达法师玄秘塔碑》局部

人书评》所说:"鲁公书如荆卿按剑,樊哙拥盾,金刚瞋目,力士挥拳。"其楷书端庄严整而又骨相嶙峋,行书酣畅遒劲而又姿态奇崛,体现出颜体所特有的刚劲苍健、豪放雄壮的境界。

颜真卿的代表作有《多宝塔碑》、《宋广平碑》、《颜勤礼碑》等等。

晚唐的书法家中,最著名的是柳公权。

柳公权(778—865年),字诚悬,官至太子太师,世称柳少师。颜真卿写字,往往竖画写得很肥壮,柳公权承"颜体"之势,又自出新意,把横竖画写得大体均匀,显得瘦劲刚硬;点画爽利偏秀挺,就好像刚刚用刀切过一样。字体结构也偏紧。柳公权的书法,筋骨强健,体势劲媚,阳刚之中透露出清润,人称"柳体"。关于颜体和柳体,世有"颜筋柳骨"之称;若论雄浑之气,柳体略逊于颜体,但在精神气质上,二者却并臻高致。

柳公权的代表作有《大达法师玄秘塔碑》、《苻璘碑》、《金刚经》、《神策军碑》等。

二 唐代的绘画

国画,又称中国画,是我国传统艺术之一,在世界美术领域中自成体系,别具一格。跟西洋画相比,国画有着自己的特色,例如它强调"外师造化,中得心源",要求"意存笔先,画尽意在",求神似不求形似、不拘泥于透视等等。根据描绘对象的不同,一般来说,国画可以分为人物画、山水画、花鸟画等。在唐代,这些画种都繁荣了起来。

人物画是最先发展起来的画种。根据所绘人物的不同,人物画可分为宗教人物画、历史人物画、仕女画等等。在唐代,善画人物的画家辈出,著名的有吴道子、张萱、周昉等。

吴道子(约685—758年),又名道玄,阳翟(今河南禹县)人。他早年曾随张旭、贺知章学书法,无显著成就;后改学画画,不久就崭露头角。他在长安和洛阳绘制了许多宗教壁画,声望大振,后被玄宗召入宫廷,授以内教博士、宁王府友等职,成为御用宫廷画师。传世作品有《送子天王图》(又名《释迦降生图》)。该画描绘的是佛祖释迦牟尼降生后,父亲净饭王和母亲摩耶夫人抱着他去朝拜大自在天神庙,诸神见了,慌忙向这个婴儿跪拜的场景。吴道子还擅长画佛教"变相",如地狱变、净土变、降魔变、维摩变等,无论是渲染的环境气氛,还是人物的形神,都具有感人的魅力。他是个想

图54 吴道子《送子天王图》

象力非常丰富的人，所画佛教人物虽多，但每幅画都各具特色。他笔下佛教人物的表情，出神入化，轰动两京。根据《唐朝名画录》的记载，吴道子曾在长安景云寺画了一幅《地狱变相图》，地狱的鬼神画得阴森恐怖，京城的一些屠沽渔罟看到了这幅画，竟然吓得放下屠刀改了行。

盛唐以后，人物画出现了一种新的画题，即"绮罗人物"，主要表现贵族女性幽静娴雅的生活情趣。画中的女性，往往曲眉丰颊，体态丰腴，衣饰非常华美。张萱和周昉是这种仕女画的代表。

张萱，京兆（今陕西西安）人，开元年间任史馆画直。他擅长仕女画，名噪一时，代表作有《捣练图》、《虢国夫人游春图》等。《虢国夫人游春图》描绘的是虢国夫人一次春游的场景。虢国夫人是杨

图55 张萱《虢国夫人游春图》局部

图 56 周昉《簪花仕女图》一角

贵妃的姐姐,她常撤去幕帐,公然在街市上乘马驰骋,挥鞭骤马,盛装出游。有趣的是,这幅画中有个陪同虢国夫人出游的女子骑在马上,还要照顾小孩,神情有点儿窘迫。总体上来看,图中的人物浓艳而不失其秀雅,精工而不流于板滞,体现了盛唐的精神风貌。

  周昉,字仲朗,京兆(今陕西西安)人。他出身于仕宦之家,开元间(713—741年)任史馆画直。他画画初学张萱,后来逐渐形成"衣裳简劲,彩色柔丽,以丰厚为体"的画风。周昉的仕女图,以《簪花仕女图》最有名。该图取材于宫廷女性的生活,体态丰腴的嫔妃们穿着华丽的衣裳,在庭园中戏犬、漫步、赏花、采蝶。她们的表情安详平和。从绘画技巧上来看,该图用线古拙流润,大胆采用了朱红、粉白等颜色,浓艳绚烂。

  中国山水画在发展的早期,只是给人物做背景。隋唐以来渐渐独立。隋代展子虔的《游春图》是存世的最早一幅山水画。唐代山

图57 展子虔《游春图》

水画渐趋成熟。《历代名画记》卷一《论画山水树石》说:

> 吴道玄者,天付劲毫,幼抱神奥,往往于佛寺画壁,纵以怪石崩滩,若可扪酌。又于蜀道写貌山水,由山水之变,始于吴,成于二李(原注:李将军、李中书)。树石之状妙于韦鹍,穷于张通(原注:张璪也)。……又若王右丞之重深,杨仆射之奇赡,朱审之浓秀,王宰之巧密,刘商之取象,其馀作者非一,皆不过之。

这是对唐代山水画发展的一个概括。唐代山水画可分为两类,一是青绿山水,一是水墨山水。李思训、李昭道父子是青绿山水的代表。李思训在唐代就有"国朝山水第一"(《唐朝名画录》)的美誉。他们继承了展子虔"细密精致而臻立"的风格,使青绿山水趋于成熟。

李思训(651—718年),字建睍,一作建景。玄宗时,官至右武卫大将军,所以被称为"大李将军"。他的儿子虽没做过将军,因父之故,被称为"小李将军"。题材上,李思训多取幽居之所作画。他以"青绿为质,金碧为文"画山水,融山水、富丽堂皇的殿台楼阁、人物为一体。其笔法工整细腻,层次井然而又变化微妙,在当时独树一帜。可惜,大小李的作品多已散佚。《宣和书谱》记载有十多幅作品,今流传的《江帆楼阁图》和《明皇幸蜀图》,一般认为是李思训的作品。

以画道教、佛教人物驰名的吴道子,山水画也画得很好,但是,他的风格跟李思训大相径庭。吴道子作山水画,不大注重写实,而重在表现山水的气象精神。根据《唐朝名画录》的记载,李思训和吴道子曾同时作大同殿山水壁画,李思训花了好几个月的工夫,而吴道子画四川嘉陵江山水,则一日而就。李思训的"工笔山水",需要精心绘制,自然花的时间要多;吴道子的山水画风是那种疏放型的,酣畅淋漓,一天就画成了也不是怪事。两人画风不同,却各极其妙。

王维的山水画,受到"二李"和吴道子影响,又独具一格。他是个出色的诗人,又是个出色的画家,他将

图 58 王维《雪溪图》(传)

诗情画意融为一体，使得"诗中有画"、"画中有诗"。一般认为，王维是水墨山水的开创者。他以水墨作画，出韵幽淡，尽洗金壁山水画的铅华。后人以其为"文人画"的宗师。

唐代的花鸟画也有很大发展，尤其是仙鹤、孔雀、牛、马、竹等，成了一些天才画家所钟爱的描绘对象。

以画仙鹤著称的画家，首推薛稷。前面我们介绍过他的书法，书风格瘦劲妍媚；也许，正是这种审美取向，促使他钟爱画仙鹤。薛稷始创了六鹤屏风样，被赞为是绝艺，很多人都摹仿他的笔法。直到黄筌画鹤以前，人们一直认为薛稷的水平是难以超越的。他笔下的仙鹤有一种特别的神韵，杜甫有一首《通泉县署屋壁后薛少保画鹤》，称赞他的绝妙鹤画："薛公十一鹤，皆写青田真。画色久欲尽，苍然犹出尘。低昂各有意，磊落似长人。"只可惜，他的作品今天我们已很难看到了。

边鸾是画孔雀的名家。他是京兆(今陕西西安)人，官右卫长史。贞元时，新罗国给唐德宗送来了美丽的孔雀，德宗非常高兴，便让边鸾在玄武殿给孔雀写生。他画了两只孔雀，一只正面，一只背对，其羽毛翠彩生动，婆娑起舞，姿态非常优美。

唐人爱骑马，骏马成了画家喜爱的对象。以画马著称的画家有曹霸、韦偃、韩幹等。

曹霸以画马而享盛名于开元、天宝间。他画的马，得其神骏之意。杜甫《丹青引赠曹将军霸》，说曹霸曾为玄宗的御马画像，"斯须九重真龙出，一洗万古凡马空"。

韩幹是蓝田人，小时候很喜欢画画，家里却没有钱供他学习。后来，被隐居在蓝田的王维慧眼识珠，资以钱财助他学画画。后来，他

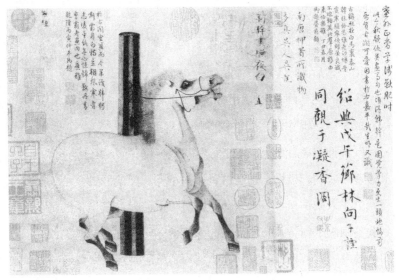

图 59 韩幹《照夜白图》

成为曹霸的入室弟子。老师爱画瘦马,很有骨感;徒弟爱画肥马,肥壮饱满。青出于蓝而胜于蓝,韩幹的马可谓"古今独步"。他的代表作有《照夜白图》,"照夜白"是皇帝的爱马,韩幹所用线条硬朗却不失弹性,勾勒出马的轮廓后稍加渲染,刻画出这匹烈马狂暴不羁的个性。

韦偃,京兆人,与韩幹同时,也以画马著称。他很善于捕捉马的活动瞬间,所以笔下的马千姿百态。《唐朝名画录》说他"尝以越笔点簇鞍马、人物、山水、云烟,千变万态,或腾、或倚、或龁、或饮、或惊、或止、或走、或起、或翘、或企,其小者或头一点,或尾一抹,山以墨斡,水以手擦,曲尽其妙,宛然如真"。

此外,韩滉与戴嵩的牛画也很有名,体现出古朴雄浑之风与沉着劲健之美。《五牛图》是韩滉的传世名画,今藏于北京故宫博物院。画中有五头牛,肥瘦不一,毛色互异,其用笔粗重却不失变化,

图 60 韩滉《五牛图》

很好地表现出牛的健壮朴厚。这幅画被后人称为"神气磊落,稀世名笔"。

三 雕塑与石刻

公元336年的一个夜晚,有个叫乐樽的和尚扛着锡杖,走在茫茫的戈壁古道上。走着走着,走到鸣沙山东麓,他忽见三危山金光灿烂,烈烈扬扬,好像有千佛在跃动。和尚刹那间激动万分,连忙拜倒在地,心想:原来这就是我要找的圣地啊!于是,他在那里开凿了一个石窟,塑造佛像,观禅修行。不久,又有一个叫法良的和尚来到敦煌,在乐樽的窟旁开凿了第二个洞窟。此后,新的洞窟接二连三地开凿出来了,上自王公贵族,下至平民百姓,有的是独筑,有的是合伙,注入自己的信仰和祝愿。这就是敦煌莫高窟,又称"千佛洞",以佛像雕塑闻名于世。

在莫高窟的雕塑中,唐代和六朝时的风格迥异,有着自己的特色,显示了雕塑史上独有的"大唐风采"。

在佛教中,菩萨的地位仅次于佛。在敦煌石窟的唐代作品中,菩萨已不是"苦行"的形象,而摇身一变,成了女子的形象。如45号窟的菩萨,面相丰满,眼睛微微闭着,薄衣轻纱下面,丰盈的躯体依稀可见。这就像宫廷贵妇人,庄重典雅。另外,有些菩萨雕塑被

图61 敦煌45窟菩萨像

处理成少女形象,婷婷玉立,隐约含笑。这种风格,反映了唐代的审美倾向。于是便有人笑称,"端严柔弱似伎女","菩萨如宫娃"。

此外,天王、金刚力士的雕像也很有特色。唐朝时,武士是穿戴盔甲的,反映在雕塑中,天王也穿上了盔甲:他们好像历经战火的将军,非常威严。金刚力士的造型,肌肉发达,体魄健壮,孔武有力。这些雕塑都线条流畅、色彩华丽,在壁画的衬托下,更显得光彩夺目。

唐代造像之风大盛。除了敦煌莫高窟之外,很多地方都有佛像雕塑。如龙门石窟、炳灵寺石窟、麦积山石窟、太原天龙山石窟等,至今仍保留着唐代佛教造像,非常精美。

龙门石窟中,奉先寺卢舍那佛像群是规模最大且具有代表性的石窟造像。它是由武则天资助修建而成的。

奉先寺石窟造像是依山而凿,居中的是本尊卢舍那佛坐像,这尊佛像非常雄伟,高近18米。佛像面部雕刻得很细致,既显示出男子汉的威严,又有慈母般的端庄安详;佛像两旁,排列着二弟子、二菩萨、二天王、二力士等八尊塑像,或朴素文雅,或丰满华丽,或威风持重,或雄健刚强,好像众星捧月一样。这个庞大的石窟造像真是巧夺天工,构成了一组和谐完美的雕像群。

炳灵寺、麦积山、天龙山等石窟的佛教造像,更多地显示出体态优美、变化丰富、圆柔流畅、细腻精致的特点。四川乐山凌云

图62 奉先寺卢舍那佛像

图 63 乐山大佛

寺的大佛,开凿于唐玄宗开元初年,经历了 90 年才造成。乐山大佛气势雄伟,高达 71 米,仅耳朵就有 2 层楼高,它是世界上现存石刻佛像中最大的一尊。

人生在世时求积善成德,便塑造佛像,而死后则希望归于净土,因此讲究厚葬。帝王更有条件厚葬。因此,在宗教雕刻以外,唐代的陵墓雕刻也很有名,取得了突出的艺术成就。

"昭陵六骏"① 是一组著名的陵墓浮雕。这"六骏"的原型是六匹骏马,它们分别名叫"飒露紫"、"特勒骠"、"什伐赤"、"拳毛䯄"、"青骓"和"白蹄乌"。唐太宗在统一帝国的战争中,这六匹马曾先

---

① 为纪念"昭陵六骏",唐太宗命匠人把它们的形象刻在石屏上,置于昭陵北麓祭坛之内。20 世纪初美国文物商将"昭陵六骏"打成碎块偷运下山,虽被追回四匹,但仍有"飒露紫"和"拳毛䯄"两匹被运往美国。

后与他南征北战、患难与共。这些马儿让他非常怀念,太宗命匠人把它们刻在了石屏上。工匠们的技艺很高超,六骏被雕刻得非常逼真。它们神情俊爽刚毅,姿态神武有力,线条虽朴拙,质感却很厚重,体现出威武雄壮的军威。显然,"六骏"也有政治含义,象征着太宗时期社会的进步和强盛。

在唐代皇帝的陵墓雕刻中,保存最完好的是高宗李治和武则天合葬的乾陵石刻。它遗存至今,气势雄浑宏大,昭示着唐王朝的强

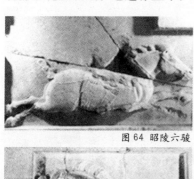
图 64 昭陵六骏

图 65 青骓

图 66 白蹄乌

图 67 飒露紫(在美国)

图 68 拳毛䯄(在美国)

图 69 什伐赤与特勒骠

大国力，威加海内。其中，有一对石狮雄踞在高台上，巨头、卷毛、突目、隆鼻、阔口、利齿，粗壮的前肢挺然直立，显得威风凛凛。另有展翼的天马，迥立于山丘高台之上，脖子比较短，体态劲健，仿佛就要飞起来一样。此外，如献陵的石虎、顺陵的石狮与独角兽、崇陵的石人石马等雕刻，也都形体高大，雄健有力，体现出英姿勃发、豪迈乐观的唐代气魄。

四 音乐和舞蹈

从初唐到盛唐，虽然只有一百多年，却是中国音乐舞蹈史上辉煌的时期。①

图 70 敦煌莫高窟的唐代乐舞壁画

---

① 图 70 是敦煌莫高窟 112 号窟的中唐乐舞壁画，画面反映的是十多名伎乐载歌载舞的情景。正中间的舞伎反弹琵琶，且奏且舞。两边的乐伎手持横笛、拍板、琵琶、古琴等各种乐器为她伴奏助兴。

这一百多年间，社会欣欣向荣，百姓安居乐业，上自王公贵族，下到平民百姓，都很喜欢音乐和舞蹈。不论是在宫廷王府中，还是在街市、寺院里，不论是过年过节，还是宴饮游乐，或是进行宗教祭祀，音乐舞蹈都是一项必不可少的内容。

唐代几代皇帝都是音乐家。传说唐太宗李世民亲自编导了《秦王破阵乐》，唐玄宗李隆基修改过《霓裳羽衣曲》。此外，不少妃子也身怀绝技：杨玉环身为贵妃，她精通音律，舞艺非常精湛；梅妃江采萍，善跳《惊鸿舞》，深得玄宗的宠爱。就连地方节度史安禄山也颇有"舞功"：传说他晚年很肥胖，体重足有三百多斤，跳起胡旋舞来，却异常灵活，像疾风一样转得飞快。

在民间，音乐和舞蹈也很普及。长安城里面有很多专业的歌舞艺人，文人骚客们饮酒作诗时，也喜欢召唤歌女们来为之弹唱。

在政府机构设置上，唐代设有专门的音乐机构，直属中央。该机构分为大乐署、鼓吹署、教坊和梨园四个部门。

大乐署、鼓吹署属于政府的太常寺，机构很庞大。教坊、梨园主要属于宫廷。教坊共有五处，有宫廷内教坊一处，长安和洛阳又各设立两处外教坊，主要演出歌舞与散乐。梨园又分为宫廷中梨园，这是一个乐舞机构，由唐玄宗亲自调教指挥，主要学习和演出大型"法曲"及其新作。另外，长安有"太常梨园别教院"千余人、洛阳有"梨园新院"一千五百多人。

除此之外，各地方军、政机构及民间又有大量的乐舞团体，有所谓宫伎、官伎、营伎之分。至于豪门贵族及官宦人家所蓄之"家伎"，更是难以计数。所谓"伎"，有男有女，指身怀艺技之人。虽然他们地位不高，但他们的共同创造和表演，不仅极大地丰富了社会生活，而且使得那个时代的歌舞艺术走上了辉煌的巅峰。

在隋唐时期，燕乐是一种主要的音乐，它又被称为"宴乐"，主要在宴会上演奏。隋代时，就有了"九部乐"，它们是燕乐、清商乐、西凉乐、天竺乐、高丽乐、龟兹乐、安国乐、疏勒乐、康国乐。唐承隋制，唐高祖时，宴享用"九部乐"。唐太宗时，新增了高昌乐，扩充成了"十部乐"。到了唐玄宗时，乐舞更加丰富多彩，新创作的品种增多了，而且广泛吸收了异域的乐舞形式，并逐渐形成了"立部伎"八部和"坐部伎"六部①。"坐部伎"有六种乐，演奏时坐于堂上；"立部伎"有八种乐，演奏时立于堂下。坐、立部伎之外，还有清乐、道曲、法曲、胡部、舞马、百戏等，也都属于燕乐。

伴奏所用的乐器，多用龟兹、西凉等少数民族的乐器；但是，不同民族的乐器并不限于仅仅演奏该民族的乐曲，而可以演奏其他民族或国家的乐曲，有时甚至可以混合演奏。

在唐诗中，也有不少关于音乐的记录。比如，杜甫有一首《赠花卿》："锦城丝管日纷纷，半入春江半入云。此曲只应天上有，人间能得几回闻。"美妙的音乐，简直无法诉诸语言！白居易的《琵琶行》，写到琵琶女的弹奏，简直如泣如诉。在李颀的诗《听董大弹胡笳声兼寄语弄房给事》中，描写了胡笳之声，动天地而泣鬼神；李贺在《李凭箜篌引》中，描摹了箜篌乐音的美妙，如石破天惊、响遏行云。读完这些诗歌，大唐的袅袅余音仿佛还在我们耳边盘旋。

---

① 《旧唐书·音乐志二》记载"立部伎"八部：安乐、太平乐、破阵乐、庆善乐、大定乐、上元乐、圣寿乐、光圣乐。"坐部伎"六部：燕乐（包括景云乐、庆善乐、破阵乐、承天乐）、长寿乐、天授乐、鸟歌万寿乐、龙池乐、破阵乐。坐、立部伎，都属于歌舞音乐，主要区别在于"立部伎"规模较大，人数较多；而"坐部伎"则规模较小，人数较少，但表演技艺则更为精妙。

音乐、舞蹈天生就是姐妹，如影随形。如上述"十部乐"，都是乐、舞并行的。唐代乐舞可谓异彩纷呈，直到今天，从保存下来的大量唐代壁画、文人绘画、乐舞陶俑中，我们仍然可以看到那优美的舞姿。

其中，有些乐舞传统色彩浓厚，如《明君》、《白纻》之类；另有一些带有鲜明的少数民族或异域色彩，如《柘枝》、《胡旋》之类。不过，更多的还是唐人的新作，像《破阵乐》、《霓裳羽衣曲》等。

教坊乐舞中，可分为健舞和软舞，多半是小型的，由单人或双人来表演。这种乐舞不仅在宫廷贵族之间流行，在民间也很流行。

健舞的节奏明快，表现阳刚健美的舞姿，如有浑脱、剑器、胡旋、胡腾、柘枝；软舞则节奏舒缓，表现轻柔袅娜的舞姿，如有凉州、绿腰、苏合香、屈柘枝、团乱旋。此外，还有大型的字舞、花舞、马舞、兽舞等等。

健舞中剑器、胡旋、柘枝等舞流行得很广。当时，出现了很多优秀舞蹈家，名噪一时，公孙大娘就是其中的一位，她擅长舞剑。虽然其身世已难于考证，但她的舞艺被流传至今的诗文记录下来。杜甫小时候看过她的表演，长大后仍记忆犹新，他写了一首《观公孙大娘弟子舞剑器行》，诗云：

昔有佳人公孙氏，一舞剑器动四方。观者如山色沮丧，天地为之久低昂。……来如雷霆收震怒，罢如江海凝清光。

公孙大娘的舞姿，刚健雄豪，就像雷霆震怒，惊天动地，具有强大的震撼力。唐代书法大家张旭，看了公孙大娘的剑舞，从刹那之间的淋漓顿挫、千变万化中受到启发,从此草书大有长进。

胡旋舞即《康国乐》,保持了浓厚的民族色彩。白居易《胡旋女》诗描写其舞姿:

胡旋女,胡旋女,心应弦,手应鼓。弦鼓一声双袖举,回雪飘飖转蓬舞。左旋右旋不知疲,千匝万周无已时。人间物类无可比,奔车轮缓旋风迟。

图71 胡旋舞线摹图

这种胡旋舞,急速回旋,让人眼花缭乱。它在当时流行甚广,正如白居易所说:"五十年来制不禁。"软舞柘枝、绿腰的那种轻盈曼妙和翩翩舞姿,也是诗人常常歌咏的对象①。绿腰又称"六幺",舞姿轻盈柔曼。南唐画家顾闳中有一幅《韩熙载夜宴图》,描绘他的宠

---

① 如刘禹锡《和乐天柘枝》:"柘枝本出楚王家,玉面添娇舞态奢。鬆鬟改梳鸾凤髻,新衫别织斗鸡纱。鼓催残拍腰身软,汗透罗衣雨点花。画筵曲罢辞归去,便随王母上烟霞。"章孝标《柘枝》:"柘枝初出鼓声招,花钿罗衫耸细腰。移步锦靴空绰约,迎风绣帽动飘飖。亚身踏节弯形转,背面羞人凤影娇。只恐相公看未足,便随风雨上青霄。"李群玉《长沙九日登东楼观舞》:"南国有佳人,轻盈绿腰舞。华筵九秋暮,飞袂拂云雨。翩如兰苕翠,婉如游龙举。越艳罢前溪,吴姬停白纻。"

姬王屋山在表演"六幺舞",韩熙载亲自为她击鼓的场面。她娇小轻盈,身着窄袖蓝色的长裙,背对着观众,从右肩上将半个脸侧过来,右脚微微抬起,仿佛就要踏下去。背后的双手好像就要从下往两边打开,这显然是六幺舞的一个预备舞姿。白居易有诗道"六幺水调家家唱",说明六幺舞在唐代是很流行的。

在大型的乐舞中,《破阵乐》和《霓裳羽衣曲》最具有宏大的气象。

《破阵乐》为立部八部乐之一,据说是唐太宗李世民所作。李世民还是秦王的时候,四方征讨,当时民间有艺人作《秦王破阵乐》流传。李世民即位以后,令吕才协调音律,又让李百药、虞世南、褚亮、魏徵等制歌词。贞观七年,太宗又制《破阵舞图》,令吕才按照这个图来编排舞蹈。跳舞的有120多个人,被甲执戟地练习。它的阵容非常庞大,歌颂李世民统一国家的武功,乐、歌、舞都气势雄壮、激越慷慨、昂扬踔厉、振奋人心。

《霓裳羽衣曲》是唐代著名的歌舞大曲。关于它的产生,有不少美丽的传说,有人说它是唐明皇从月宫中偷记回来的仙乐。事实上它来自印度,原名《婆罗门曲》。它从西域传入大唐,经过了艺人的改编,唐玄宗也曾亲自润色[①]。《霓裳羽衣舞》就是根据这个乐曲而编排的。

玄宗艺术修养如此之高,他的红颜知己也不逊色。杨贵妃是当时非常著名的舞蹈家,她的《霓裳羽衣舞》跳得非常好。根据《杨太真外传》的记载,唐玄宗有一次举行宴会,宴间愁眉苦脸。杨贵妃深悉玄宗脾性,为了逗他开心,便跳了《霓裳羽衣舞》。玄宗看了

---

① 见白居易《法曲》诗自注、王建《霓裳辞十首》诗序、《杨太真外传》注、《乐府诗集》卷五十六等。

以后，大为赞赏，转忧为喜。真是"缓歌漫舞凝丝竹，尽日君王看不足！"虽有后宫佳丽数千，玄宗仍以玉环为心灵知己。

白居易的《霓裳羽衣歌》，对这个乐舞有精彩的描述：

我昔元和侍宪皇，曾陪内宴宴昭阳。千歌百舞不可数，就中最爱霓裳舞。

舞时寒食春风天，玉钩栏下香案前。案前舞者颜如玉，不著人家俗衣服。

虹裳霞帔步摇冠，钿璎累累佩珊珊。娉婷似不任罗绮，顾听乐悬行复止。

磬箫筝笛递相挽，击擪弹吹声逦迤。散序六奏未动衣，阳台宿云慵不飞。

中序擘騞初入拍，秋竹竿裂春冰拆。飘然转旋回雪轻，嫣然纵送游龙惊。

小垂手后柳无力，斜曳裾时云欲生。烟蛾敛略不胜态，风袖低昂如有情。

上元点鬟招萼绿，王母挥袂别飞琼。繁音急节十二遍，跳珠撼玉何铿铮。

翔鸾舞了却收翅，唳鹤曲终长引声。……

舞者霓裳、羽衣而霞帔，冠"步摇"，服玉佩，娉婷袅袅，伴随着缓急有致的舞乐节拍而翩翩起舞，飘飘欲仙。轻盈的旋转，就像雪花一样飘舞；矫健的前行，如受了惊的游龙。双手下垂，像柳丝那样娇美无力；舞裙飘起，仿佛白云升起。眉目传情，有说不尽的娇美；舞袖迎风飘飞，带着万种风情！

通过这首诗传神的描绘，我们不难领会该舞高雅脱俗的风姿神韵。后来，在文宗、宣宗之朝还曾用几百个宫女，演出了大型的《霓裳羽衣舞》。尽管有些诗人表示不满，视它为李唐王朝由盛而衰的祸根[①]，但是，这一舞蹈的艺术感染力则是不容置疑的。

第二节　崇尚意趣的五代、两宋艺术

一　五代绘画

在绘画方面，五代时期取得了较大的成就。

这期间首先值得一提的是画院的建立。在西蜀和南唐，政府设立了皇家画院，这是中国画史中的一件大事，画院不仅培养出众多的绘画艺术家，推动了绘画艺术的发展，而且直接开启两宋画院之先声，以致此后数百年间的绘画重心几乎一直为画院所左右。

这段时期，山水画名家有董源、荆浩等。董源善于画江南的景色，他融会了唐人水墨和青绿的技法；荆浩也画山水，但跟董源不一样的是，荆浩的山水气势磅礴，他自评其画说："恣意纵横扫，峰峦次第成。"[②]

[①] 如李益《过马嵬二首》其一："世人莫重霓裳曲，曾致干戈是此中。"白居易《长恨歌》："渔阳鼙鼓动地来，惊破霓裳羽衣曲。"张祜《华清宫和杜舍人》："细音摇翠佩，轻步宛霓裳。祸乱根潜结，升平意遽忘。衣冠逃犬彘，鼙鼓动渔阳。"杜牧《过华清宫三首》其二："霓裳一曲千峰上，舞破中原始下来。"李商隐《华清宫》："朝元阁回羽衣新，首按昭阳第一人。当日不来高处舞，可能天下有胡尘？"
[②] 见《画山水图答大愚》。荆浩的《匡庐图》是北方画派的代表作之一，其画境宏阔博大，气势雄伟峭拔。

图 72 董源《龙眠郊宿》

除山水画以外,这段时期花鸟画的成就也很大。花鸟在唐人那里多是用作装饰艺术,到了五代,花鸟画成了反映画家精神情趣的一种重要方式。五代的花鸟画,以西蜀黄筌、江南徐熙为代表。但是二人风格迥异,画史上有"黄家富贵,徐熙野逸"的说法。

黄筌(约903—965年),成都人,从小喜欢画画,曾拜画家刁光胤为师,学习花鸟、竹石画。后来黄筌又兼取前辈之长,自成一家。他曾在画院供职,其绘画多取材于宫苑之珍禽异兽、奇花怪石之类。相传,他曾经在佛殿的墙壁上画仙鹤,有的整理羽毛,有的朝天而唳,

图 73 传荆浩《匡庐图》

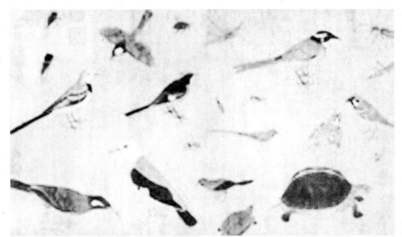

图 74 黄筌《写生珍禽图》

图 75 徐熙《雪竹图》

有的翘足，有的啄苔，栩栩如生。蜀主看了，赞叹不已。黄筌的传世作品有《写生珍禽图》，今存于北京故宫博物院。

徐熙，出生在江南的一个名族。少年时志节高迈，放荡不羁。他流传下来的作品，题材多是凫雁、鹭鸶、蒲藻、虾鱼、丛艳、折枝、园蔬、药苗之类。可见，徐熙的审美趣味和黄筌很不一样。他的代表作如《雪竹图》，今藏于上海博物馆，该画描写的是江南雪后严寒中的枯木竹石，画面构图新颖，层次丰富。在线条上，整个画面以墨色为主，工整精微而写实；略施丹粉，便已神气迥出。

此外，南唐的人物画也颇有成就。这时的人物画杰作，多是宫廷贵族和仕女题材的。著名的画家有周文矩、顾闳中等人。

二 宋代画院与文人学士画

宋代建国之后,重视艺术,在翰林院下设置了图画、书、琴、棋等院,其中以"翰林图画院"地位最高。它从北宋初到南宋末,历经三百年之久,罗致了四方的画才,培养出大量的绘画新秀。两宋的绘画发展,大体以画院活动为中心,画院几乎左右了绘画的主体潮流与风格。

宋代的统一,结束了战乱。西蜀和南唐相继灭亡后,许多优秀的画家来到京师,加之后周及中原绘画名家的纷纷加盟,北宋画院在创始之初,就名家云集。

在人才录用上,画院有一套严格的制度。画家要进入画院,要么有人推荐,要么就要参加考试。根据其水平,画院授予他待诏、艺学、祗侯、学生等职级。

崇宁三年(1104),在画院之外,官方又设立了"画学",专门培养绘画学生。画学归国子监管,并被纳入了科举制度。宋徽宗本人还曾亲自在那里主事,使画学成了名副其实的皇家美术学院,在世界文明史上,这也是一个创举。

画院的活动很丰富。在那里供职的人,经常被组织去绘制大型的寺观或宫殿壁画,或绘制历代帝王图,描绘他们的历史功过,或绘制文武功臣的肖像。另外,他们还负责为宫廷搜集海内名画,鉴别、品评古今图迹。在平时,他们为帝王和宫廷贵族服务,根据王公贵族的要求,随时作画。这就形成了"院体画"风格:尚工笔、重写实,显得细腻、富丽。

由于画院的创作是受皇帝管制的,其题材、风格都不得不迎合帝王的品味,所以,画院的创造力有限,画师受到限制,不便发挥自己的创造性。画院甚至曾规定画师不能私自画画。但与此同时,画院之外"文人画"和民间绘画发展了起来。

所谓文人画,又称士人画,是宋代的士大夫创作的。画院的画家是职业化的,绘画是他们谋生的手段;而文人士大夫们作画,不是为了谋生,因此,他们的绘画无须迎合别人的口味。他们的生活高雅,文化气息浓厚,作画对他们来说,是高雅生活的一部分。在

图76 宋徽宗赵佶《红蓼白鹅图》

艺术创作上,他们故意和院体画拉开距离,不拘泥于法度,标新立异。文人画往往渗透着画者的精神世界。文人画的代表人物有苏东坡、文同、李公麟、米芾父子等人。

就这样,"文人画"与"院体画"之间,既互相抗衡,又互有消长;从而使当时绘画显现出繁荣的格局。如果说,"院体画"代表主流的话,那么,"文人画"则更多地体现出了创新,发挥出了画家自身的个性,更多体现文人的意趣。这一点,在宋代的花鸟、山水、人物以及社会风俗等题材的绘画中,都鲜明地表现了出来。

花鸟画在北宋初年,黄筌一派是正宗,统治画坛达百年之久。黄筌画风富贵,前面说到他和徐熙有"黄家富贵,徐熙野逸"之称。不过,徐熙一派在宋初的境遇与黄筌一派正好相反。他的"野逸"风

格,受到宫廷排斥,甚至于徐熙的后人也不得不改换门庭。这种情况持续了百年之久,直到熙宁、元丰年间才有所改变。

《宣和画谱》称:"崔白、崔悫、吴元瑜既出","黄家富贵"的画格程式"遂大变"。变革的发端,肇始于赵昌。

赵昌,生卒年不详,字昌之,广汉(今属四川省)人。他擅长画花果、折枝、草虫,特别注重写生,自称"写生赵昌",名重一时。他的画简洁灵秀,不求形似,只求传神,得自然之妙趣。他的代表作有《写生蛱蝶图》、《竹虫图》等。

图 77 赵昌《竹虫图》

易元吉(?—约1064年),字庆之,湖南长沙人。他最初学习画花鸟、草虫、果品,后来看到赵昌的画迹,大受启发,表示要超轶古人之所未到,要成大家。于是,他标新立异,改画獐猿——这是前人没画过的。易元吉曾经游历了湖南、湖北一带,跑到深山老林里面去,观察猿猴的生活习性,观察岩石等自然景物。他在长沙的时候,曾经在屋后面开凿了一个池沼,在那里种植各种各样的花木、竹石,并饲养了一些水禽,以便近距离观察。他以自然为师,其画风野朴古拙,但又不失灵趣。他本来是个民间画家,画獐猿成功后闻名四方;1064年,他被召入宫廷,为孝严殿画御座后的大屏风,其构图别致,又使他声名大振。他在画《百猿图》的时候,还没做

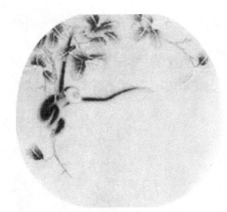

图 78 易元吉《蛛网攫猿图》

图 79 崔白《双喜图》

完就病死了（也有传言说他是被画院中的人害死的）。他的画迹，遗存至今的代表作有《聚猿》、《猴猫》等图。易元吉的艺术趣味和绘画风格，更接近于徐熙，带有"野逸"的味道。米芾对他评价很高，在《画史》中说："易元吉，徐熙后一人而已。"

易元吉之后，又有二崔和吴元瑜等人擅画花鸟，用徐派的风格来改变黄派富贵之风。

"二崔"指的是崔白、崔悫二兄弟，又以崔白更高。

崔白，生卒年不详，字子西，濠梁（今安徽凤阳）人。宋仁宗时，他因为画垂拱殿御扆鹤竹各一扇，进入画院中供职，开始被任命为图画院艺学，后来在元丰年间又被升为待诏。但是，此人性格散慢放逸，不与人同。他不喜欢常守在宫中等候差遣，便想要辞职。后宋神宗恩许他，非御前有旨，无须听差。崔白精于画道释、人物、山水、花木、鸟兽，最擅长的是画花鸟，特别是他画的败荷凫雁，名噪一时。《双喜图》（又称《禽兔图》）是他的代表作。这幅画中有两只山喜鹊，向一只野兔鸣叫，似乎在威胁它：你闯入我的领地了，快快走开！野兔伫足在那里，回首张望喜鹊，似乎想跟那两个长翅膀的家伙辩解什么。这幅画活泼灵动，构思巧妙，跟此前平静的花鸟画相比，已大不相同。在表现技法上，画家的笔法因物而异：喜鹊和野兔，刻画得细腻工整，树石坡草等物，用笔则劲逸老辣。山喜鹊是用工笔双钩填彩法画的，野兔的皮毛则经过细腻的线条描绘处理，隐去了轮廓边线，使它跟周围环境融为一体。

吴元瑜，字公器，京师人。他是崔白的学生，画风和崔白比较相似。他画花鸟，能变世俗之气，有《写生牡丹图》传世。

在上述画家的努力下，画院的黄派风格渐渐改变，吹来了野逸的清风。画院外，以水墨花鸟画为主的写意花鸟画也发展起来，并多以梅、兰、竹、菊这"四君子"作为题材。以文同、苏东坡为代表的一批文人学士画家，更重视绘画的境界创造，重视表现画家的个性和意趣。

文人画的概念，是由苏东坡正式提出来的。他把画家分为两类，一是"画工"画，一是"士人"画。二者区别的关键在于，是不是有"意气"，是不是能传神。

文同（1018—1079年），字与可，号笑笑先生。他是东坡的表哥，也是东坡的好朋友，以画墨竹著称。从这位表哥的画中，苏东坡总结出一些艺术创作规律，如"胸有成竹"、"振笔直追"（《文与可画筼筜谷偃竹记》）；而且，东坡认为画如其人，文同笔下的墨竹

图 80 文同《墨竹》

形象姿态潇洒、品格高洁,正反映了他的人品气质,即"其身与竹化,无穷出清新"(《书晁补之所藏与可画竹三首》其一)。

苏东坡本人,也以墨竹松石称绝于世。他曾自言:"东坡虽是湖州派,竹石风流各一时。"(《憩寂图》诗)他的画在当时就很受欢迎,即使是随手丢弃的字画,也会被别人捡了去,当作宝贝来珍藏。

苏东坡一生坎坷,屡遭贬官,他画的枯木、竹石,画得奇奇怪怪,以抒发胸中磊落不平之气,显得有点玩世不恭。苏东坡画的墨竹,虽师法文同,但更多地表现为"出新意于法度之中,寄妙理于豪放之外"(《书吴道子画后》)。竹子本是一节一节的,可苏东坡画

图 81 苏轼《古木怪石图》

竹子，从地上一直起到顶，中间不画竹节。他画的竹子，朱色、水墨都用，笔酣墨饱，挥洒成章，而舒展挺劲，"士气逼人"。

米芾说东坡的画"枯木枝干虬屈无端，石皴硬亦怪怪奇奇无端，如其胸中盘郁也"（《画史》）；朱熹评其画为"傲风霆、阅古今之气，犹足以想见其人也"（《跋张以道家藏东坡枯木怪石》）。

同时代的郭若虚，在文人画理论方面很有贡献。

郭若虚，太原人，北宋后期著名画家、艺术评论家。他是宋真宗郭皇后的侄孙，出身门第高贵，祖辈都喜爱鉴赏和收藏书画。这使他受到了良好的艺术熏陶。他一生最大的贡献，是编了一部《图画见闻志》。这是一部画论通史，为唐代张彦远《历代名画记》的续篇。该书一共有六卷，总结了历史上诸多画家的画风，且记载了五代到北宋熙宁七年之间284位画家的生平事迹。在该书中，郭若虚说道："窃观自古奇迹，多是轩冕才贤、岩穴上士，依仁游艺，探赜钩深，高雅之情，一寄于画。人品既已高矣，气韵不得不高；气韵既已高矣，生动不得不至，所谓神之又神，而能精焉。"显然，他把人品与气韵结合起来，这正是文人画所推崇的。

中国绘画发展到这个时期，工匠画风与士人画风、"院体画派"与"文人画派"已泾渭分明，代表着不同的审美要求和志趣。米芾所说："滕昌祐、边鸾、徐熙、徐崇嗣花皆如生，黄筌惟莲差胜，虽富艳皆俗"（《画史》），就鲜明地表达了这种审美倾向。

花鸟画在南宋画院，承继了宋徽宗的风格，笔法精致细腻，画面真实生动，审美倾向于越来越单纯精粹，"院体"的特征更加明显。根据南宋邓椿《画继》的记载，来图画院应召的人源源不绝，却多半不被录取。因为，评判好画的标准是"形似"。画家苟有自得，难免要放逸，这就不符合院体画的法度了。跟这种风格形成鲜明对照的，是扬无咎、赵孟坚等人的文人写意花鸟画。在他们笔下，梅竹松石花鸟充满了高洁雅致的神韵。

扬无咎（1097—1169年），字补之，自号逃禅老人，又号清夷长者。江西清江人，寓居南昌。扬无咎曾经参加科举考试，落第之后便不再忙于仕进，而以画画自娱。他的花鸟画很好，尤其擅长画梅竹。他的墨梅画以北宋末年的仲仁和尚（华光）为宗，但又有自己的风格，梅画得"疏枝冷叶，清意逼人"，用墨笔勾圈，以代点花瓣，枝干显得又瘦又硬。扬无咎在当时很有名。根据《清江县志》的记载，皇宫中墙壁上挂着他的梅花图，竟然常招来蜂蝶落在上面。宋徽宗鉴赏梅花图时，谓之"村梅"。今存他的作品，主要有《四梅花图》（未开、欲开、盛开、将残）、《雪梅花图》等。

赵孟坚（1199—约1264年），字子固，号彝斋，浙江海盐人。他是宋朝宗室贵族，为宋太祖第十一世孙。宝庆二年（1226），中了进士，后来官至朝散大夫、严州太守。他是个桀骜不逊的人，平时爱效仿魏晋名士的生活作风，喜欢游山林；他修雅博识，嗜好收藏书画古物。他擅长画花鸟，尤其精于白描花卉和墨笔树枝。在画法上，赵孟坚受到了扬无咎的影响。他白描水仙，先用劲挺匀净的细描，勾勒出水仙花叶，用笔劲利流畅；再用淡墨，渲染出阴阳向背，显得俊雅清逸。其传世作品有《白描水仙图》、《岁寒三友》、《墨兰图》等。

山水画在两宋，名家辈出，如日中天。宋初的著名山水画家，以李成和范宽为代表。明王世贞说："山水至大小李一变也，荆、关、董、巨又一变也，李成、范宽又一变也。"（《艺苑卮言》）

李成（919—967年），字咸熙，是李唐皇族后裔，后家境衰落，迁居青州营丘,故人称"李营丘"。他博学多才,气调不凡,却因才命不遇,便"放意诗酒,寓兴于画"。他善画山水,师从荆浩、关仝,又自创新意,独成一家。荆、关的山水,是那种危峰穷壑的大山大水;而李成的山水,常作寒林平远之景。其构图简洁,常用淡墨表现平远寒林,显得气象萧疏,人们说他是惜墨如金。《宣和画谱》称他的山水是"古今第一"。李成是个爱酒之人,当时很多人来求画,他表示:求画可以,但先得置酒。在酒的妙力之下,其笔下山水,意趣横生。李成的真迹在宋末已不多见,今有《读碑窠石图》,传为李成之作。

范宽(约950—1027年),名中正,字仲立,华原(今在陕西耀县)人。他是北宋的著名画家,尤其擅长画山水。他开始学李成和荆浩,后来为了体验自然,经常住在山林中,仔

图82 李成《读碑窠石图》

图83 范宽《溪山行旅图》

细观察自然，终于达到与山传神的境界，在绘画上别成一家。在构图上，范宽取荆浩"善写云中山顶，四面峻厚"的做法，下笔雄劲老硬。他画的山，多是正面巍立的；画石头的纹理，喜欢用"雨点皴"，下笔均直，形如稻谷；画屋子，先界画铁线，然后把屋宇笼染墨色，称为"铁屋"。他与关仝、李成并称"三家山水"，成为北方山水画的主流。范宽的代表作有《溪山行旅图》、《雪景寒林图》等。

这"三家山水"，都出于荆浩之画派，却又各具特色。关仝"峭拔"，李成"清旷"，范宽"雄浑"。

北宋熙宁、元丰间，山水画以郭熙和王诜为代表。

郭熙，生卒年不详，河南温县人。从历史记载来看，他至少活到了80岁，而且年龄越老画得越好。宋神宗时，郭熙很受皇帝赵顼的赏识，当过御画院待诏直长。他修养卓越，既是一位重要的山水画家，还在绘画理论上颇有造诣。他曾师法李成，画山水寒林，后来兼收并览，游历名山大川后自成一体。他晚年仍然精力充沛，能在高堂的素白墙壁上，放手大画，但见长松巨木、回溪断崖、岩岫峻绝、峰峦秀起。他的绘画代表作有《早春图》、《幽谷图》等，绘画理论代表作有《林泉高致》。

图84 郭熙《早春图》

郭熙认为，山水画不应该是单纯地再现自然，而要表现"林泉之志"，表现引人入胜的意境。至于学习画画，他认为不要拘泥于一家。画山水，要先抓全局，"远望以取其势，近看以取其质"；并且，在画的时候，要投入感情。他认为山水四季都像人一样，蕴涵着情感。结合他的《林泉高致》来看，郭熙画风之所以成功转变，关键在于以师法自然为根基，将山川"饱游饫看，历历罗列于胸中"，经过熔铸经营，创造出统一完整的意境，从而"使我自成一家"。因此，他的山水画不但雄奇壮丽、境界开阔，且更富于一种情趣，非常优美，仿佛在抒怀、在歌唱。这种抒情性，正是文人情趣的反映，也是中国山水画发展史中的一个重要变化。

王诜(1036—约1093年)，字晋卿，太原（今属山西）人，后迁居开封（今属河南）。熙宁年间，他娶了宋英宗赵曙的女儿，做了驸马都尉。他是个聪敏博学的人，一方面享受着贵族生活，同时又跟当时的风流名士交往频繁。与苏轼、米芾、黄庭坚、李公麟等交善。

王诜自幼善画山水，师从李成，在着色山水上又师从李思训，并在此基础上发展出自己的风格。他的山水画，带有文人雅士浓厚的幽隐情趣，题材多取烟江远壑、柳溪渔浦、晴岚绝涧、寒林幽谷、桃

图85 王诜《渔村小雪图》卷

溪苇村等"词人墨卿难状之景",落笔很有思致。

从绘画技巧来看,他继承了李成一派寒林、雪景的水墨画法,在此基础上,兼用"大小李将军"金碧重色的技巧,融二者为一体①。李思训金碧山水的画风,富丽堂皇,更适合于做装饰,衬托宫殿的豪华;而李成的水墨山水,清润旷远,更适合于表现文人雅士的幽隐情怀,这二者的差异是很明显的。但王诜居然能巧妙地融二者为一体,并创造出清润挺秀、韵致浓郁的意境,"不古不今,自成一家",这真是个奇迹。尤其是当王诜遭贬外放期间,"虽牢落中独以图书自娱,其风流蕴藉真有王、谢家风气"(《宣和画谱》卷十二),以山水画寄托个性、胸襟与情怀,则是王诜山水画进一步走向成熟的标志。

王诜的传世之作不多,代表作品有《渔村小雪图》、《烟江叠嶂图》(青绿、水墨各一卷)。

此外,晁补之和宋迪的水墨山水,惠崇和赵令穰的小景山水②,也都别具一格。其笔调清丽温雅,很有诗意,很像优雅的抒情小品。米芾和他的儿子米友仁也善画山水,他们自创了一种皴法,以笔尖横点作水墨云山,创烟云朦胧、天趣高迈的境界,人称"米点山水"。这是典型的文人画,尽情抒发了文士的意趣与胸怀。

到了南宋,山水画风又起变化。画风上的变化与宋室南渡的历

---

① 如米芾《画史》说:"王诜学李成,皴法以金绿为之,似古今观音宝陀山状作小景,亦墨作平远,皆李成法也。"黄庭坚《跋王晋卿墨迹》:"王晋卿画水石云林,缥缈风埃之外,他日当不愧小李将军。"汤垕《画鉴》说:"(王诜)学李成山水,清润可爱。又作着色山水,师唐李将军。"孙成泽记李成所绘《设色山水卷》说:"晋卿文藻风流,掩映当代。所作画,水墨仿李成,著色则师李将军。此卷乃仿李将军,楼阁桥梁,极其工致,浓郁中饶有菁葱之色,赵千里不能及也。至末段遥山远浦,更极画家妙致。"见《庚子销夏记》卷三。
② 小景山水画和全景式的大山大水画不同,它通常取大自然中平淡无奇、却赏心悦目的部分,细致地进行描绘,很有诗意。

史事实有关。面对半壁江山,颇有社会责任感的画家们无法平静,遂在画作中体现出一种沧桑的情怀。这时,不论是单纯的院体画风,还是单纯文人画风,似乎都已经不足以表现这种情怀了。所以,代之而起的是院体画与文人画的合流、熔铸与再提高之后而形成的一种"水墨苍凉"的山水新风。李唐、刘松年、马远和夏圭被称为"南宋山水四大家"。

李唐(约1066—约1150年),字晞古,亦作希古,河阳(今河南孟县)人。北宋徽宗时,他去开封参加图画院考试,试题是一句诗:"竹锁桥边卖酒家"。大多数考生在"酒家"二字上费脑筋,唯独李唐独树一帜,他画的是桥头竹外挂一酒帘,深得"锁"之意。宋徽宗亲阅试卷,很喜欢他的构思,于是李唐得了第一名,被画院录取。到了南宋,他成了画院的领袖。南渡之后,李唐把山水画的构图化繁为简,就好像是从全景山水中剪取的一个局部,非常精彩。在技法上,山石皴法由"小斧劈"而创变为"大斧劈",笔法由细短而变为阔长,用墨则更是酣畅

图86 李唐《万壑松风图》

淋漓,再施以浓重的青绿,其风貌苍凉劲健、豪纵简括。先是全景山水,后来是半壁江山,这在绘画史上是一个重要的发展。此后,南宋山水画家都喜欢画半壁江水,表现其自然灵秀,雄浑壮美。李唐的山水画代表作有《万壑松风图》等。

刘松年,生卒年不祥,钱塘(今天的浙江杭州)人。因他居住于清波门,被人们称作刘清波。宋孝宗时,他以画"万绿丛中一点红"脱颖而出,成了画院的学生。绍熙年间,做了画院待诏。刘松年善画山水,师从李唐和张敦礼。刘松年发展了李唐的青绿山水,笔墨严谨、色泽妍秀,多取杭州西湖一带的秀美风光,汲取淡墨轻岚,渲染出诗意的优雅,烘托出悠闲的生活情趣。刘松年的代表作有《四景山水图》等。

马远、夏圭二人,都做过画院待诏,他们受李唐影响也很

图87 马远《踏歌图》

图88 夏圭《烟岫林居图》

深。马、夏深得李唐的技法，笔法豪纵简括，意境却深邃清远，把江南山川幽奇峭拔的神姿传至纸上。跟李唐比起来，马、夏在布局上更凝练简妙。马远喜欢以一角(左下或右下)构图，被称为"马一角"；夏圭则喜欢以一边(左右或底)构图，有"夏半边"之称。他们擅于在画面上留出大片的空白，含有幽邃不尽的意思。在书画史上，这是一个杰出的创造，即所谓"计白当黑"，在后来的山水画中，它成了一种很重要的表现手法。

两宋的人物画家，以李公麟、梁楷最具代表性。

李公麟（1049—1106年），字伯时，号龙眠居士，安徽舒城人。熙宁三年（1070年）登进士第，然后做了30年官。他家境非常富裕，善于鉴赏金石，在绘画上造诣相当深，人物画、山水画都很擅长。在人物画上，李公麟远应唐代的吴道子，用白描刻画人物，并将此发展为中国画中一个独立的绘画形式。他用水墨线条来构图，用线条粗细、刚柔、浓淡、曲直的不同来刻画人物形象；他笔下的白描人物，神态可爱，具有一种特别的表现力，不管是"廊庙馆阁、山林草野、闾阎臧获、台舆皂隶"中的哪个阶层，都能从外貌上看得出来。他是个很勇于创新的人，新创了长带观音、卧石观音的形象。

李公麟的人物画，不仅白描技巧高超，还具有浓重的文人画意味。他和苏东坡、黄庭坚、米芾等人，都是驸马王诜家的座上常客，李公麟画的《西园雅集图》是对他们一次聚会的写生。他曾说，自己作画就像文人骚客作诗一样，只是用来抒发性情。他的画风对后世产生了深远的影响。

梁楷，生卒年不详，活跃于南宋宁宗嘉泰年间，曾担任画院的待诏。他受到李公麟白描人物的影响，白描人物也画得不错。但是，白描人物毕竟是一项精致的工作，而梁楷这个人，骨子里满是狂放不羁，不喜欢拘泥于古法。他虽贵为待诏，对功名利禄却很不在乎，常常纵酒高歌，人称"梁疯子"。宋宁宗曾赐了条金带给他，他却不以为然，把它挂在院子里。画如其人，梁楷的人物画，画风狂逸，往往借水墨泼洒之痛快，将笔下人物一气呵成。他以简括的笔墨来刻画人物，这种"减笔"画风，可谓独树一帜。其泼墨人物画代表作，今存有《泼墨仙人图》、《李白行吟图》、《六祖破竹图》等。

图89 梁楷《六祖破竹图》

宋室南渡之后，历史题材成了画家热心的对象。如李唐的《伯夷叔齐采薇图卷》、《晋文公复国图》、《胡笳十八拍图》，陈居中的《文姬归汉图》、肖照的《中兴瑞应图》、《光武渡河图》，刘松年的《便桥见虏图》、《中兴四将图》，代表了那个时代的"画魂"。

在民俗画方面，宋代画家成绩不斐。跟唐代不同，唐代画家喜欢取宗教、贵族作画；而宋代的画家，把目光更多的投向了民间社会。如张择端、王居正、李嵩、苏汉臣等，都是著名的画家，他们擅长表现社会生活、民间习俗。其中，以张择端成就最高。

张择端，字正道，东武（今在山东诸城）人。他长年生活在市

图 90 张择端《清明上河图》局部

井之中,对各类风情民俗很了解。他早年在汴京(今开封)游学,后来学习绘画,徽宗时在翰林图画院任职。他的代表作是《清明上河图》卷,这幅画是北宋风俗画中的典型代表。

这幅画卷纵24.8厘米,横528厘米,用散点透视和长卷的方式描绘了清明时节北宋都城汴京热闹繁华的景象。画家的观察力很周密,画中所摄取的景物——大到寂静的原野、浩瀚的汴河、高耸的城郭,小到车船里的人、摊贩上摆着的货物、店面招牌上的文字——都丝毫不失;画面内容丰富生动,500余人物,他们的举止、神情、身份历历具足。在构图上,整个画卷显得有条不紊,有主有次,有细有粗,有张有弛。

三 崇尚意趣的五代、两宋书法

唐末战乱,书法凋落。五代时期的书法比较寂寞,名气较大的是杨凝式。苏东坡称赞他的笔迹很雄杰,"有二王、颜柳之余,此真可谓书之豪杰"(《清河书画舫》卷六上引《苏东坡评书》)。

杨凝式(873—954年),字景度,号虚白,陕西华阴人。他历

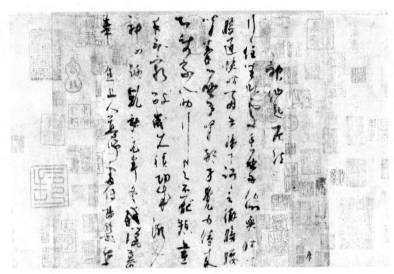

图 91 杨凝式《神仙起居法帖》

仕五朝,曾官至太子少师,人称"杨少师";在书法上,他又是一个奇人,人称"杨疯子"。据说,他不喜欢在纸上写字,而喜欢在墙壁上挥洒笔墨。如若见到一块墙壁光洁可爱,他便忍不住想往上面写字,先端视一会儿,然后就像发了疯一样引笔挥洒,还边写边吟,直到把整块墙壁都写完,他却一点都不觉得累。杨凝式在洛阳住了十年,洛阳的200多座道院、佛寺的墙壁,几乎都被他涂写遍了。

杨凝式的题壁很多,但今天保存下来的已很少。他的传世墨迹,著名的有《夏热帖》、《韭花帖》等。他的书法初学欧阳询,后又学颜真卿,且兼得了二王书体的妙处。在总结了行书之大成的基础上,他加以遒放纵逸,自成一家。关于他的书法风格,前人多以"笔势飞动"、"奔放奇逸",或"笔迹雄强"、"势奇力强"来赞誉。

董其昌说:"晋人书取韵,唐人书取法,宋人书取意。"(《书林藻鉴》卷九引)宋代书家的高明之士,多半"尚意",他们窥唐人的法度，追踪晋世的气韵，在熔铸中锤炼出自己独特的风格。宋代书法家中，最有名的是苏东坡、黄庭坚、米芾和蔡襄，他们被称为"宋四大家"。这四家的书学，根基于二王，然后参酌了颜真卿、杨凝式等大家的笔意，再把自己的个性与才学融进书法中去，终于独树一帜。对此，马宗霍有深刻的点评，他说："蔡胜在度，苏胜在趣，黄胜在韵，米胜在姿。"（《书林藻鉴》卷九）

苏东坡是一位伟大的书法家，他幼年书学王羲之，后来学习颜真卿、杨凝式，逐渐形成自己的风格。其书不泥于古法，重在写"意"，以"天真烂漫"为高。他擅于行书和楷书，有独到之处。他的《黄州寒食诗帖》，被誉为"天下第三行书"，这是苏东坡被贬黄州第三年时在寒食节所作，通篇书法笔圆韵胜，起伏跌宕，把诗情、画意、书境巧妙的融合在一起；楷书方面，有《罗池庙诗碑》、《表忠观碑》、《醉翁亭记》、《丰乐亭记》等四大名碑，现保存在四川眉山三苏祠的碑亭中。

黄庭坚（1045—1105年），字鲁直，号山谷道人，洪州分宁（今江西修水）人。他长于行书、草书，正书学《瘗鹤铭》，行书学《兰亭》，草书学张旭、怀素。黄庭坚为书重"韵"。他以为，要得"韵"，

图92 苏轼《黄州寒食诗帖》

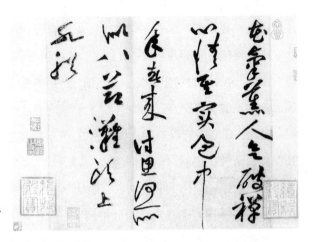

图93 黄庭坚《花气熏人帖》

首先就得去俗。他书法初学周越,二十年抖擞俗气不脱;后来得到张旭、怀素的墨迹后,才窥得笔法之妙。黄庭坚的书法,字体开张,笔法瘦劲,自成一格。传世墨迹有《松风阁》、《华严疏》、《花气熏人帖》、《请上座》等。

米芾(1051—1107年),字元章,太原(今属山西省)人,后迁居襄阳(今属湖北省),晚年住在今天的江苏镇江。徽宗时米芾被召为书画学博士,人称"米南宫",又因为他举止癫狂,人称"米癫"。

图94 米芾《苕溪诗帖》

米芾的书法，经历了由学古到"集古"、再到自成一家的过程①，他追求的是古雅之风、自然之趣。米芾是个性格豪爽的人，他潇洒风流，而他的书法就像他率真的性格。宋代孙觌说："南宫跅弛不羁之士，喜为崖异卓鸷惊世骇俗之行，故其书亦类其人，超轶绝俗，不践尘迹，每出新意于法度之中，而绝出笔墨畦径之外，真一代之奇迹也。"（《清河书画舫》卷九下引）他曾刻苦练习"二王"书法，颇得王献之笔意；他写草书，用笔迅疾而劲健，可谓"刷字"。米芾的书法功力非常深厚，下起笔来挥洒纵横，跌宕多姿；大至诗帖，小至尺牍、题跋，看起来都痛快淋漓，有快刀利剑的气势。米芾的传世书迹有《论草书帖》、《苕溪诗帖》、《蜀素帖》、《研山铭》等。

苏、黄、米三家都以行书和草书称长，而蔡襄则独以行楷见胜。苏东坡说："君谟天资既高，积学深至，心手相应，变态无穷，遂为本朝第一。"（《清河书画舫》卷六引）

蔡襄（1012—1067年），字君谟，兴化仙游（今福建仙游）人。他的

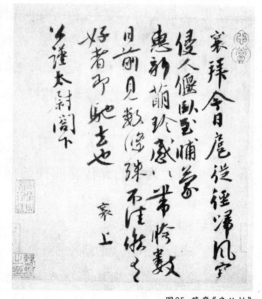

图95 蔡襄《扈从帖》

---

① 如米芾《海岳名言》说："吾书小字行书，有如大字。唯家藏真迹跋尾，间或有之，不以与求书者。心既贮之，随意落笔，皆得自然，备具古雅。壮岁未能立家，人谓吾书为集古字，盖取诸长处，总而成之。既老始自成家，人见之，不知以何为祖也。"

书法师承二王、虞世南、颜真卿，书风多变，但书如其人。蔡襄为人忠厚正直，端庄识度，其书法也具有温润平和、端庄遒丽的品格。他的作品有《万安桥记》、《扈从帖》、《思咏帖》、《入春帖》等。

在"宋四家"之外，宋徽宗的书法也很有成就，他在书法上创造了"瘦金体"。文人书法家，有李建中、苏舜钦、石延年、晏殊、林逋、欧阳修、苏洵、文彦博、范仲淹、王安石、文同、曾巩、苏辙、司马光、秦观、苏过、米友仁、黄伯思、薛少彭、周邦彦、张孝祥、范成大、朱熹、陆游、真德秀、姜夔、文天祥等人。

总之，唐宋是中国艺术史上最为辉煌的时代，在书法、绘画、雕塑、石刻和音乐、舞蹈等方面，都取得了辉煌的成就。唐代的艺术，融合南北，又贯通中外，显示出中华文明的闳放、兼容和创造精神；五代两宋时期，随着文人意识的高涨，在书、画、诗等方面表现出文人的个性情趣、胸襟学识，成为艺术发展创新的关键因素；而崇尚意趣的美学追求，也是那个时代精神的体现。

第三节　以古为雅的元代至明代前期书画艺术

一　元至明前期的书画艺术

总体来看，元代至明前期的书画艺术，表现出尊古崇雅的创作倾向和审美追求。在绘画方面，元代追随北宋文人画风。书法方面，元代主流的创作风气和审美意趣要求超越两宋，进而崇唐宗晋，追求古雅之风。

这种风气的形成，其直接原因在于"马"上得天下的元朝废除了画院；更深层的原因在于当时的时代精神和民族文化意识。元代是异族统治中原，汉民族备受践踏和歧视，汉民族传统的文化艺术也很难得到正常发展。在蒙古族统治阶层被逐渐"同化"的过程中，虽然有极少数汉族文士受到统治者礼遇，但绝大多数文士和艺术家们，都隐逸避世、消极对抗。他们格外珍视和缅怀民族传统文化艺术，在当时，追求古雅之风就成了一种传承"正宗"文化的体现。这种艺术精神又与艺术家们自身高尚纯洁的民族气节互为表里，反映出强烈的民族个性。赵孟頫、"元四家"等杰出的书画艺术家，如沙漠中盛开的鲜花，展示了民族文化艺术顽强的生命力。

明代前期，由于统治者的大力提倡，被元代艺术家极力排斥的院体画风又得以复兴，代表这种画风的，是以画院为主体的"浙派"；但以沈周、文徵明和唐寅为代表的"吴派"，却延续了"元四家"的传统，与"浙派"形成鲜明对比。然而，无论是"浙派"还是"吴派"，都体现出以古为雅的审美倾向。

二 赵孟頫的书画艺术及其影响

赵孟頫（1254—1322年），字子昂，号松雪道人，吴兴（今浙江湖州）人，是宋代宗室之后。他曾官至翰林学士承旨，死后被元英宗封为魏国公，谥文敏。他不但书法超群，而且是将书法引入绘画的第一人。在元代书画界，赵孟頫实为一代宗师，对明清乃至近现代书画艺术都有深刻的影响。

中国书法一直有"欧、颜、柳、赵"四体之称，"赵体"即赵孟頫的楷书。赵孟頫的书法，吸收了晋、唐著名书家的特色，他五岁开始学习书法，先学"妙悟八法，留神古雅"的宋高宗，后来学钟繇、"二王"，又学李北海，以及颜真卿、柳公权等等，《元史》称他"篆、籀、分、隶、真、行、草无不冠绝古今"。他的书法追求古雅之风，十分看重古代名家的笔意韵致，无论行书、楷书，都透露出端庄、平和、典雅的气息。他的书法成就和艺术观念影响深远，不仅受同时代的书法艺术家的推崇，后代的祝允明、文徵明及清代的刘墉都以他为榜样。

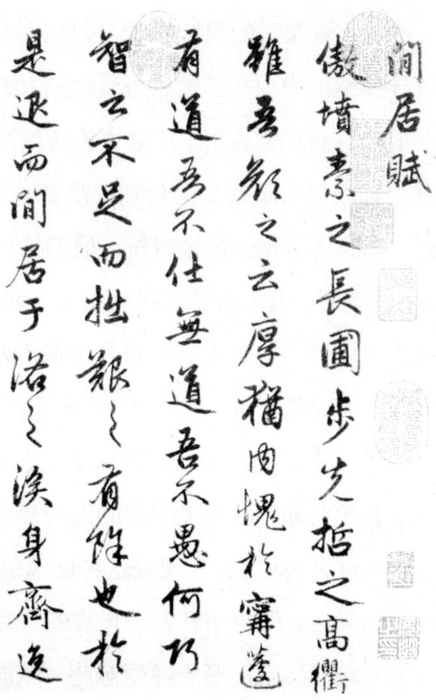

图96 元代赵孟頫《闲居赋》局部

"赵体"以宗古为主，在"师古"基础上加以创造，成为后世书学的楷模之一。

在绘画艺术方面，赵孟頫也同样是以"师古"来变革宋末陈陈相因的院体画风。追求"古意"，是他的艺术宗旨。他认为，"作画贵有古意，若无古意，虽工无益"。缺乏古意的画，无论其用笔如何纤细，颜色多么鲜艳，都没有神韵。所以，他的画，看似简单，却有深韵。董其昌对其的评价是"有唐人之致去其纤，有北宋之雄去其犷"，赵孟頫的画风得唐人的雅致和宋人的雄奇，但又剔除它们各自的缺点，所以他的"简率"就有"近古"的意味。其次，他还主张绘画要师法自然，他说"久知图画非儿戏，到处云山是吾师"(《松雪斋集》卷五《题苍松叠岫图》),强调画家的写实基本功与实践技巧,克服"墨戏"的陋习。其传世的作品如《秋郊饮马图》、《鹊华秋色图》、《重江叠嶂图》等,都兼有唐宋遗风而又有独创的风格。此外,赵孟頫十分注重绘画与书法之间的关系,将书法融入绘画中,使绘画的笔墨具有书法的韵味。这是对苏轼以来文人画的进一步发展,提高了水墨写意画的艺术趣味。

身为赵宋宗室后裔的赵孟頫,却在元朝为官,所以他的书画遭到后世一些批评家的诟病,甚至认为他不属于元代绘画大家之列。但事实上,元代许多有气节的艺术家,却承袭了赵孟頫所开创的门径而延续发展。赵孟頫的"师古"绘画理论及其创作实践,对元代包括"元四家"在内的绘画,产生了直接的影响。他们的共同努力,不仅改变了宋末一味模仿院体的风气,又直接开启了明清绘画的不同流派,在中国绘画史上具有重要的地位。

三 以元"四大家"为代表的崇古画风

所谓"元四家",是指黄公望、吴镇、倪瓒、王蒙四人。他们是继赵孟頫之后最杰出的山水绘画大家。他们虽然都师法董、巨,但又皆能自立面目,开拓出新的艺术境界,从而将山水画推向了炉火纯青的境地,因此在中国山水绘画史上具有极其重要的地位。"元四家"都是江浙人氏,除黄公望、王蒙有过短暂的出仕经历外,他们一生大部分时间都是以隐居为主,过着以诗酒自遣、书画自娱的散淡闲逸的生活。

黄公望(1269—1354年),字子久,号大痴道人、井西老人等,江苏常熟人。他年轻时做过地方小官,先是任书吏,后来受累入狱,

图97 元代黄公望《富春山居图》局部

出狱后隐居，加入全真教以求庇护。他于书法、词曲、绘画方面都有成就。传世作品有《富春山居图》、《九峰雪霁图》、《丹崖玉树图》、《天池石壁图》、《溪山雨意图》、《剡溪访戴图》、《富春大岭图》等。

黄公望所画山水的特点，明代张丑在《清河书画舫》中说："大痴画格有二：一种作浅绛色者，山头多岩石，笔势雄伟；一种作水墨者，皱纹极少，笔意尤为简远。"其传世的《富春山居图》（残卷），被誉为堪与王羲之《兰亭序》相媲美的杰作。据说，这幅画花费了他多年的心血，随"兴之所至"援笔布置而成，大有"成就之难"的感慨。这幅经过高度提炼和精心绘制的图卷，笔墨变化多端，雄浑潇洒而又清真秀拔，构图繁简有致，苍茫沉郁而又连绵不绝，可谓得山川自然之精神。

吴镇（1280—1354年），字仲圭，号梅花道人，浙江嘉兴人。他的山水画师法董源和巨然，墨竹宗文同，擅长画山水、梅花、竹石。吴镇的画主要表现嘉兴山川的灵秀与南湖烟雨的苍茫，董、巨淡墨渲染的遗法，在他的笔下被发挥得淋漓尽致。他的山水画笔墨苍老酣畅，空翠苍茫的山水风烟中，透露出空灵之感和凄迷之意，属于典型的文人画。

吴镇在世时，画作并不被时人所认可，相传他和画家盛懋是邻居，当时向盛懋求画的人络绎不绝，而跟他买画的人寥寥无几，于是他的妻子就埋怨他说：你怎么不看看人家盛懋的画多受人欢迎？对于妻子的抱怨他丝毫不放在心上，只是轻描淡写地说：二十年后肯定不是这样的。此话果然不假，今天我们看到吴、盛的画时，其境界、风格高低立现。

倪瓒（1301—1374年），字泰宇，后字元镇，号云林，江苏无锡人。他一生未入仕，他家是当地有名的富户，他本人曾在家中修建清閟阁，专门收藏古玩字画。据张丑《清河书画舫》记载，他的藏品中有董源、荆浩和米芾等人的真迹。他的传世作品有：《幽涧寒松图》、《容膝斋》、《六君子图》、《水竹居图》、《松林亭子图》、《狮子林图》等。

倪瓒的作品多以太湖一带的山水为题，构图平远，所画景物用笔极简，体现以少胜多的运思策略；其画面留有较多空隙，极尽空灵萧疏之至。他的画开创了中国山水画"以天真幽淡为宗"的格局，充满雅致脱俗、萧散简逸的情趣。倪瓒曾说自己作画，"不过逸笔草草，不求形似，聊以自娱也"。完全超越于形似，这是对苏轼以来文人画的进一步发展，表现出一种散淡不羁的审美趣味。

王蒙（1308—1385年），字叔明，号香光居士，因曾经隐居于浙江余杭的黄鹤山，故他的画上又署有黄鹤山樵的名号。他出身书画世家，是赵孟頫的外孙，小时候学画时曾得到赵孟頫的指导。后来又以董、巨、王维为宗，所以墨法秀润而纵逸多姿。他利用水墨画"水晕墨章"的特点，表现为元气磅礴、用笔熟练、"纵横离奇，莫辨端倪"。传世画作有《青卞隐居图》、《溪山高逸图》、《具区林屋图》等。

王蒙的山水画以浓郁茂密见长，构图繁密，山林苍茫，郁然深秀，极具幽致，常以江南苍郁茂盛的林木为题作画。他的《青卞隐居图》被董其昌誉为"天下第一"。倪瓒也称赞他的画是"五百年来无此君"，王蒙自己也说："老来渐觉笔头迂，写画如同写隶书"（《书画题跋记》卷一《王叔明坦斋图》）。说明他晚年笔墨更加苍劲，功力亦愈加深厚。

总之，"元四家"的山水画，主要是描写幽隐的理想环境，在天真自然的意境中，表现出萧疏简逸的审美趣味，寄托着他们"抗俗高洁"的文士品格。同时在绘画艺术上也有新的开拓和发展，从构图布局到笔墨技法，以及诗书画之间的密切配合等等，都显示了元代山水画新的面貌和特征。因此，尽管他们是以"崇古"的面目出现，但他们的创作不仅摆脱了宋末画院一味模仿马、夏的陋习，而且加强了文人画的艺术技巧，将文人画推向一个新的高潮。

四 崇唐宗晋的书法艺术

马宗霍论元代书法说："一代宗工，属之吴兴（赵孟頫）……元人书初则宗唐，后则宗晋。虽宗晋者多从吴兴而入"（《书林藻鉴》卷十）。元代书法发展的总体趋势是，初宗唐而后宗晋，或徘徊于唐、晋之间。赵孟頫对于元代书法的影响已如前述，他超越宋人而直追唐、晋书法"正宗"。与赵孟頫并称为"二雄"的鲜于枢，深得唐人的法度风骨，赵孟頫和邓文原都十分推崇他深厚的功力和遒劲的笔力。但他的书法还保留了一些从宋末到元初的发展痕迹，以唐人圆健遒劲的笔法为主，虽革俗书而未能尽除。赵孟頫力取晋人韵度而充以唐人骨力，故气韵风骨兼备；鲜于枢则刻意于唐人法度骨力，故圆健遒劲而乏韵度姿态，这大概是其"不甚去俗"的根本原因。同时期的另一位书法大家邓文原，也与赵孟頫齐名，但他的书法特点与鲜于枢正好相反。虽有晋人韵度似乎又缺乏唐人细密的法度，所以略显"粗"，也不像赵孟頫得其中而称"正宗"。不过他们毕竟开启了元代书法崇唐宗晋、追求古雅之风的先河。其后崇唐宗晋成为书学的普遍风气，元代书家如柯九思、张雨、虞集、泰不华、杨维桢、揭傒斯，康里巎巎等，都以晋唐为宗，得清雅之格。而书画兼善的黄公望、吴镇、倪瓒、王蒙等人，继赵孟頫之后而追求绘画的书法韵味，将诗书画密切结合，因而他们的书法亦深得晋人韵度，又有高雅脱俗之誉。

　　明代前期书法延续了元人的书法风格，上窥唐法而以晋韵为宗；加之明初至中叶几代皇帝又都很喜欢以"二王"为代表的帖学，所以帖学十分兴盛，大有普及之势。明代书家基本上未能超越赵孟頫的藩篱。明初书家以"三宋"（宋克、宋璲、宋广），"二沈"（沈度、沈粲）最为著名，在崇唐宗晋之风的影响下，他们的书体都因得法于赵孟頫而上窥晋唐遗韵。继"三宋"、"二沈"之后，又有"吴中三子"祝允明、文徵明、王宠崛起于书坛。祝允明和文徵明皆学书于李应桢，又同样采取了赵孟頫那种"博涉多优"，经过出入变化、损益而成一家法的书学门径。故二人书法功力深厚，骨气端详而韵度兼备，祝允明晚年凝为豪纵奇崛之姿，文徵明则结为秀丽和雅之态，都足以赶上吴兴（赵孟頫）而呈现明代书姿之典型。王宠

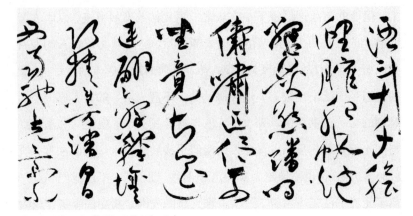

图 98 明代祝允明《杂述诗帖》局部

以人品高旷绝俗为时人所称，其书法亦"以拙取巧"，近弃宋元而远宗晋唐，以师法王献之的神韵为主，兼采智永、虞世南笔意，得古雅之风与超逸之韵。

五 明代前期绘画"浙派"与"吴派"的对立

明代前期（明初至嘉靖期间）的绘画发展，仍然以山水画成就较突出，但由于不同的艺术追求和风格，形成了以画院为主体的"浙派"与"吴派"之间的对立，反映出明前期绘画美学的总体发展趋势。

以"元四家"为代表的那种枯寂幽淡的作风和萧散闲逸的情趣，并不符合明初统治者的审美标准；他们更喜欢南宋院体画的严整苍劲的风格，因而南宋李、刘、马、夏的画风被有意识地加以提倡，并成为宫廷画院的标准。如被称为"当代第一"的戴进，被弘治称为"画状元"的吴伟和"今之马远"的王谔，就都是其中著名的画家。这种风气不仅在画院中盛行，而且也波及画院之外，因当时画坛的中心人物戴进为浙江钱塘人,故将此期承袭马、夏一派画风的画家统称为"浙派"。以艺术成就和在当时的影响而言,戴进和吴伟最为突出。戴进于宣宗时被召入画院,因才艺超绝而遭妒被谗,其后终生坎坷,死于穷途。他的绘画继承了南宋画院水墨苍劲一派的画法,以马、夏为根基,又博采诸家笔墨,而达到精妙的境界。他的绘画特点是构图简妙空阔,喜用斧劈皴,行笔挺劲,用墨浓淡相宜,一丝不苟中又有顿跌之势。继起的吴伟,进一步助成了"浙派"的发展。吴伟性格豪爽,绘画风格也以健壮奇逸著称。他学于戴进而更加豪放,笔墨酣畅,粗犷恣纵,有"浙派健将"之称。

在明初统治者提倡南宋院体画风的同时,在江南苏州一带,还活跃着一批文人画家,延续着"元四家"的传统,但成就不高,影响不大。至沈周、文徵明、唐寅等大家出,"吴派"才得以光大。沈周与"浙派"吴伟的活动时代大致相同,由于家学渊源的关系,他的山水画近师王蒙、吴镇,远宗北宋董、巨,笔墨洒脱凝练,具有苍劲浑厚、气势雄健的风格。文徵明和唐寅皆出自沈周之门,又各具风采。文徵明学赵孟𫖯、王蒙,兼师郭熙、李唐笔法,早年细致清丽,能工笔青绿,中年粗放豪爽,亦能水墨写意,晚年则粗细兼具,得清润温雅之致。唐寅更是多才多艺,自称"江南第一风流才子"。他在绘画方面虽然是沈周的学生,其实他和稍后的仇英主要是从学于院体名家周臣。他对北宋李成、范宽,南宋"李、刘、马、夏"以及"元四家"都经过苦心钻研,而得李唐笔法尤多。因而他的绘画既有李唐画派沉郁雄健、豪迈奇特的作风,又有元代文人画清润秀雅的特点,呈现出豪迈奇特而又秀润温雅的风格。"吴派"画家都比较注重文学修养,强调绘画艺术中的文学趣味,构图笔法也较活泼自然，很能反映当时文人的思想个性和审美趣味。至嘉靖、万历年间，"吴派"艺术已经超过"浙派"，成为画坛的主流。据《吴门画史》统计，吴派画家共有876人，可见其影响之大。但无论是"浙派"还是"吴派"，毕竟都还是笼罩在"师古"的风气之中，仍旧体现出以古为雅的艺术审美倾向。不过从艺术发展的总体趋势来看，明前期艺术中以古为雅的风气，一方面是承接前代而延续的艺术惯性作用，另一方面则是处在一种集前人之成而又分流开源、孕育着一个新的艺术天地的过渡阶段。

第四章 生活方式

第一节 日常生活中的精神世界

一 建筑和居室

住宅是生活的基本条件之一。选择地址、修建宅所,在唐宋时期都是很有讲究的。

唐宋时期的人们普遍讲究风水,他们认为,为了将来生儿子、升官发财,就得选一个吉利的地方居住。若要搬家,或要新建一座房屋,主人先要请来相宅人,或找来卜宅书籍做参考,判断这个地方是吉还是凶。有文化的人,多多少少都懂点儿风水。唐朝的杨筠松,宋朝的陈抟、赖文俊，都以精于相宅出名，是当时很有名气的风水先生。

唐代皇帝认为，隋朝命短，跟它宫城的风水有关系，宫城的地势有点低，不大吉利。所以，唐代增建了一些宫殿，如大明宫等，地点多选在东北，因为那里地势比较高。洛阳还有一座上阳宫，传说在修建这座宫时，曾经挖出了一个铜盆，里面有两条鲤鱼，还刻着四个字："长宜子孙"。如果传言属实的话，显然这是很吉利的；因此，唐高宗晚年住在上阳宫。长安城内有个永嘉坊，方士看了，认为那里特别有"贵气"，所以，许多王公贵族都纷纷去那里居住。从布局来看，长安城的东边住宅高，是官员聚居的地方；西边的住宅比较低，是平民百姓住的地方。北宋时，有一个茅山道士名叫刘混康，据说观风水很有一套，赢得了宋徽宗赵佶的信任。

从居室内部来看，屏风和墙壁上常常有字画做装饰，显得颇有韵味。

官府衙门的厅堂上，经常悬挂着字画、律令，既是自警勉励，也是一种装饰。此外，还有屏风。屏风是用来挡风遮蔽的，可以对室内空间进行分割，因此屏风就像一面小小的墙，也是需要装饰的，可以大大地发挥艺术家的想象力、创造力。在唐宋时期的屏风上，经常有书法、绘画等艺术作品，其中有不少还是珍品。据说，唐太宗曾在屏风上写过《列女传》，房玄龄写过《家诫》。在太原地区的唐代墓葬中，保存有不少的屏风画，上面描绘的牧马图、树下人物、花鸟、云鹤和山水画等，栩栩如生。屏风画得如此之好，曾让人幻觉顿生，还确实有人信以为真呢！下面就是一个误将屏风中人物当作真人的故事：

南唐时，有一次后主李煜有事，诏命冯延巳进宫。可是，当这位冯延巳走到宫门前,就停下来驻足不前了,不敢踏进去。后主迟迟不见人来,便派人去问,看看究竟发生了什么事情。原来,冯延巳看见门口站着宫娥,她身穿青红锦袍,显得十分高大,吓得冯延巳不敢进去。于是,使者跟他一起去看,原来,那不是真人,而是一幅屏风画!这幅八尺琉璃屏风画的画家,便是大名鼎鼎的董源,难怪如此栩栩如生。

宋代时,居室文化中流行挂轴书画。人们喜欢在房间里挂上这种书画作品,用来装点居室;就连在店铺里,也喜欢挂上这样的书画作品。特别是挂上书画名作,显得很有档次,能帮店主吸引客户。一些文人光顾那里,也是"醉翁之意不在酒",着迷于欣赏书画而不愿离开。

二 茶文化

茶饮用简单,营养丰富,还能提神醒睡,至今仍是世界上三大饮料之一。今天,喝茶成了我们生活中不可缺少的一部分。很多人爱品茶,接待客人要奉上一杯香茶,更有不少人热衷于"茶道"的研究。中国是最早饮茶的国家,可你知道,对茶这门学问的研究,是从什么时候开始的吗?

其实早在唐代,就有人开始着意于茶的学问了。唐代有个叫陆羽的人,专门写了一本《茶经》,研究了茶的起源、生产、加工、煎煮、饮用、相关器具、有关的典故传说等。这是我国第一部茶学专著,大大推动了饮茶之风。后来陆羽被奉为"茶神"。在唐宋时期的饮食文化中,"饮茶"是最具文化内涵的一项。陆羽认为,饮茶是一种精神享受,从煎茶到饮用,饮茶者必须克服"九难",以达到心思澄静的境界。

图 99 唐茶具

随着饮茶的逐渐普及，它也成了一种赏娱文化活动。每年春天新茶一出，茶农、茶客们就喜欢聚到一起，比较新茶优良次劣，视汤色、观汤花，最终分出胜负。这种饮茶技艺比赛，在唐代叫做"茗战"，宋称"斗茶"。斗茶在宋代很盛行。很多文人都爱喝茶，且有诗赞美之，如"午茶能散睡，卯酒善销愁"，"驱愁知酒力，破睡见茶功"。喝茶不单为了解渴，还要求感官的享受，端着一碗茶，视之青翠、闻之幽香、啜之甘润，这样，便能获得精神上的愉悦。在唐代，文人士大夫雅集或待客交友时，茶都是必不可少的。白居易、杜牧、皮日休等很多诗人都以茶入诗，把文人的精神世界寓于茶中。到了宋代，饮茶就更普及了，街市中茶坊、茶肆到处可见。士大夫和朋友会聚、普通百姓会友、艺人卖艺，也喜欢选择在茶坊、茶肆中进行。梅尧臣、欧阳修、苏轼、陆游等诗人，都写有大量的茶诗；此外，一些研究性书籍也涌现出来，如叶清臣的《述煮茶小品》、蔡襄的《茶录》、宋子安的《东溪试茶录》等。

唐代文学家元稹曾说，茶"慕诗客，爱僧家"，喝茶之风的普及，跟佛教的盛行也有关系。禅僧学禅，茶禅一味，自然助长了饮茶之风。由于僧人要静坐,时间长了,瞌睡虫难免要爬上来了;这时,一点刺激性的饮食是有必要的。可是僧人有严格的戒律清规,他们不能喝酒,也不能吃肉。那怎么办呢？喝茶吧。茶就是一种绝好的提神、益思饮料。由于陆羽本人佛门渊源很深,他幼年时曾被一个禅师收养,在寺院中长大。因此,在他的《茶经》中,对于僧人嗜茶亦有很多记载。

皎然是个诗僧,也是陆羽的好朋友。他嗜茶如命,对于茶有很深的体悟。皎然有一首《饮茶歌》,是这样写的:

一饮涤昏寐,情思爽朗满天地。
再饮清我神,忽如飞雨洒轻尘。
三饮便得道,何须苦心破烦恼。
此物清高世莫知,世人饮酒多自欺。
愁看毕卓瓮间夜,笑看陶潜篱下时。
崔侯啜之意不已,狂歌一曲惊人耳。
孰知茶道全尔真,唯有丹丘得如此。

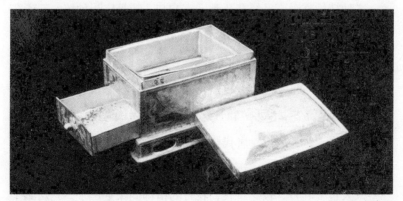

图 100 唐茶具

在这段诗句里,出现了"茶道"这种提法。一个"道"字,把饮茶从日常的物质生活提升到精神层面,上升到一个更高的境界。

第二节　风俗娱乐

一　赏牡丹

牡丹象征着美好、大度,被誉为花中之王。从隋代开始,观赏牡丹逐渐成了一种风尚。特别是文人、士大夫们,他们有着很深的文化修养,对于牡丹花更是情有独钟,留下了无数的佳诗妙句。唐人认为,"牡丹独逞花中英",是百花之首,花中之王。偏爱之下,吟诵出"唯有牡丹真国色,花开时节动京城","天香夜染衣,国色朝酣酒"。把牡丹誉为"天香国色",说明它已经被当作一个国家的象征,标志着大唐的国运昌隆。牡丹千娇万态,人们赞美美女,经常也把她们比作牡丹;牡丹风情万种,还被用来寄托情思,"自守空楼敛恨眉,形同春后牡丹枝"。

这种精神享受,已经普及到家家户户。牡丹广为种植,不管在宫廷、官署,还是在寺院,或平常人家的宅第,都可以看到牡丹。白居易有首《牡丹芳》,诗中这样写道:"家家习为俗,为人迷不悟。""花开花落二十日,一城之人皆若狂。"每当牡丹怒放之时,人们聚到一起,饮酒品花,举办"牡丹之会"。科举考试考出了新进士,也要设牡丹宴,作为庆祝。唐代诗人张祜甚至自称,他去京师,并不是为了求功名、做大官,而是为了一赏那里的牡丹。

宋人也爱牡丹。较之唐代,牡丹的精神韵味更广了,它新添了富贵、吉祥的寓意,所以很受人们喜爱,常被用来托物言志。反映在美术中,牡丹也成了画家的钟爱,在很多工艺品上都有牡丹图。这时,牡丹的品种更丰富了,其中洛阳牡丹有"甲天下"之美誉。牡丹表现出来的精神意趣,已经潜移默化地渗透到人们的精神世界,成为当时社会文化生活的一部分。

二 送别折柳

古代交通不发达,相见时难别亦难。《诗经·小雅》中就有"昔我往矣,杨柳依依"的名句,折柳送别渐渐成了一种风俗。送别亲友时,人们常常折一枝杨柳枝,在桥上相送。这种做法在唐宋风俗中是很普遍的,十分浪漫,也十分富有深意。

白居易有一首《杨柳枝》,这样写道:

> 人言柳叶似愁眉,
> 更有愁肠似柳丝,
> 柳丝挽断肠牵断,
> 彼此应无续得期。

"柳"与"留"谐音,天生带有人情韵味。柳叶细长,就像愁眉,寄托了哀伤;柳丝缠绵,就像愁肠,断丝如断肠。柳枝在风中摇摆,好像在挥手,向友人告别,寄托了人们依依不舍、极力挽留的心情。在敦煌莫高窟第217窟中,还有艺术作品形象地描绘了"折柳送别"的场景。

折柳相送时,选择的地点多在桥边、码头和客舍,往往还很隆重。

官员出行，常有一大批人来送行。一般来说，先是设送别宴，然后把他送到馆舍驿站。长安有个长乐驿，就是一个有名的送别之地。长安东边有一座横跨灞水的灞桥，灞水两岸，遍地是垂柳，多情者在桥身上留下一首名诗：

> 从来只有情难尽，
> 何事名为情尽桥？
> 自此改名为折柳，
> 任他离恨一条条！

很多长安的人送别亲友，都选在灞桥相送，以至于灞桥成了一

图 101 西安隋代灞桥遗址

个"离别之地",人们把它称作"销魂桥"。据传是李白所作的《忆秦娥》词,里面提到"年年柳色,灞陵伤别",就是写在灞桥折柳送别的故事。文人、士大夫们送别,除了折柳相送、备酒饯行之外,还往往少不了作诗送给行者,表达离愁别绪。因此,在唐宋时代,文人们留下了许多以"杨柳枝"为题的送别诗词。

三 下棋

下围棋,或称"博弈",是一种智力游戏。在一个布满方形界格的盘面上,一人执白子、一人执黑子,在方寸之间搏杀。表面上,这是一种技巧的争斗;实际上,它具有丰富的思想内涵,也能显示弈者的高超智慧。

唐宋时期,下围棋是很普及的,上到皇宫贵族、下到街头百姓,不少人乐此不疲。

唐高祖李渊爱下棋,通宵达旦,简直到了痴迷的地步。唐玄宗在翰林院专门设置了"棋待诏"。当"待诏"的人,一般棋术都很厉害,不少是以棋名噪一时的国手。王积薪就是这样一个国手级的人物,自称天下无敌。玄宗很爱下棋,他的杨贵妃也深谙棋道,这种修养,也促成了他们二人的千古爱情佳话。在唐人笔记《酉阳杂俎》中,记载着"杨贵妃智救残局"的故事。宋太宗爱下棋,水平也不错,与待诏贾玄对弈,不常输棋。当然,伴君如伴虎,一介待诏,即使有这个水平也没那个豹子胆,哪敢去惹得龙颜不悦呀?

皇宫之外,围棋在民间更为普及。

对于文人、士大夫来说,能否下围棋,这是衡量他修养的一条标准。杜甫曾自称以棋度日。王维信佛,跟别人下棋,动辄借棋说法。范仲淹也酷爱下棋,还曾经想过要著棋史。王安石、欧阳修、陆游等人,也都是有名的棋迷。宋代时茶肆兴盛,其中常备棋具,顾客可以随时取用。

围棋能够陶冶弈者的品格。下棋时,一定要坐得住,心里要静,可以在进退之间琢磨出很多人生道理。但下棋容易上瘾,一些深谙棋艺的人甚至好棋如命。唐宣宗的时候,宰相推荐一个叫李远的人做杭州刺史。可皇帝不同意,说:听说李远有诗云"青山不厌千杯酒,白日惟销一局棋",这人如此疏放,怎么能够做好官呢?一句棋诗,害得李远差点失去升官的机会。

"两边对坐无言语,尽日时闻下子声。"棋盘常用木板拼镶而成,这样棋子落下的时候,就会发出清脆的声音,更添一份雅趣,化作了美妙的诗句。在日本正仓院,收藏着一件"桑木木画棋局",棋盘用桑木做成。横裁的桑木一片片拼起来,木材的纹理清晰流转,就像行云流水一样,给人以美好的视觉享受。

围棋也可以喻事。安禄山叛乱后,杜甫感叹地说:"闻道长安似弈棋,百年世事不胜悲。"长安的政局动荡,就像围棋的局势一样,盛衰无常。长安城的布局,也有点像围棋的棋盘,白居易形容说"百千家似围棋局"。下棋就是战斗,征战之间,必然蕴涵着用兵之道。吴大江的《棋赋》说,博弈"似将军之出塞,若猛士之临边。及其进也则乌集云布,陈合兵连",元稹称"运智托围棋",都说明了这一点。

在理论上,围棋也有发展,出现了不少著述,如刘仲甫的《棋诀》、张拟的《棋经》等。《棋经》中,棋艺水平被分为九品,"一曰入神,二曰坐照,三曰具体,四曰通幽,五曰用智,六曰小巧,七曰斗力，八曰若愚，九曰守拙"。这些比喻，充满了文化的含义。"若愚"、"守拙"，带有明显的道家意味，对于棋手来说，却是必修的品格境界。

第三节 唐代社会生活中的女性

一 女性的立世精神

《周易·家人》中说："女正位乎内，男正位乎外。男女正，天地之大义也。"这是一段象辞，古往今来，它已经被无数次地征引。早在周公制礼之时，便有明文规定男女理应"内外有别"，这种观点影响了中国文化几千年。

按照"男主外，女主内"的模式，在一个传统的家庭中，外务一般由男人负责，如从政做官、服役打仗、种田打猎、做生意等等；女人负责家务事宜，如生火做饭、生儿育女、孝敬公婆、养蚕织布等等。在古代中国，政治事务主要由男人来主持，女人不允许干政，否则将被视为"牝鸡司晨"——清晨打鸣是公鸡的责任，而母鸡越位，代公鸡报晓，这被认为是很荒谬的，是传统观念所不能接受的。

然而，唐代女性在"男主外，女主内"的大环境下，仍然以积极进取的人生态度，在中国历史上写下了色彩鲜明的一页。

按照儒家传统，女子以遵循"三从四德"为美。然而，自从南北朝时期胡风吹来，这种观念也随之而变。北朝的女性，性格悍厉，以能制服丈夫为妇德，以能忌妒为女工。这一点被唐代的女性所继承。

妒妇历来都有，但在唐代却蔚然成风。《酉阳杂俎》说："（唐代宗）大历以前，士大夫之妻多妒悍者。"妒妇现象应该说是中国古代社会男尊女卑和多妻制的必然后果。在那种剥夺妇女平等权力的社会制度下，多数妇女只有屈从于男权之下，漠视甚至放弃自己的权益和感情需要，才能做到符合温、良、恭、俭、让等封建道德所要求的妇女行为规范。而那些不能容忍丈夫纳妾或移情别恋的妇女，则要为自己的反抗行为付出深重的代价，包括在道德形象上被诬蔑。唐代妇女的社会地位较其他朝代要略高，并且更加注重对个人幸福的追求，所以唐代的"妒妇"就得以在青史留名了。甚至像唐高宗、唐中宗等皇帝，都以惧内著称。

唐代政坛上，女性参政频繁。高祖的第三个女儿平阳公主，听说父亲在晋阳起兵，力劝丈夫投奔父亲，自己则在关中倾尽家产招募兵士来响应，自领一军，号为"娘子军"。她战功赫赫，给大唐的创建立下了汗马功劳。

唐太宗乃一代明君，他的长孙皇后对此功不可没。长孙皇后母仪天下，却并不骄矜自傲，保持着贤良恭俭的美德和朴实的生活作风。太宗即位后，被魏徵的直谏惹恼，几次欲杀掉魏徵。而长孙皇后深明大义，以过人的机智开导丈夫，保住了大唐的一位忠臣。她的公正与明智，深为太宗钦佩，以至于她死后，太宗痛呼：吾失良佐！

太宗之后，便出了武则天，这是中国历史上唯一的一位女性皇帝，主持大唐江山几十年。

武则天之后，又有上官婉儿、韦后、安乐公主、太平公主等女性登上政治舞台，争夺最高权力。中唐以后，又有肃宗的张皇后、顺宗的牛昭容、宪宗的妃子郭氏等，要么参与宫闱政治，要么插手朝廷事务，有的甚至大权在握，显赫一时。

二 一代女皇武则天

在参政的女性中，武则天是最杰出的一位。

武则天（624—705年），并州文水人，其父武士彟曾做过木材生意，后来官至工部尚书。武则天生得非常美貌，14岁时应召入宫，做了唐太宗的才人。太宗死后，被迫入感业寺削发为尼。她以自己的美貌和聪明才智博得了高宗的宠爱，又利用王皇后与萧淑妃的矛盾，再次进宫。此后她巧弄权术，先后拔掉了萧淑妃、王皇后两个钉子。永徽六年（655），登上了皇后的宝座。

图102 武则天像

当上皇后之后，武则天不像一般妻子那样，甘于做丈夫的"贤内助"；她有知识，有才干，有自己的思想，是一个独立的政治家。几年后，高宗风眩头重，目不能视，健康每况愈下。这时，武则天的才能便施展出来，逐渐把大权握于自己手中，而身体多病的唐高宗只落得个"拱手而已"。上元元年（674），武则天上表建言十二事，其中包括劝农桑、息兵役、轻徭薄赋、广开言路、加强教化、提高母亲在丧服礼制中的地位、照顾中下层官员及勋官的利益等等,这在当时都是很有眼光的见解。

高宗去世之后,武则天被尊为"圣母神皇"。载初元年(690),她正式称帝,把国号"唐"改为"周",她本人成了中国历史上唯一的女皇帝。

武则天主持朝政期间,总体来说政绩是很辉煌的。她胸怀宽广,知人善任,能够破格用人。宋代史学家司马光对于女性称皇帝十分不满,但他对武则天的政绩还是比较佩服。在《资治通鉴》中称她为"女中英主"。

在中国历史上,女性弄权历代都有,可"皇帝"的名号,始终是由男性来承担的。武则天称帝之举,简直是惊世骇俗,冒天下之大不韪。武则天的成功,既源于她的个人奋斗,更得益于唐代弘阔开放的风气和精神。

三 女性之美

成语"环肥燕瘦",讲的是两个美女:汉代的赵飞燕和唐代的杨玉环。历代美女多属"燕瘦"型,细瘦轻巧、娇羞柔媚。但从唐人的绘画、雕塑中,我们可以看到唐代的盛装美女们多是"环肥"型的,她们一个个面如满月、丰满白皙。可见,唐朝的审美观同其他朝代很不一样。

在唐代社会,人们普遍崇尚一种健硕刚强的精神风貌和审美风格。从体型上看,女子不再独爱细瘦轻巧的身段,而是欣赏健硕丰腴的外形;在个性上,她们从传统的娇羞柔媚,更多地转向活泼奔放。

图103 唐代女立俑

在当时,太平公主就是这样一位标准的美人。在发动政变诛杀韦皇后之后,太平公主参与废掉了韦后所立的殇帝李重茂。据史书记载:当时殇帝坐在宝座上,太平公主走上去,毫不客气地把他从座上提了下来。李重茂当时已经16岁,怎么说都得一百斤重吧?可见,这位公主身段不会瘦小,气力也不弱。

根据《大唐新语》的记载,唐初妇女出行时都要戴"幂离",也就是下垂丝帛的帷帽,能将全身遮蔽起来。后来渐渐不用幂离,代之以靓妆露面,向市井百姓展示她们美丽的容貌。对此,唐高宗曾

图 104 唐代壁画女俑

表示看不惯,认为这显得过于轻佻,有失妇女的礼容。然而到60年后的唐玄宗时,情况就不大一样了。玄宗是个风流皇帝,他不但认可这种时尚,还鼓励她们靓妆露面。当时女性的穿着普遍是窄袖露肌、坦胸裸露。唐诗中形容得很形象,"长留白雪照胸前","粉胸半掩疑暗雪"。在西域"胡风"的影响下,唐代前期的女性爱穿短袖上衣,"织成蕃帽虚顶尖,细耗胡衫双袖小"。她们还喜欢戴胡帽,有各种复杂样式。此外,从唐代绘画中还可以看出,唐代女性的发型、面部化妆也显得十分俏丽。

四 开放的大唐女性

在中国古代女性中,生活在唐朝的女性是比较幸运的一群。在她们之中,有飒爽英姿、"露髻驰骋"的潇洒仕女,有踏青揽胜、"簇锦攒花"的长安丽人。唐人文学作品中展示出一幅幅缤纷的画卷,给人们留下了难忘的印象。

"郎才女貌",这是唐代典型的爱情观。唐代女子在择偶中,选择的自由度相对于前代要更大。虽然仍需要"父母之命、媒妁之言",但也有不少父母很开明,让女儿自己选择。例如唐朝中期的宰相李林甫,他让五个爱女隔着薄纱窗挑选如意郎君。

唐代的女性,贞操观念比较淡漠。她们充满了对爱和欲的热情,不必"从一而终",也不大忌讳离婚,"义绝则离"。在唐代,未婚女子私通有妇之夫,有夫之妇梅开多度,女性二嫁、三嫁,这些都不是什么新鲜事。如唐高祖的女儿高密公主,先是嫁给长孙孝政,再嫁段纶;唐太宗的女儿襄城公主,先是嫁萧锐,再嫁姜简。武则天在唐太宗时是后宫的"才人",但却和太子坠入了爱河。称帝以后,武则天先后和僧人、御医等人有染,并公开下令,招揽天下美男子入宫。她的男宠中,如张易之和张昌宗,竟是女儿太平公主给介绍的。说到这位太平公主,私生活丰富,婚姻也开放。她一嫁薛绍,二嫁武承嗣,三嫁武攸暨。唐代公主中,再婚的有27人,其中像太平这样的公主有4人,先后嫁了三次。

可惜,好景不长。到了唐代中后期,盛唐那种放达、明朗的精神风貌开始渐渐收敛,内向、传统的礼教日益强化起来。

第五章 经史学术与学校教育

第一节 经史之学与相关辅助学科

一 经学的演变

儒家经学发展至隋唐，成为儒学教育的一个组成部分。但经过魏晋南北朝经学的演变，南北学风差异较大，北人笃守汉学，南人善谈名理。隋和唐初的主要儒家学者，大多为北方出身而兼通南北之学。

唐朝建立后，对儒家经典的统一解释，成为朝野上下的共同要求。陆德明历几十年完成《经典释文》，音义传注并重，取得了显著成就。唐太宗令颜师古于秘书省考订五经,随后又命孔颖达与颜师古编纂《毛诗正义》、《尚书正义》、《礼记正义》、《周易正义》、《春秋正义》,合称《五经正义》,共一百八十卷。《正义》对旧注进行甄别,博采众说,严格从经,疏不破注。总体上反映了汉儒以来的注疏及其他经说研究成果,确立经学上"汉注唐疏"的地位。《五经正义》其后被确定为官私学教育的教材。除上述五经外,《周礼》、《仪礼》、《公羊传》、《谷梁传》也都有人作疏,形成"九经"概念,唐文宗开成年间,加上《论语》、《孝经》、《尔雅》三书,刻石立于国学,合称"十二经"。此后宋朝又将《孟子》列为经书,这就是今天通称的"十三经"。

宋代文教事业发达,士人热衷学术文化与教育事业,在三教融

图105 唐开成石经(唐代"十二经"刻石)

合的思想环境下,吸收学术传统中的精华,为深化儒家经学思想的把握独辟蹊径。与唐代主流经学沿袭汉儒章句传注方法不同,宋代经学整体上重视经学中义理的发挥。虽然在渊源上有中晚唐一些学者开风气之先,但宋代的经学却普遍以获取义理为宗旨,形成了新的经学时期。

宋初三先生胡瑗、孙复和石介开辟自己解经、创立义理之学的传统。王安石与司马光在义理经学方面推波助澜,形成了北宋经学自主阐释义理的风格。特别是王安石于熙宁年间废除唐朝科举考试的诗赋、明经科目,而以自己所撰《三经新义》试士,大开衍释义理之风。其取士议论之法,成为元、明经义时文的前身。与此同时,力主发挥道统的理学家虽与王安石在政治观点上对立,在学术方法上却并无二致。这样,宋人治经取法义理之风气蔚为潮流。

宋代学者治经,尤其重视《易》、《周礼》和《春秋》。理学家特别注重《易》理与其哲学的融会贯通。《四库全书》经部收录宋代学者的解经著作,《易》类56部605卷,《春秋》类38部689卷,《礼》

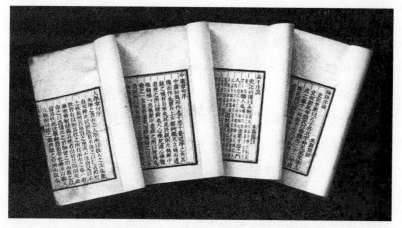

图 106 四书

类中的《周礼》10部208卷，占这三类经书解经著作的三分之一至半数。北宋太宗时，组织学者在"五经"的基础上对《春秋》二传（《谷梁传》和《公羊传》），《礼》中的二礼（《周礼》和《仪礼》）、《孝经》、《论语》、《尔雅》等撰著义疏，加上其后《孟子》入经，形成"十三经"。程朱理学的学者重视《小戴礼记》一书中的《大学》、《中庸》两篇及《论语》、《孟子》，南宋朱熹将这四部著作合编为"四书"，并花费毕生心血加以注释，定名《四书集注》。《四书集注》在元代以后成为科举教材，影响至为深远。

二 唐初官修史书

隋统一全国之后，随着皇权政治的强化，对思想文化的控制也严厉起来。隋文帝开皇十三年（593）五月，下令禁止私人撰写国史。从此，国史的修撰成了国家的专利。这项禁令不仅限制了隋代史学的发展，而且对以后的史学产生了重大影响：一方面推动了后来由国史馆专修国史制度的确立，并成为由政府组织官修前代纪传体正史的先声；另一方面，迫使私家修史转向开拓更广的史学领域，从而创立新的史著体裁。

唐初，令狐德棻向高祖建言，编纂在当时属于"近代"的梁、陈、北齐、北周、隋诸朝历史。贞观三年（629），唐太宗命德棻与岑文本修《周书》，李百药修《北齐书》，姚思廉修《梁书》、《陈书》，魏徵修《隋书》，并与房玄龄总监。至贞观十年，五部史书的纪传部分编纂完成，合称《五代纪传》。高宗显庆元年（656），又修成了相应的史志部分，称《五代史志》（即今《隋书》诸志）。唐初修撰完成"五代史"，在中国史学发展史上具有多方面的重要意义。第一，它标志着纪传体前代史的修撰完成了由私修到官修的过渡。此后，除了《南史》、《北史》略有反复，《新五代史》破例之外，纪传体前代正史的撰修完全掌握在朝廷手中，并且进一步制度化，从而形成了接续不断的中国史书系列——二十四史。第二，促使了专门修史机构的建立。贞观三年，在禁中建立了常设的修史机构——史馆，并逐渐建立起纂集起居注、时政记、日历、实录、国史等一整套修史程序。从此，设史馆纂集实录、国史等当代史成为传统。第三，《隋书·经籍志》列史部仅次于经部，确定了史部在古典经籍四部分类中的重要地位。第四《隋书·经籍志》以纪传体为"正史"，从此纪传体取代了"古史记之正法"的编年体而独尊，结束了魏晋以来四百余年编年、纪传二体"角力争先"的局面。①

从唐朝开始确立的由宰相监修正史（包括前代史和本朝史即国史）的制度，是我国古代修史制度上的一个重大变化，从此以后，纪传体正史的编撰权就牢牢控制在了国家手中。这一制度从唐朝一直延续到清朝，对后世的史学发展产生了深刻的影响。然而这一制度在唐朝就暴露出不少弊端。一方面，史馆在监修宰相的控制下，个人难以充分发挥才能和作用，以致影响修史效率。唐代著名史学家刘知几对此感受颇深。为此，他坚决退出史馆，"私撰《史通》，以见其志"。其次，许多监修官名不副实，其中有不少"恩幸贵臣，凡庸贱品"，只能"饱食安步，坐啸画诺"。这样必然要影响史书的质量。

除"五代史"外，唐初还有一部官修前代史即《晋书》。加上李延寿私修的《南史》和《北史》，唐初共修正史八部，占了"二十四

---

① 参阅谢保成《隋唐五代史学》，厦门大学出版社1995年版，第2、27-28页。

史"的三分之一,可谓古典史学的辉煌时代。

三 刘知几的《史通》

中国古代史学曾先后发展起了鉴戒史学、经世史学和教化史学等不同流派或趋向,司马迁"究天人之际,通古今之变,成一家之言"是第一阶段,即鉴戒史学最具代表性的观点,而盛唐刘知几的《史通》,则可以说是对史学发展第一阶段的总结。《史通》出现于盛唐时代,适应了史学进一步向前发展的要求。它的任务就是要在前人所做史学评论的基础上,全面总结我国古代社会前期千余年的史学实践,品评历代史书得失,以便开创史学未来。

《史通》全书共二十卷,分内篇和外篇两部分,各十卷。内篇主要阐述史书的源流、体例和编撰方法,外篇主要论述史官建置、沿革和史书得失。刘知几对于中国古代史学的贡献主要有以下几点。第一,系统总结了迄至盛唐的史书体例,使纪传体史书的编纂更加规范、严谨和程式化。第二,系统考察了到盛唐为止的史官制度和史书编纂,开史学史研究之先河。第三,提出编写史书的"实录直书"原则。在《直书》、《曲笔》这两篇中,刘知几认为,一部好的史书"以实录直书为贵";记载史事应该"善恶必书","不掩恶,不虚美",不能"饰非文过","曲笔诬书"。第四,提出史家学识修养的标准,后来成为历代所普遍接受的一种人才观,即所谓"史家三长论":史学,是历史知识;史识,是历史见解;史才,是研究能力和表达技巧。第五,提出了一整套修史的方法和要求,推进史书修撰的完善。

四 杜佑的《通典》

天宝十四载（755）爆发的"安史之乱"宣告了唐朝盛世的结束，强烈的社会反差刺激知识精英进行反思，促使他们从政治得失的角度去探求历史变动的原因，并从历史经验的角度来寻求政治上的复兴。而要真正将这两种思考结合起来，从研究中得出对实践有启发甚至指导意义的结论，就必须要有"问题意识"，从而树立一种讲求实际、"经邦""致用"的学风。唐代中期，倡导并致力于经世之学已经成为当时有识之士的一种倾向。《通典》的作者杜佑（735—812年）正是这种倾向在史学领域里的先驱和代表人物。盛唐刘知几总结的史学六家、二体格局也被《通典》创立的史书典制体（或政书体）所突破。

《通典》在编纂上的特点可以归纳为三个方面[①]：第一，主会通。《通典》主要取材于历代正史书志，将有关内容融会贯通，整为一编，成为独立的典章制度通史，从而在"以典故为纪纲"、"统前史之书志"和"会通古今"等方面取得了重大成就。第二，立分门。将《通典》分门与正史书志立目相比较，可以看出，《通典》作者更注重那些跟现实社会生活有直接关系的典章制度，如增加了选举、兵、边防等门类，却未列五行、祥瑞、舆服甚至天文、律历等内容。这正是贯彻其"征诸人事，将施有政"撰述宗旨的反映。第三，重论议。这一特点反映了《通典》在记事、记言二体结合上所取得的成功。《通典》中论议名目有序、论、说、议、评、按等，散见于各门各卷，成为提挈全书的纲领。其内容多着眼于从政治上总结历史上得失成败的经验，并结合现实阐发作者的见解和主张，往往反映出作者的撰

[①] 参仓修良主编《中国史学名著评介》第一卷有关《通典》的评介，山东教育出版社1990年版。

述旨趣以及政治观点和历史观。梁启超曾说:"有《通鉴》而政事通,有《通典》而政制通",认为作史"所贵在会通古今"。《通典》创立了中国史书的典制体,后来形成"十通",为发扬中国古代史学"通史家风"做出了重要贡献。

五 宋元史学名著

宋元时期,司马光《资治通鉴》、郑樵《通志》和马端临《文献通考》是具有代表性的史学著作。

司马光主编的《资治通鉴》是我国第一部编年体通史,全书共294卷,叙述了自周威烈王二十三年至后周世宗显德六年(前403—959年)共计1362年的史事。参加编写的有刘攽、刘恕、范祖禹等,各人分工明确,又均有史官之才,故《资治通鉴》一书体例严谨,取材审慎,内容翔实,考订精确,在

图107 司马光像

史学史上产生了极大的影响。这种经过改进的编年史体被称为"通鉴"体,成为后来编年史的通用体裁。之后又派生出了更多的史书体裁:南宋袁枢据此书编成了《通鉴纪事本末》,首创将史事别立条目,独立成篇,各篇按时间顺序编写的纪事本末体;朱熹也编成

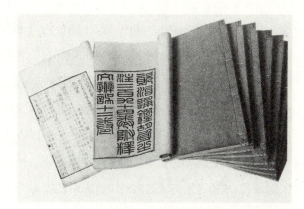

图 108 《资治通鉴》

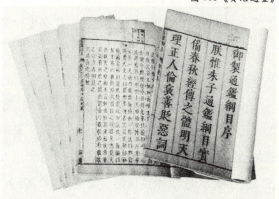

图 109 《资治通鉴纲目》

了《通鉴纲目》，创立了纲以大字提要，目以小字叙事的纲目体。宋元之际则有胡三省的《通鉴音注》，为《资治通鉴》一书作注释。在《资治通鉴》一书的影响下，还有续作之著。如南宋李焘的《续资治通鉴长编》及李心传的《建炎以来系年要录》，均是仿《通鉴》体裁的史著。《长编》980卷，对众多官私史料进行考订辨伪，是《通鉴》之后第一部出色的当代编年通史，也是中国古代卷帙最庞大的私修编年史。

南宋高宗绍兴三十一年（1161），郑樵完成《通志》一书，共200

卷，是一部纪传体通史。其中《二十略》占全书的四分之一，是全书精华之所在。郑樵也是主张会通，即"会"各种学术文化，"通"古今之变，强调核实，反对任情褒贬。元成宗大德十一年（1307）马端临撰成了《文献通考》一书，是继《通典》之后又一部典制体通史。该书348卷，分为二十四考，内容因《通典》而广之，天宝以前加以补充，天宝以后续写至南宋宁宗嘉定末，分类较细。其中所载宋制最详，《通考》与《通典》、《通志》合称为"三通"，后世续成为"十通"。这些典制体通史与专记某一朝代各项政治、经济及社会制度的会要体史书，如《唐会要》、《五代会要》等，又统称为政书。

六 地方志与金石学

古代地理志书的编纂在唐朝有很大进步，唐宪宗时李吉甫主编的《元和郡县图志》具有承前启后的意义。宋朝有多种地理总志记载统治区域概貌，专记州、县、镇的地方志也大量出现。宋初乐史撰《太平寰宇记》，增设风俗、人物、土产等门。后来王存的《元丰九域志》，分路记载州、县户口、乡镇、土贡数额等，可供考核史实。南宋王象之《舆地记胜》记山川名胜，所引文献资料多为他书所未见。其他州、县、镇志留存至今的尚有20多种，少则数卷，多至百卷。北宋宋敏求《长安志》记述尚嫌简略，至南宋范成大《吴郡志》、陈耆卿《嘉定赤城志》、周应合《景定建康志》、潜说友《咸淳临安志》等，内容丰富，体例完备，显示出方志编撰的重大进步。孟元老《东京梦华录》、周密《武林旧事》、吴自牧《梦粱录》分记北宋末开封和南宋临安的繁华境况，为研究宋代城市生活提供了丰富的资料。南宋常棠《澉水志》为浙江澉浦镇镇志，镇志的出现，反映了宋代社会经济发展的新情况。总体而言,宋代地方志的著述达到了前所未有的水平,体例已臻完备,后代方志在体例上大致未脱宋方志的窠臼。

金石学是中国考古学的前身,形成于北宋时期。唐人张籍《赠王秘书》诗云:"不曾浪出谒公侯,唯向花间水畔游。每著新衣看药灶,多收古器在书楼。"朱庆余《寄刘少府》则写道:"唯爱图书兼古器,在官犹自未离贫。更闻县去青山近,称与诗人作主人。"可见唐代文人即好收集古器物。然而五代以前,并没有专治金石以为学问的人。① 北宋曾巩的《金石录》(书今不传)最早使用"金石"一词。对宋代金石学具有开山作用的是刘敞(1019—1068年),他首先将家藏的11件古器摹文绘图,刻之于石,名为《先秦古器图碑》;又在《先秦古器记》自序中提出了研究古器之法,即"礼家明其制度,小学正其文字,谱牒次其世谥"。

传世古器之名大都为宋人所定。元祐七年(1092)成书的吕大临《考古图》及《释文》,著录古代铜、玉器二百多件,绘图形、款识,载尺寸、重量等,记出土地及收藏处所,创著录古器物体例,是现存最早而较有系统的古器物图录。北宋末年王黼《宣和博古图》,著录古铜器达八百多件,亦绘图形等,考证精审,对铜器的分类和定名有很大贡献。北宋欧阳修《集古录》,是现存最早研究石刻文字的专书。赵明诚《金石录》,著录金石拓本两千种,并作辨证,有宋代初刻本存世。南宋洪适《隶释》和《隶续》,为传世最早的辑录汉魏石刻文字专书,对有关史事进行了考释。此外,钱币方面有洪遵《泉志》等书传世,玺印有若干谱录留存,铜镜、画像石和砖瓦等物

---

① 参马衡《凡将斋金石丛稿》,中华书局1996年版,第2页。

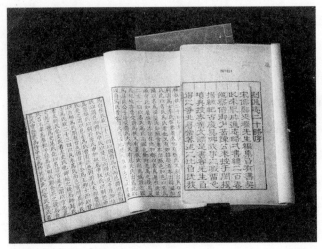

图 110 《通志》

也有著录。郑樵作《通志》，以金石别立一门，并立于《二十略》之列，于是金石学一科开始在中国成为专门之学。

宋代金石学诸书为研究五代以前，尤其是研究商周秦汉史，提供了宝贵的参考资料。相形之下，元明两代金石学成就稍显逊色。值得一提的是元朝色目人葛逻禄乃贤所著的《河朔访古记》，据自己实地考察记录参验文献记载撰成，突破了一般金石学家闭门考证铭刻的学风。元朱德润《古玉图》是现存年代最早的一部专录玉器的著作，潘昂霄《金石例》则开碑志义例研究之先。

七　类书的编纂

将各种文献内容分门别类重新辑录汇编而成的书叫类书，其优点是便于查检，可以说是传统时代的百科全书。古代限于技术，影响书籍流传，类书因而又有保存资料的作用。中国古代文化发达，很早形成了编辑类书的传统。隋代编辑的类书主要有《长洲玉镜》、《北堂书钞》、《玄门宝海》等。虞世南《北堂书钞》现有影印本行世。

唐宋时代的类书编纂有长足发展。唐自开国至盛唐，除中宗、睿宗乱世外，历朝都有官修类书，如高祖时有《艺文类聚》100卷，太宗时有《文思博要》1200卷并《目》12卷，高宗时有《瑶山玉彩》500卷、《累璧》400卷并《目录》4卷，武后时有《玄览》100卷、《三教珠英》1300卷并《目》13卷，玄宗时有《事类》130卷、《初学记》30卷。迄今尚存者有欧阳询《艺文类聚》和徐坚《初学记》两书。唐代还有不少文士私人编辑类书，以供诗文撰作备查之用。其中仅有白居易《白氏六帖事类集》传世，与《艺文类聚》、《初学记》并称为唐代三大类书。此外，敦煌石室曾发现《兔园策》（即《兔园策府》或《兔园册府》）及于立政《类林》，均为唐代类书残卷。唐玄宗开元（713—741年）中毋煚编《古今书录》，首次将类书在子部里单辟为一类，类书于是脱离杂家类而独自成了一家。

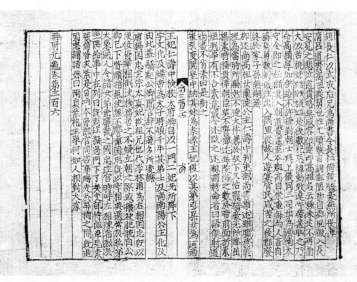

图111 宋版《册府元龟》书影

宋朝厉行文治，开国后由国家组织，连续编成了几部大书，即属于百科性质的类书《太平御览》1000卷，小说类编的《太平广记》500卷，文体类集的《文苑英华》1000卷，以及政治史专门类书《册府元龟》1000卷。前三部的编者题为李昉，后一部的编者题为王钦若，后来合称之为"宋代四大类书"，迄今均完整存世。北宋时个人所辑类书以太宗时吴淑《事类赋》30卷、真宗时晏殊《类要》100卷最著名。《类要》自明以来传本甚罕，而《事类赋》则在清代的辑佚校勘工作中被频繁使用。

南宋著名的类书有王应麟编的《玉海》200卷，以及祝穆的《事文类聚》，章如愚的《山堂考索》，谢维新的《古今合璧事类备要》，高承的《事物纪原》等。

八 目录学

目录学的基本功能是对文献进行分类、编目，从而"辨章学术，考镜源流"。中国古书目录，最早为西汉刘向《别录》及其子刘歆《七略》，分图书为六类：六艺略、诸子略、诗赋略、兵书略、术数略、方技略。向、歆书不传，其内容可由东汉班固所撰《汉书·艺文志》得窥一斑。至西晋荀勖《中经新簿》始改目录为甲、乙、丙、丁四部，内容分别为经、子、史、集四类。东晋李充作《四部书目》更换子、史次序，乙部为史，丙部为子。到唐初修《隋书·经籍志》才确定用经、史、子、集这种名称和顺序，为后代沿用。中国图书著录，自《汉书·艺文志》之后，到《隋书·经籍志》为又一大结集。据《隋志》总序的说法，当时著录图书有14466部，89666卷之多。《隋志》类例整齐，条理具备，尤其是每部类之后各系以小序，究学术得失，考流别变迁，相当于一部汉魏六朝学案。隋唐以前典籍十九散亡，后来学者考源流、辨真伪主要依靠《隋书·经籍志》。

唐玄宗开元九年（721），元行冲、毋煚等受诏修成《群书四部录》200卷，凡著录53915卷；而唐代学者自撰之书又有28469卷，共82384卷，故世传"藏书之盛，莫盛于开元"。编者之一毋煚随后又纂成《古今书录》40卷，著录图书3060部，51852卷。这是唐代官修目录中的两部巨著。至于私家目录，则有吴兢《吴氏西斋书目》1卷，录其家藏图书凡13468卷。唐官私目录今均不传，可藉《旧唐书·经籍志》和《新唐书·艺文志》窥其一斑。

专科目录在隋唐时期也有很大发展，如佛教经录，隋有费长房《历代三宝记》（一名《开皇三宝录》）15卷，著录佛典1076部3292卷；唐有道宣《大唐内典录》10卷。尤其是智升《开元释教录》20卷，其分部编号为以后大藏经编目所遵循。

宋太宗太平兴国三年（978）建崇文院，称三馆（昭文、集贤、史馆）新修书院，有书正副本凡八万卷。后又于崇文院中堂建秘阁，合称四馆。仁宗景祐元年（1034），诏翰林学士王尧臣等以四馆所藏校正条目，讨论撰次，仿唐开元《群书四部录》详加著录。庆历元年（1041）书成奏上，赐名《崇文总目》，凡64卷，分45类，收书30669卷。每条之下撰有叙释（提要），中国目录学至此发展出了完备的分类、编目、校雠和提要功能。宋室南渡之后，《崇文总目》的"叙释"部分全部亡佚，唯遗书目1卷。现存为清人钱侗、秦鉴等辑出的《崇文总目辑释》5卷、《补遗》1卷、《附录》1卷。南宋官修目录最重要的是宁宗时陈騤等所撰《中兴馆阁书目》30卷，著录图书44486卷；后又有张攀等撰《馆阁续书目》30卷，凡得14943卷，合正续两目，可知宋末馆阁共有书 59429 卷。

郑樵《通志》中有《艺文略》8 卷，尤为其一生精力所注。郑樵编《通志》，本意是要囊括古今、备录无遗，故《艺文略》的编写参考吸收了前述汉、隋、两唐志以及《崇文总目》等，共收录图书 10912 种，101972 卷，区分部类也突破了七略、四部的成规。

宋代私家目录以南宋晁公武《郡斋读书志》和陈振孙《直斋书录解题》最具代表性。这两部书目于每条书名下均有解题，晁志更在每部之前撰有总论，多数类目前有小序。《郡斋读书志》20 卷，成于绍兴二十一年（1151），是我国现存最早的有解题的私家藏书目录。共著录古书 1496 部，除去重见者，为 1492 部，基本上包括了南宋以前我国古代各类重要著作，尤以唐、宋（迄南宋初）文献较为完备。其所著录有些当时已属罕见，因而可补史志之阙；还有不少今天已经残缺或亡佚，有些则仅见于该书著录，想要了解，舍其莫属。更可贵的是，《读书志》著录各书，都是晁公武的实际收藏，因此所介绍的书名、卷数、篇目、篇数、编次以及转录的有关序跋，都可凭据，这是那些丛钞旧目而成的目录所不能比拟的[①]。陈振孙《直斋书录解题》成于南宋末，体例大体规仿晁志，原本 56 卷已佚，今所传乃清代四库馆臣从《永乐大典》中辑出，厘为 22 卷。此外宋代私目存世者尚有尤袤《遂初堂书目》，其目但记书名不具解题，然一书兼载数本，开后世版本学的先河。

[①] 参[宋]晁公武撰，孙猛校正《郡斋读书之校证》，上海古籍出版社 1990 年，前言第 2—3 页。

第二节　教育的发展

一　唐宋教育概观

隋朝重视儒学，开创了科举取士的考试制度。唐代发展了科举制，并且把读书、选拔人才、做官结合起来，大大促进了教育的发展。

教育是强国之本，这个道理很早就被意识到了。唐代几个有作为的皇帝，不仅仅注意招贤纳士，还十分重视兴学养才，把教育视作强国的根本。比如唐高祖李渊曾经发布了一道《兴学敕》，说自古为政，莫不以学为先。唐太宗李世民对他的臣子讲，我平定天下用的是武力手段，但要治理天下还是要用文德。当他看见新进士从端门列队而出时，喜出望外地说道："天下英雄入吾彀中矣！"唐玄宗李隆基说，先王务本，君子知教，化人成俗，理国齐家，一定都少不了办学。

于是，在"贞观之治"和"开元之治"期间，唐政府两度掀起兴办官学的高潮。唐太宗的时候，中央设置了"六学二馆"，它们是：国子学、太学、四门学、书学、算学、律学；弘文馆、崇文馆。在中央官学，学生总数曾多达8000多名。唐代学校教育的种类很多，算得上是古代最完备的学制之一。除中央官学外，地方官学也大大发展，制度比前代完备得多。由于唐代的文教政策宽容，文化发展，加上有科举考试的刺激，私人讲学也获得了一定的生存空间。安史之乱以后，官学教育开始衰微，私人讲学之风渐渐浓厚起来。

唐五代的战乱，给宋朝的皇帝上了一课。他们深知文教的社会功能，积极发展教育。宋太宗说："王者虽以武功克定，终须用文德致治。"在政治上突出文治的同时,进一步强化和完善科举制,学校教育与科举制的联系日益紧密。特别是完善人才选拔的科举制度,鼓励了教育的发展。尽管宋代初期的教育比较萧条,但从范仲淹发动庆历改革时就开始大力振兴并发展官办教育。在王安石改革期间,再次兴学,王安石并以创立三舍法闻名。徽宗时,蔡京再次推动三舍法。

在发展官学的同时,私学也发展起来。一些有志的儒家士大夫深感教育的重要,积极投身社会教育,把做学问与教书育人相结合。因此,公学与私学教育一时都十分兴盛。在私学方面,理学家积极办学,开展以伦理教育为内容的人文教育和书院教育。书院教育成为当时一种新颖的教育形式,对当时和后世产生了深远的影响。

教育思想的演变也值得关注。在隋唐五代时期,基本上是三教并重的指导思想,儒学只是三教之一;而到宋代以后,教育思想逐步以经学和儒学为主旨。南宋后期以后,理学思想成为指导思想,这样,再度使儒学(理学)定为一尊。

教育的繁荣、创造力的发挥,塑造了唐宋绚烂多彩的文化。在

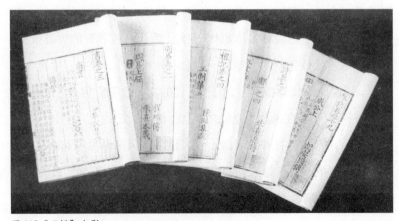

图112 "五经"书影

唐宋时期，由于官学、私学的发达，以及蒙学的发展，全社会文化水平显著提高。无论是唐代三教并重、文学艺术和技艺等内容丰富的教育，还是宋代以儒家经学为代表的教育，都彰显了文明演进的鲜明特点。隋唐三教并重的教育，促进了文化的丰富性和多元发展，并为宋初文学艺术的繁荣奠定了基础。同时，宋代通过教育特别是教育改革，一方面大大强化了儒家文化在教育中的主导地位；另一方面，因为儒家伦理教育的张扬，理学的张扬，改变了教育内容，对后世产生了深远的影响。

二 唐宋的科举考试

隋唐以前，人才的选拔往往注重门第，上品无寒门，下品无士族。这种局面到隋代开始改变，隋代皇帝把读书、应考、做官结合起来，分科取士，试策取士。唐代建立后，沿袭了隋的科举取士制度，并把它发展完备。各级学校培养学生，最高目标是当官。学生毕业考试合格后，就被推荐去参加科举考试，没有出身门第的限制。在唐代，科举考试是人才选拔的重要途径，不少出身贫苦的读书人，通过科举走进仕途。

唐代的考试科目，分为常科、制科和武科。其中最重要的是常科。

常科每年分科举行。它科目很多，最重要的是明经、进士这两科。进士重诗赋，需要很高的文学才能；明经重帖经、墨义，主要考学生对经典及其注释的熟读程度，要求对所考儒家经典烂熟于心。进士的录取比例比明经低得多，一百个人中只有一两个能中选。因此，"进士及第"又被誉为"登龙门"，是种很高的荣誉，高中的第一名称为状元。

宋代的科举,跟唐代差不多。只是常科的科目减少了许多,除了进士一科之外,其他科目总称诸科。

宋代科举有三级考试制度,从低到高依次是解试、省试、殿试。进士分为三等,第一等称为"进士及第",第二等"进士出身",第三等"同进士出身"。录取比例大大增加,一经录用,马上就可以授官。

图113 宋人科举考试图

三 官学

"官学"就是由政府办的学校,是公立学校。与官学相对的是"私学",即民办学校。唐代的官学很兴旺,在唐高祖李渊时期,复兴了国子学、太学和四门学,并诏令州县兴学。李世民贞观年间,官学教育掀起了高潮,同时兴办了书学、律学和算学(其后还包括医学等)等专门之学。

唐代的官学,分为中央官学和地方官学两个级别。

中央官学有:国子学、太学、四门学、弘文馆、崇文馆、崇玄馆、书学、算学、律学、医学等等。崇文馆、弘文馆和国子学的学生,多是贵胄子弟;太学的学生,多是普通庶民。

地方官学,由低及高分别为县学、州学和府学。地方学校的学生可以被推荐去参加科举考试;另外,他们还可以通过地方官员选拔,进入国子监中的四门学学习。

除了崇文馆、弘文馆、医学外,中央官学由国子监管理。国子监是当时最高的教育机构,其最高长官是"祭酒",相当于教育部长。另设两个"司业",给祭酒做副手。由于政府重视教育,对于祭酒和司业的选拔是很严格的。中央官学的教师,有博士、助教和直讲三种,他们都是朝廷命官。教师讲课,以系统的讲授为主,学校有专门的考课制度,由考课结果确定教师的升迁奖惩。在普通的官学,教育内容以五经、《论语》、《孝经》、文字语言学等为主。学生不用交学费,教育经费由政府全额支付。

宋代的官学比唐代更完备。唐代的国子学是贵族学校,只供高级官宦子弟入读;宋代的国子学逐渐取消了入学资格限制,低级官宦子弟、甚至是寒素子弟也可以就读。太学从国子学中分出来,变成士庶子弟的读书场所。太学生每月可以领到一定的津贴。

熙宁年间，王安石主持学制改革，实行"三舍法"。在太学内部通过积分制，把学生按成绩由低到高分别编入外舍、内舍和上舍，学习成绩优秀的上舍生可不经科考直接授官。这种通过考核积分使学生逐次升舍或"留级"的制度，有利于好的人才脱颖而出，同时，太学的学风也大为改善。

科举制度作为一种选拔人才的手段，是有其积极意义的。然而由于考试内容以书本为主，在实用性方面有所不足。王安石对此也进行了改革，取消诗赋、帖经、墨义等旧有考试科目，代之以经义、论、策取士。

四 国子监

国子监是中央政府中的最高教育机构，它的前身叫"国子寺"。隋文帝时设祭酒，专门管理教育。隋炀帝时，把它改名为"国子监"，这个名称一直沿用到清朝。

唐代继承了隋朝的官学系统，设立国子监，掌管中央官学的"六学一馆"，包括国子学、太学、四门学、书学、算学、律学以及较晚设立的广文馆。唐太宗时，国学学舍有1200间，诸生8000余人。除本国学生外，国学还招收留学生，周围邻国如高丽、百济、新罗、高昌等国，相继派遣子弟来学习。

宋朝国子监是国家最高教育行政管理机构，它职能很多，主要有：管理各类学校、管理图书典籍、主管各类考试等等，相当于集教育部、图书馆、考试中心于一身。同时，国子监统领广文馆、四门学、国子学、小学、太学、武学和律学。

在宋代国子监中，不同官学的招生对象也不一样。国子学招收京朝七品以上子孙，而八品以下子弟和庶人之优秀者，由太学招收。后来，太学渐渐成了中央官学的核心，崇宁元年（1102），太学生总数多达3800人。另外，太学还创设了分校——辟雍。王安石创立的太学三舍法，对提高太学教育水平做出了很大贡献。

元代的国子学分为三个，即普通国子学、蒙古国子学和回回国子学。普通国子学主要招收官宦子弟。分六斋教学，在管理上采取"升斋积分法"和"贡生制"，教学内容以儒家经学为主。蒙古国子学和回回国子学则主要培养翻译人才。

明代国子监是设于京师的最高学府，因先后迁都，原先于南京建立的国子监保留下来，因此形成两个国子监并存的局面：一个在南京，称为"南雍"；一个在京师（北京），称为"北雍"。国子监生员分官生和民生。官生包括品官子弟、土司子弟、海外留学生。官生由皇帝指派分发，出自特恩；民生则由地方保送。采用"积分法"考核学习成绩。

五　范仲淹与王安石

学校是培养人才的地方，它的目标是培养学生做官，学生们相当于一个官吏预备队；而科举考试是入仕的重要途径之一，所以，它的考试方式决定了读书人读什么书、怎么读。科举制发展到宋代，逐渐暴露出一些弱点，最好的人才很难被科举考试发现。比如，应试者即使文章做得好，道德修养不见得就好。那么，怎样的教育才能造就最好的人才呢？一些有识之士站了出来，主张对科举制度或官学进行教育改革。其中，范仲淹和王安石是最重要的两位。

范仲淹（989—1052年），字希文，北宋时期政治家、文学家、教育家。苏州吴县（今江苏苏州）人，宋真宗时中进士。他认为要治理国家，必须首先办好学校。因此，在仕宦生涯中，范仲淹无论到哪儿任职，总要兴办学校。知苏州时，他曾大力推进苏州州学的建立。仁宗庆历三年（1043），范仲淹任参知政事，对朝政实行改革。翌年，宋仁宗采纳了范仲淹的建议，颁布了兴学诏令。他去世后，谥"文正"，世称范文正公，有《范文正公集》传世。范仲淹是一个教育改革的先行者，在"庆历新政"时，他推行了很多教育改革措施。

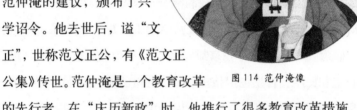

图114 范仲淹像

北宋初年，地方州县学校不多。范仲淹从做地方官起就重视学校教育，主张振兴学校，广育人才。范仲淹曾感叹道："当太平之朝，不能教育，俟何时而教育哉？乃于选用之际，患其才难，亦犹不务耕而求获矣。"在他的推动下，庆历四年（1044），宋仁宗下诏，令诸路、州、军、监各自办学，学者二百人以上，可以更置县学。自此，州学、府学、军学普遍设立。

另外，范仲淹规定，在学校学习三百天，才允许参加科举考试。过去曾应试过的，也得在学一百日以上。他强调学思并重，注重考察学生对知识的运用能力。

在教育内容上，范仲淹鼓励学与行、智与德并重。针对当时教育"不可以为国家之用",范仲淹积极推广"苏湖教法"。"苏湖教法"是胡瑗所创的,胡瑗曾在苏州、湖州等地教学20年,先后培养了几千名学生。这种教学法,不尚辞赋,重视经义和时务,把教学贯彻在践履中,"常教以孝弟,习以礼法,人人向善,闾里叹伏"。所以,按"苏湖教法"培养出来的人才,实际工作能力比较强。在范仲淹的努力下,"苏湖教法"为太学所采纳。

庆历兴学促进了太学的改革,一批硕儒曾先后被聘到太学教书,如著名的"宋初三先生"石介、孙复、胡瑗等。范仲淹的教育思想,影响了后来另一位教育改革家,这就是王安石。

王安石(1021—1086年),字介甫,北宋时期政治家、文学家和思想家,江西临川人,庆历二年进士。神宗熙宁年间,王安石两次任参知政事,推行变法。死后封荆国公,谥"文"。王安石变法是一次重大改革运动,其中不少方面涉及教育。王安石认为,要想"遇事而事治,画策而利害得,治国而国安利",就必须培养出能为天下国家之用的人才。因此,培养"经世"之才是他教育思想的目标。在《上仁宗皇帝言事书》中,王安石

图115 王安石像

提及人才的"取之之道",认为选拔的人才须得到社会的认可;同时,更需要"问以行"以"审知其德","问以言"以"审知其才","得其言行,则试之以事"。可见,"经世致用"成了成才的标准。王安

石重视实用的教育思想,在"熙宁兴学"的各项措施中体现出来了。

在教学内容上,王安石不满意章句之学。他认为,不能为天下国家之用的东西,就不应该教。对于儒家经学,王安石视其为"经事物"之学,而非空谈"性理"之学;这意味着,儒家经学应该拿来学以致用。他认为,礼乐刑政之事是为官的基本条件。对于武事,王安石在《上仁宗皇帝言事书》中说,"士之才,有可以为公卿大夫,有可以为士。其才之大小、宜不宜则有矣,至于武事,则随其才之大小,未有不学者也"。另外,不但要培养政治人才,还要培养各方面的专业人才,以应社会之需。熙宁六年(1073),王安石创立了律学,又兴办了中央的医学,并提倡州县也设立医学。

在教材的使用上,王安石主持修撰了《三经新义》,熙宁八年颁于学官,成为官定统一教材,也成了科举考试的主要内容和标准答

图116 王安石故居

案。这一举措是很有意义的。一方面，它改变了"谈经人人殊"的局面，统一了思想；另一方面，王安石借助兴学，并通过教材的编定，使自己的改革思想传播于天下。另外，《三经新义》对结束"章句传经"之学起了重要作用。

在考核机制上，王安石也进行了改革。首先，为了考核太学学生的学习状况，王安石创立了三舍法，把学生平时成绩与考试成绩结合起来，对学习效果进行全面考察；他还改善太学生的生活条件，使他们安心学习。其次，熙宁四年，王安石主持科举改革，下令废除明经诸科；进士科考取消诗赋，废止帖经、墨义等死板的考试方式。

但是随着王安石政治改革的失败，他在教育上的改革也没能取得预期效果。

六 私学

私学的发展，是唐宋教育的重大成果。

隋唐时期，私学获得了很大发展。隋代著名学者王通为儒学世家，他继承父志，从20岁开始就从事私人讲学。唐朝则明文鼓励私人办学。许多名流学者如韩愈和柳宗元等，也都勤于传道授业。此外，启蒙性质的私学也得到发展。

北宋初年，发展经济、稳定局势是头等大事，政府无暇顾及教育。与此同时，政府对官吏的需求日渐增大，士人求学只有进入私学，故私学应运而兴盛起来。后来，三次兴学期间，官学在全国普遍设置，但它们多半是高等教育性质的，因此，高、中级私学就没有市场了。这种情况下，私学该怎么办？

在中国古代社会，国家并不负责基础教育。这样，基础教育成了民间的事，也就成了私学的重头戏。蒙童、少年不宜过早离开家庭去求学，于是层次较低的蒙学发展起来，可以就近入学、不必寄宿。另外，科举的强化使读书人增多，但录取的毕竟是少数，许多举子落第之后，不得不自谋生计，很多人选择了去教书。这样，私学的师资就有了保障。因此，若总论此期的私学与书院，确实表现得相对消沉；但这一时期的蒙学，却在宋初的基础上有了较大的发展。

宋室"南渡"以后，官学一蹶不振，科举也日趋腐败。南宋的蒙学不仅依旧昌炽，而且精舍、精庐等类似于书院的高级私学又再次复兴。如朱熹所办的"沧州精舍"，陆九渊所办的"应天山精舍"，影响都很大。另外，还有一些名儒也都办有高级私学，如吕祖谦、陈亮、叶適等，他们办学以高深学问为旨归。此外，南宋的蒙学已开始分化，出现了村学、义学、族塾和冬学等形式。

到元代，私学仍然比较兴旺。少数民族子弟也往往进入私学读书。明代私学教育继续发展，成为官学教育的补充和科举考试的预备机关。

七　蒙学的发展

中国古代很重视蒙养教育。所谓"蒙养"，就是指"蒙以养正"，用正确的教育来启迪孩童的智慧和心灵。这种蒙养教育，基本都是在程度较为低级的私学中完成的。蒙养性质的私学，入学的年龄一般在7－15岁。在教学内容上，主要是进行初步的道德行为训练，且教授一些基础文化知识。

翻开历史人物传记，很多名人小时候就入私塾，且表现很好。比如东汉的王充，八岁进私馆读书，学习《论语》、《尚书》，日诵千字，是那里的好学生；唐代著名教育家孔颖达，也是八岁进私塾，每日能诵记千余言；明代哲学家王夫之，四岁进家塾，七岁读完《十三经》。这类例子不胜枚举。小时候的教育，给他们打下了良好的知识基础和品德基础。

唐代蒙学较之前代有所发展。在教材方面，除讲授《论语》、《孝经》等儒家经典外，还编辑出了适合儿童特点的教材，如李瀚《蒙求》、佚名《太公家教》和杜嗣先《兔园册府》。

在宋代，由于官学大体只有中、高两级，进入地方官学之前，首先需接受相应的初等、蒙学教育，打下识字、写字的扎实基础。宋代虽专门设有小学，但设立时间不长，且很不普遍，故蒙学性质的私学填补了这一空白，日益繁盛。宋代蒙学编写了许多新的教材，理学家也积极参与进来，引导蒙学的教学内容。

到了元明时代，由于社学的发展，蒙学的普及程度更高。洪武八年（1375），明太祖诏令天下兴办社学，全国兴起办社学的热潮。社学招收8至15岁学生，带有强制性质，要求父母送孩子上学。儿童进入社学，先要读《三字经》、《百家姓》、《千字文》，然后学习经、史、历、算等知识。但是，因为官员的腐败，且缺乏自觉的教育力量，该运动在许多地方流于形式。

八 宋代蒙学的课本与教学

宋代的蒙学课本，特点鲜明。首先，它投儿童所好，即使是识字教材，也很有趣味性；二是句式短，句子结构简单；三是注重对偶押韵，便于记诵；四是跟日常生活联系密切，将知识性、教育性

图117 《三字经》、《百家姓》、《千字文》书影

和趣味性融于一体；五是修养类教材比较多，既能教儿童识字，也能够增强修养。从类别上看，种类齐全。主要有以下几类：

（一）综合性的蒙学课本。

以《三字经》为代表。《三字经》相传为王应麟所编，在编写技巧上，文字简练，概括性较强；三字一句，句句成韵；通俗易懂，便于记诵。它的内容很广，包括历史知识、名物常识、读书次序、人生哲理、勤勉好学等，融会贯通识字、知识、道德教育等内容。类似的教材还有《百家姓》、《千字文》，与《三字经》合称"三百千"。

（二）伦理道德类的蒙学教材。

以朱熹弟子陈淳《启蒙初诵》和程端礼的《性理字训》为代表。《启蒙初诵》以伦理内容为主，其开篇就是：

> 天地性，人为贵，无不善，万物备。

> 仁义实，礼智端，圣与我，心同然。

又如：

> 进以礼，退以义，不声色，不货利。

《性理字训》言简意赅，全文只有30条，却浅近易懂地揭示了性理精蕴。依照这个模式，后来又繁衍出《小儿语》、《续小儿语》、《名贤集》和《增广昔时贤文》等。

另外，自宋代起，还出现了为女孩编写的启蒙读物，如《闺训千字文》、《女四书》、《蒙学女儿经》等。其中，《女四书》是指四部专为女童编写的蒙学教材，它们是《女诫》、《女论语》、《内训》和《女范捷录》。这类书的主要内容也是道德教育。女孩从小熟读这些教材，在潜移默化之下，她们的成长之路就不会脱离儒家的伦理规范。

（三）历史类的教材。

历史类的教材有王令的《十七史蒙求》，胡寅的《叙古千文》，朱熹的《小学》，吕本中的《童蒙训》，吕祖谦的《少仪外传》等。它们是专门针对儿童的历史读物，历史故事被编成歌诀，往往"参为对偶，联以音韵"，易读，有趣。

（四）诗歌类的教材。

这一类有朱熹的《训蒙诗》，陈淳的《小学诗礼》等。用诗歌来训课孩童，最早是朱熹倡导的，后来在王阳明等人的推动下盛行起来。后世流传极广的有《唐诗三百首》、《千家诗》、《神童诗》等。

此外，还有名物常识类的教材。如方逢辰的《名物蒙求》，介绍天地万物自然知识，也兼及纲常名教。①

在教学上，宋代蒙学十分注重培养儿童的学习态度，如谦虚、认真、勤奋、专一等；要求儿童培养出好习惯。

朱熹在《蒙童须知》中要求，凡为人子弟，该洒扫居处的地方，都要拂拭几案，弄得干干净净；文字笔砚，百凡器用，都要摆放整齐，并且要放在固定的地方，用完了又要放回原处；书册得整齐摆放，读书时要摆正姿势，仔细地读，且要读得字字响亮；写字时，不管写得好不好，都要认真地写，一笔一画，严正分明，不可潦草。

另外，熟读、背诵也是读书的重要功夫。宋儒普遍认为："书读千遍，其义自见。"他们认定，在人的一生中，童年时期的记忆力最强。所以，儿童应该利用这个有利条件，博闻强记。程颐说："勿谓小儿无记性，所历事皆不能忘。"朱熹强调："读多自然晓。"朱熹是个很严谨的人，他要求诵读记诵时，不可误一字，不可少一字，不可多一字，不可倒一字。

由于受理学思想影响，品德修养成了蒙学的重要内容。一方面要培养道德观念、品质和习惯，另一方面要传授知识，两者要兼顾也并不容易。但聪明的学者们还是将两者结合起来，两不耽误。例如在朱熹的《小学》中，虽然立了不少道德教条，但也讲了很多道德故事，并通过故事性较强的叙述，避免了枯燥的说教。这样，儿童可以通过知识学习而受到道德熏陶。教育家们也很重视教学方式的活泼多样性。程颐说过："教人未见意趣，必不乐学。"

---

① 参阅喻本伐、熊贤君《中国教育发展史》，华中师范大学出版社1991年版，第242—244页。

第三节　书院的兴盛

一　讲学的场所

思想的传播，除了思想家们的著书立说之外，讲学也是一条重要途径。中国历史上的私人讲学之风源远流长，如春秋末年的孔夫子，他曾在周游列国的途中讲学不辍，门下弟子无数。孔子的私人讲学打破了当时学在官府的遗风，开创了"有教无类"的民间教育传统。在此后的中国教育史上，私学始终是一支重要的民间办学力量，且从未中断。到了宋代，理学家讲学之风日兴。理学家的讲学，一般是在书院中进行的。宋明理学的传播和理学家的书院讲学之风密不可分。可以说，在宋代，书院既是社会思想的重要发源地，也是当时国家人才的培养基地。

"书院"这个名字，最早出现于唐代。顾名思义，书院就是藏书的地方。事实上，最早的书院也的确如此。公元723年，唐玄宗设立了丽正书院，两年后又改名为集贤殿书院，是宫廷藏书和编书的场所，相当于国家图书馆。另外，《全唐诗》中也多次提到"书院"一词，一些地方志中也有关于"书院"的记载。唐代的"书院"，主要是藏书和个人读书的场所，个别书院也是个人读书会友、甚至讲学的场所。但只是个例，并不普遍。作为既具有一定规模的教育组织和管理形式、又兼备私人讲学的"学校"体制的书院，则是到了宋代才开始出现的。

当然，从渊源上说，宋代的一些书院是在藏书楼意义上的"书院"或"精舍"的地方创办起来的。所谓"精舍"，一般又分为两种，一种是汉代以来读书聚会或者藏书的地方，一种是道教和佛教的修炼场所。宋代书院的建立，兼取二者之长：既吸收了前者注重读书交流的特点，同时，也吸收了宗教修炼中选择优雅环境的长处。宋代的书院一般都建在山林僻静之处，山清水秀，环境优雅。有的书院，其建筑源自原有的佛寺或者道观，如著名的岳麓书院，它所建之处，在西晋之前就是道士修炼的"福地"；西晋时，岳麓山上建成了"慧光寺"，成了佛教圣地。另外，在宋代还有一些类似书院建制的私人教育机构，它们仍然保留了"精舍"的名称。

前面所说的"丽正书院"，由皇帝设立，显然是官办性质的。私人的书院萌芽于唐末，那时官办教育正在衰落。经过五代十国大战乱的破坏，官方教育更是面临着严重的危机。北宋书院的创办，正是为适应这种时代需要而兴起的。宋代初年，在古人读书的旧址或者寺观的遗址上，一些有识之士开始修建学舍，聚徒讲学。但由于北宋重视科举与官学，所以书院本身在教学内容、办学目的等方面也在官学应举的范围之内。直到南宋，才真正形成教育与学术研究相结合的书院。

随着宋代书院教育的发展，私人讲学逐渐掀起了一股新的高潮。但与古代的私人讲学不同，宋代的书院有着完善的教育组织机构。尽管它最初是以私人讲学的形式兴办起来的，但在管理和兴办来源上，宋代书院并不完全是私人教育体制，而是一种新的教育体制——私办官助或官办民助，官私结合。在教育思想上，书院教育既有私人学术教育思想，也有正统儒家经学思想。此外，一些理学家将自己的思想通过书院讲学的途径在民间传播开来，最终成为官方意识形态。正是书院讲学的这种复杂性质，使书院成为中国教育史上一种重要的教育体制。

二 书院教育体制

书院是一种完整的教育体制。

从建筑上说,书院一般分为两个部分:讲堂和斋舍。讲堂是传授学问的地方,相当于教室;斋舍是住宿区,学生在那里居住、自习。另外,书院也配置了藏书楼,相当于今天的图书馆;有的书院还设有书院主持人的专门住所。

从教学组织上说,书院有严格的管理形式和考核要求。

从规模上说,书院学生的人数,少则几十人,多则数百人。

从组织上说,书院中设有"洞主"、"山长",这个职务可谓政教合一。这些洞主、山长既是书院院长,又是教书先生,多由当时的著名学者担任。有的书院还设有副讲、管干、典谒等辅助管理人员。

在招生方面,有的书院在招生上有所选择,根据学生水平来招收,且设有根据学生水平划分的不同级别班次。但是,更多的书院对学生是"来者不拒"。由于学生大多数是慕名而来,故而他们在读书上一般都很用功。

作为私人讲学的书院,在教育宗旨上,它跟官学很不一样。官学的教育,目的是科举考试,培养学生做官;而书院则不同,书院教育一般倾向于修德成材。由于书院大多建立在环境幽雅的地方,它吸收了道教和佛教尤其是禅宗的一些特点,以山林的清幽来促进怡神养性、清心正气,这有利于书院生员的修身养性。一般来说,书院制定有学规或院则,规定了它的教育宗旨。例如,朱熹在主持白鹿洞书院期间,制定了著名的"白鹿洞书院揭示":

父子有亲，君臣有义，夫妇有别，长幼有序，朋友有信。
博学之，审问之，慎思之，明辨之，笃行之。
言忠信，行笃敬，惩忿窒欲，迁善改过。
制其谊不谋其利，明其道不计其功。
己所不欲，勿施于人；行有不得，反求诸己。

其学规与官学不同，官学学规一般是禁令性的，而这个学规则重在引导和启发。这五条学规，揭示了学习目的和学习方法。它的宗旨主要是儒家伦理道德的教训，强调学生在修身和待人接物时要做到言行一致。

在课程设置上，书院只规定一些读书目录，对学生的指导是因材施教，没有严格的课程教学方案和考试规定。书院的管理人员很少。在书院中，学生以自学和讨论为主，每月听山长集中讲解一两次，平时则自学，相互讨论，也可以向山长请教；书院保留了较大的探讨学问的自由气氛。

书院与书院之间也有交流，一个书院可以邀请其它书院的掌教来讲学、讨论。最著名的一次书院间交流是朱熹在主持白鹿洞书院期间，曾邀请陆九渊来讲学。那次讲学，陆九渊讲的是《论语》"君子喻于义，小人喻于利"一章。这场演讲非常精彩，听讲的人都很感动，有的甚至落泪。朱熹也觉得陆九渊讲得很好，于是又请陆九渊把讲稿写下来，让人把它刻在石碑上，立于书院的门前。

院际交流的另外一种形式是"会讲"。所谓会讲，就是书院与书院或精舍之间的学术论辩会，不定期举行。往往是由某一书院掌教联系其它书院掌教和社会贤达，约定一个时间、地点，就某一学术问题进行讨论，届时率书院的学生去参加。这一制度由吕祖谦首创。1175年，他邀请朱熹和陆九渊、陆九龄兄弟等人，前往信州鹅湖讨论学术方法。朱熹和陆九渊学术观点不同，辩论得很激烈。这就是学术史上一次有名的论辩会，史称"鹅湖之会"。

宋代书院育人硕果累累，培养了大批学者、教育家和政治家。

三 思想的摇篮

宋代书院与宋代思想的发展关系十分密切，可以说，书院是孕育宋代思想的摇篮。

首先，宋代书院大多是由思想家主持的，因此书院体现了掌教者的思想。不同的思想家，教育宗旨也不一样。例如，理学家朱熹和吕祖谦的思想有差异，因而他们在教学内容和教学思想上也有区别；由于陆九渊和朱熹在学术方法上的不同，他们的教学方式也就相去甚远。

其次，书院也是传播思想的场所，尤其是理学家通过掌教书院和私人讲学，推动了理学的传播。例如，著名理学家朱熹曾主持白鹿洞书院、岳麓书院和武夷精舍、沧州精舍；张栻曾在岳麓书院讲学；吕祖谦创办丽泽书院，且在那里主讲；陆九渊曾主讲象山书院等等。明代"心学"大师王守仁在贵州建龙冈书院，在江西修濂溪书院，在浙江创稽山书院，以此推广自己的学说。书院由于有这些著名学者的讲学，往往成为某一学派的渊薮之地。

另外，儒学思想通过书院而得以弘扬，这也有利于抵制释、道两家思想的泛滥。在复兴白鹿洞书院时，朱熹就想以此来遏制佛教势力的增长。他说："观寺钟鼓相闻，殄弃彝伦，谈空说幻，未有厌其多者，而先王礼乐之宫，所以化民成俗之本着，乃反寂寥稀阔。"

四 宋明理学对书院的影响

除了在本书院讲学之外，理学家还常去社会上讲演，吸引了许多民间人士来听。反过来，凭借他们自身的名望和书院的声誉，书院也吸收了更多的生源。从这个意义上来说，书院乃是由于思想家的威望而享誉天下的。

例如，朱熹在岳麓书院讲学以后，该书院的名气大增。元代理学家吴澄在《重建岳麓书院记》中总结说："地以人而重也。"理学家代代相传，许多人还做了大官。南宋后期，为了讨好理学出身的中央官僚，一些地方官僚就兴建书院，以表示敬重。宋代书院到南宋后期达到了一个高峰，这与理学的发展是分不开的。

从南宋至元明，书院受理学教育宗旨的影响越来越显著。理学大师们利用书院自由的学术环境，各以某一书院为中心，宣扬不同的理学思想。

在元代，书院在北方有很大的发展。北方创办的第一所书院——太极书院里，"立周子祠，以二程、张、杨、游、朱六君子配食，选取遗书八千余卷，请（赵）复讲授其中"。讲学内容包括"《六经》、《语》、《孟》传注，以及周、程、张氏之微言，朱子所尝论定者"。元仁宗皇庆二年（1313），规定科举考试以《四书集注》取士，从此，《四书集注》不仅成为科举考试的标准答案，也成了各级学校必读的教科书。它的地位逐渐凌驾于《五经》之上。

当程朱理学成为统治思想，书院也开始官学化。元代以前，书院的山长是民间人士，元代由政府任命，改由官员来担任；书院的学生，可以"守令举荐之，台宪考核之，或用为教官，或取为隶属"；科举考试的内容，这时也大量渗入书院教育。

明代前期，政府重视官学，提倡科举，书院亦渐衰落。到了明代中期，心学学派逐渐兴起，在湛甘泉、王阳明及其弟子的大力推动下，书院又得以重新繁荣起来并成为新思想传播的场所。以湛若水（甘泉）为例，他是与王阳明同时期的人，一生仕途顺达，每到一地，一定要建书院，以此来献祀先师陈献章。其他地方官员为迎合其举措，也纷纷响应。仅他一生中，就建有书院数十座。当理学成为官方意识形态以后，书院教育基本上就实现了理学的思想。

五 北宋六大书院

提到书院，人们往往会举出北宋时著名的四大书院。其实，北宋初期有名的书院共有六个，即岳麓书院、白鹿洞书院、应天府书院、石鼓书院、嵩阳书院和茅山书院。因此，人们对四大书院的说法不一。除了白鹿洞书院和岳麓书院已经确定外，其它四个书院中究竟哪两个书院属于"四大书院"之列呢？对此，学者们颇有争议。下面我们就对它们作简单介绍。

（一）岳麓书院

该书院座落于风光秀丽的长沙岳麓山上。始创于北宋开宝九年（976），由时任潭州太守朱洞所创。若以此论，它的历史已逾千年，比英国的牛津大学、剑桥大学要早几百年，其"千年学府"之称是当之无愧的。999 年，李允则任潭州太守，扩建了书院，并增置了藏书楼、孔子堂，广置田产，收徒讲学。两年后，朝廷给书院赐了

图 118 岳麓书院

一批儒家书籍。后来周式任山长,受到宋真宗的召见,被拜作国子监主薄,并赐以"岳麓书院"的匾额。很多理学家曾先后在这里讲学,包括著名的张栻、朱熹。1194年,朱熹知潭州兼湖南路安抚使,重修且扩建了岳麓书院,他把《白鹿洞学规》作为岳麓书院的学规,并亲自在此讲学。

(二)白鹿洞书院

白鹿洞书院位于江西庐山五老峰下。唐代时这里是李渤隐居读书的地方,李渤曾养了一只白鹿,人称白鹿先生,此处也命名为"白鹿洞"。南唐时,白鹿洞被辟为学馆,李善担任洞主、执掌教授,并且置办了一批学田。宋代初年,该学馆定名为"白鹿洞书院",宋太宗赐以国子监印本《九经》。后来该书院不幸毁于兵火。白鹿洞书院的出名,主要是因为朱熹。1179年,朱熹任南康军守,请求朝廷出资,主持修复了白鹿洞书院。该书院规模宏大,书堂殿宇总共有三百多间。朱熹亲手制定了《白鹿洞学规》,作为学院的规章制度。他自任洞主,亲自讲学,并曾邀请陆九渊来此讲学。白鹿洞书

图119 白鹿洞书院

院影响很大，弟子众多。元代时，书院再度毁于兵火，明代重建后，保存至今。

（三）应天府书院

该书院位于河南商丘的繁华闹市之中。唐代时商丘称睢阳，故又称睢阳书院。它的历史比较早，曾一度关闭。11世纪初，由曹诚重修扩建，广收门徒，传道授业。1009年，宋真宗赐以"应天府书院"的匾额，曹诚也在朝廷做了官，从此应天府书院成为官方学院。1035年，应天府书院改为府学，应当时的应天府知府晏殊的邀请，范仲淹来此执教。1043年，应天府书院升格为南京国子监，从此，地位高出其他书院一筹。

（四）石鼓书院

该书院位于湖南衡阳县石鼓山。该地风光秀丽，唐代被列为道教"第二十二洞真虚福地"。公元997年建为书院，仁宗景祐二年（1035）。当地知州请得赐额"石鼓书院"及田产，后改为州学。该书院现已湮没不存。

（五）嵩阳书院

该书院位于河南省登封县太室山麓。始建于后周，北宋至道二年（996），朝廷赐予匾额和监本《九经》。景祐二年（1035）重修，更名为嵩阳书院，朝廷赐田一顷以供膳。该书院在北宋时期影响较大，但是后来渐渐没落。

（六）茅山书院

该书院位于江苏句容三茅山后，原为处士侯遗隐居之处。宋真宗时，侯遗在三茅山开办茅山书院，自己设法为学生提供膳食。仁宗天圣年间，经地方官向朝廷奏请，茅山书院获赐庄田三顷，学生获得食粮保证。

以上六个书院,有一些共同的特点。首先,不管是书院设定的地址、还是书院创办的过程,都体现了较强的文化渊源。其次,除应天府书院外,都选择在名山或环境优美之处。再次,许多书院都受过朝廷的恩赐。通过朝廷赐书、赐匾额和赐田,书院获得了较大的声誉,成为"大书院"。

六大书院中,延续时间最长的是岳麓书院和白鹿洞书院,至今保存得最完好的是岳麓书院。至于其他四个,仅有其中的应天府书院和石鼓书院一度上升为官学,而嵩阳书院和茅山书院在兴旺一时之后即告荒弃。

尽管最有名的书院出现于北宋,但实际上,兴办书院之风最盛是在南宋后期,也就是在理学兴盛的时期。南宋也有一些书院很有名,如吕祖谦主持的丽泽书院,陆九渊在讲学精舍基础上建立的象山书院等等。

第四节　理学家的伦理教育

一　聚众讲学的伦理教育

理学家在聚徒讲学中,非常注重对学生的伦理教育。

在《白鹿洞书院揭示》中,朱熹对于理学教育的纯粹伦理精神做了总结。其中,以"父子有亲,君臣有义,夫妇有别,长幼有序,朋友有信"为"五教","尧舜使契为司徒,敬敷五教,即此是也。学者学此而已"。这五教,规定了父子、君臣、夫妇、长幼、朋友之间的伦理关系法则。

《揭示》中的其他内容，也都是就此伦理方面加以发挥。如：修身之要是："言忠信，行笃敬，惩忿窒欲，迁善改过"；处事之要是："正其义不谋其利，明其道不计其功"；接物之要是："己所不欲，勿施于人；行有不得，反求诸己"。因此，与先秦儒学注重六艺之学的教育相比，书院教育更为道德化。

二 针对社会的伦理教育

除私人聚徒讲学外，理学家还开辟了多种形式的其他社会教育，如乡村伦理建设、辅导民众破除迷信等等。

乡村伦理建设有两种形态，一种是乡约，由张载的弟子吕大钧所创，强调邻里互助与道德互勉；另一种，即乡村读约，这是由朱熹所改进的，主要是局限于宗族内部的改过迁善教育。乡村伦理建设的这些方法，强化了乡村子弟的宗法道德观念。

三 蒙学教育中的伦理观

俗话说："小时偷针，大来偷金"，可见，道德教育要从娃娃抓起。理学家编著了许多童蒙德育课本，既能教儿童识字，同时也是训世箴言。在这些教材中，深深地渗透了儒家的伦理价值观，使小孩子能在儒家的伦理价值观中成长。

因此，宋明时期蒙学教育十分发达，而且除了读书识字以外，更灌输了一些伦理修身的内容。可以说，理学家基本上是学者兼教育家，尤其在道德教育方面建立了密集的渗透方法，总结出了许多的教学经验，他们的理论与实践是儒学社会化的主要环节之一。

四 淡泊功名，为人师表

在理学家的教育中，伦理自觉是他们的核心教育理念。几乎毫无例外地，他们都维护道统、把个人修养视为自己学说的灵魂，并以维护社会伦理纲纪为己任。他们不但是学术大家，还是道德上的人格楷模，其为人师表、道德文章，垂范于社会和民众。

理学家发展教育，倾向于从修身做人的角度来进行，十分重视品行的修养。他们淡泊仕途功名，不求事功成就，而对于教育或聚徒讲学，则表现出极高的热情。

以朱熹为例，他很推崇"不为五斗米折腰"的陶渊明。他长期在武夷山讲学，还在为官从政期间，积极从事教育活动。在任同安县主簿时，朱熹努力整顿县学，访求名师，选拔优秀生员，并亲自讲授修身之学。在知潭州时，除提倡兴办州学、县学外，朱熹又主持修复岳麓书院，并亲自教诲学生。虽然在朱熹晚年其著作被禁，但他的人格魅力却招来了大批的崇拜者。王阳明和朱熹一样，也是知名的教育家。他不仅有一段时间专门从事讲学，而且在从政期间也从未中断过兴办教育和讲学之类的活动。

在复兴儒学的基础上，一代代的理学家努力传播儒家的伦理思想，极大地促进了儒家伦理的社会化。他们不但以振兴儒家之道为己任，成为积极推动学院讲学的教育家，还是亲身实践着儒家价值规范的道德楷模。

第六章 中外文化交流

第一节 丝绸之路与中西文化交流

唐太宗李世民在中国历史上是一位英明而有作为的皇帝,唐朝社会在他的统治下,国力强盛,文化繁荣,与外国交往频繁而密切。在当时,他还被誉为"天可汗",这令太宗感到非常自豪。他一半谦虚、一半得意地说:"朕才不逮古人,而成功过之。"他还很善于分析,认为自己成功的原因是:自古以来,中土的皇帝们都有"华夷"之见,贵中华、贱夷狄;唯独他李世民一人对"华"、"夷"一视同仁,所以,各族都依从他的统治,就像依从亲身父母一样。太宗任

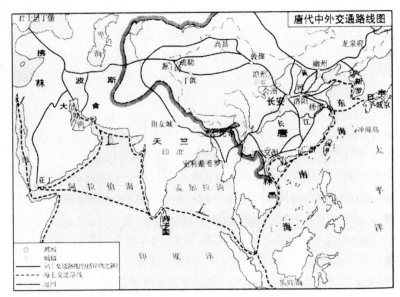

图 120 唐代中外交通路线图

人唯贤,他的朝廷中不少官职是由外族人来担任的。此后,唐高宗以"万国之主"自命,武则天自称"恭临四海",帝王们都视四海为一家。唐代有一种宽容、开放的心态,乐于积极主动地跟各个民族去交往。这样的结果是,多种文化在碰撞中融合,孕育出一种新的文化。

这种新文化的形成,直接得益于"丝绸之路"。丝绸之路早在汉代就有了,最初是一条"商路"。它开拓了人们的视野,引发出不同民族、不同国家之间相互接触的强烈愿望。于是,渐渐地,丝绸之路也成了中西的文化对话之路,其范围也从沙漠、草原扩展到了海上。这大大突破了国家、民族、地域的限制,促进了唐宋文明的整合,给中华文明带来了新的盛世辉煌。

一 草原、戈壁上的丝绸之路

隋朝建国后,突厥、吐谷浑在西域称王称霸,阻碍了丝路上东西文化的交流。隋炀帝志向远大,曾有志于打通此道;可惜在这愿望实现之前,他的王位还未坐稳,短命的隋王朝就灭亡了。这样,打通西北、西域的使命,就历史性地落到了唐代皇帝的肩上。唐朝建国后,唐太宗派军灭东突厥、破吐谷浑。高宗时,西突厥亦被唐军所灭。

贞观七年,听闻唐军大败了西突厥,太上皇李渊和唐太宗宴请群臣,以作庆祝。在宴会上,突厥颉利可汗起舞助兴,南蛮的酋长冯智戴咏诗,气氛非常热烈。李渊高兴地说:"胡越一家,自古未有也!"太宗李世民也很高兴,他对中亚安国来的使者说:"西突厥已降,商旅可行矣!"于是,丝绸之路再次勃兴起来。

为了维护秩序,使丝绸之路通畅,唐代在河西走廊设置了五个州:凉州、甘州、肃州、瓜州、沙州。在天山南北,又设置了安西、北庭两个都护府。北庭都护府负责管辖亭州、轮台、伊吾、张堡守捉、弓月城等;安西都护府统管龟兹、于阗、疏勒、碎叶这四个镇。早在隋代时,丝绸之路在沙漠、草原上有三条路线:一条是草原路,越过戈壁、沙漠,沿着水草肥美的天山北麓西行;第二和第三条都要过玉门关,分别沿着塔克拉玛干沙漠南、北边缘的点点绿洲一直往西挺进。这三条路线,被称之为"隋之三道"。唐代安西都护府、北庭都护府的建立,不但使"隋之三道"的动脉主线向西延伸,而且在这个基础上,又形成了很多支线。

唐代前期,在葱岭以西的中亚地区,星罗棋布地分布着许多绿洲小国。其中,以"昭武九姓"与中国的往来最多。"昭武九姓"在今中亚阿姆、锡尔两河流域一带，包括了康、石、安、曹、米、何、史、火寻和戊地等九个小国。自汉魏以来，其人民被称作"粟特人"。在丝绸之路上，粟特人以善于经商著称。他们说东部伊朗方言，信奉祆教（又称"拜火教"），爱喝酒，喜欢歌舞。他们活动范围很广，不少人来到中国定居，也带来了他们的文明。

　　早在北齐的时候，从曹国来了一个画家，他名叫曹仲达，在北齐官至朝散大夫。他最善于画人物画，所画人物"其体稠叠，衣服紧窄"，衣服好像刚从水里捞出来的一样，紧紧地贴在身上，后世把这种风格称为"曹衣出水"。到唐代时，这种人物画风格已经被广为接受。康萨陀也是中亚人，他善于画初花晚叶、珍禽异兽，这在唐代的文物上也随处可见。唐代的服饰时尚、音乐舞蹈、饮食风俗也有不少来自中亚。这些外来因素，渐渐地融入中华民族的血液之中。

　　很多中亚的艺人也纷纷来到中土大唐，例如来自曹国的曹保、曹善才、曹刚一家，琵琶弹得非常精彩；米国的米嘉荣、米和父子俩，善弄婆罗门；安国的安万善，吹奏筚篥很有名气。石国的舞蹈胡腾、柘枝，康国的舞蹈胡旋也纷纷来到中国。以胡旋为例，它是中亚的一种健舞，在长安非常流行。跳起胡旋舞那种快速旋转令人惊叹不已，以至于形成了一股热潮，"人人学圆转"。唐代诗人说"禄山胡旋迷君眼"、"贵妃胡旋迷君心"，这虽然是把政乱的祸根归之于胡旋舞，却也透露出该舞在当年是多么兴盛。

二　丝绸之路向西南延伸

　　唐太宗时，文成公主嫁到吐蕃，做了吐蕃国君松赞干布的妻子。吐蕃和大唐的结盟，使丝绸之路向西南部延伸。吐蕃与尼婆罗（今天的尼泊尔）搭界，去印度要经过这两个地方，所以，这条路又被称为吐蕃、尼婆罗道。在唐代的外交舞台上，王玄策是个响当当的人物，他曾经三次出使印度，所走的就是这条道。

王玄策先是从长安出发，经过甘肃、青海进入西藏，再由拉萨走，经过尼泊尔，最终到达印度。他的出使，大大地缩短了中、印之间的吐蕃、尼婆罗道。

印度是佛教的诞生地，在唐代称为天竺，分为北、西、中、东、南等"五天竺"。贞观十七年（643），王玄策第一次出使印度。他作为使团的副使，负责把印度使者摩伽陀护送回国，并访问印度。当时，戒日王是北印度的首领，其都城在曲女城，该城是亚洲佛学的中心。王玄策和他的使团在去的途中，顺路访问了尼婆罗，国王很热情地接待了唐朝使团。到达曲女城后，又受到了戒日王的热烈欢迎。后来，他们又访问了东印度迦摩缕摩国（在今阿萨密），该国的童子王非常高兴，并表示想宣扬道教，想要中国的道教书籍。回国后，使团马上禀报了唐太宗，于是太宗下令，让精通梵文的玄奘和一批学识渊博的道士把《道德经》翻译成梵文，令王玄策再度出使时送给童子王。

647年，王玄策再次出访印度。这次，他已是使团的正使了。出乎意料的是，他这次出访比较惊险，也比较富有戏剧性。使团到达北印度的时候，戒日王刚去世不久，国内政局大乱。为了争夺王位，叛臣自立为王，并且他们还把唐朝的使团给包围了起来。王玄策是个很有军事头脑的人，他连夜出逃，把吐蕃、尼婆罗的救兵给搬了过来。在近万名援兵的帮助下，他们在曲女城跟叛军苦战了三天，最后将叛王活捉，并带回了长安。

十多年后，王玄策第三次出使，任务是把袈裟送到印度的摩诃菩提寺。这次出使，使团走的仍然是吐蕃、尼婆罗道。回国时，他还带回了一片佛顶骨。

三 海上丝绸之路的发达

唐德宗贞元年间，宰相贾耽特别爱研究地理。他记录了当时的重要国际交通路线，有七条：一为从营州入安东道，二为登州海行入高丽渤海道，三为从夏州、云中通蒙古草原的道，四为中受降城入回鹘道，五为安西入西域道，六为安南通天竺道，七为广州通海夷道。

随着航海的发达，海上的丝绸之路也繁荣起来。在唐、宋两代，政府都很重视海外贸易，并设专门机构进行管理。海上通商是种新的尝试，突破了陆地交通的限制。通过海洋，唐宋时期的中国与各国有了更广泛的联系。从广州出发，到波斯湾、红海等地，有航线开通。在广州港，中外的商船云集，蔚为壮观。

安史之乱后，战乱给西北的丝绸之路带来了很大的麻烦；经济的重心逐渐往南移，东部沿海的扬州城兴盛起来。这样，南海路就更加繁荣了。到了宋代，海路成了中外文化交流的主要途径。

初唐、中唐时，西亚的阿拉伯帝国也迅速崛起，中国史书称之为"大食"。它横跨欧、亚、非三大洲，国民多信仰伊斯兰教。伊斯兰教兴起于阿拉伯半岛，它以《古兰经》为根本经典，相信安拉是唯一的真神。随着阿拉伯文明的扩张，伊斯兰教也传到了中国。唐宋时期，中国的伊斯兰教开始初步发展。

阿拉伯的商人来华做生意，通常走贾耽所说的"广州通海夷道"。来到中国后，他们被称为"蕃客"。他们聚居在泉州、广州等沿海城市，其社区被称为"蕃坊"。由于他们信仰伊斯兰教，为了方便做礼拜，蕃坊内建起了清真寺。今天，广州、泉州等地，仍可看到历史悠久的清真寺。如广州的怀圣寺，是唐代阿拉伯人所建，是中国最早的清真寺之一。顾名思义，寺名"怀圣"，意即怀念圣人，怀念"至圣"穆罕默德。

图 121 怀圣寺

四 西行取经的高僧

　　主动接受外来文化，这是唐宋的时代精神。在陆、海丝绸之路上，不断有高僧前往印度，想要求取真经。从中国到印度，千里迢迢，出行的路途非常艰苦，不少僧人在半路上就死掉了。但佛法在心，僧人们还是不畏艰险，前赴后继。在这些僧人中，著名的有唐代的道生、玄奘、义净，宋代的道圆、行勤、继业等，其中以玄奘最为突出。在东西文化交流史上，唐玄奘是一座历史丰碑。

今天我们对玄奘的印象,是电视剧《西游记》中的那个"唐僧":他意志坚定,一心要往西天取经,高官厚禄吸引不了他,美女也留不住他。他经历了九九八十一难,最终到达西天,求得了真经。他身边,还跟随着三个神通广大的弟子。这部电视剧是根据明代吴承恩的长篇小说改编的,故事的原型,便是我们这里所说的玄奘。但与小说不同的是,玄奘实际是孤身一人出行,并没有那群神通广大的高徒。而且,当时的交通也不比现在,今天有飞机、火车等发达的交通工具,而在那时,"千里江陵一日还"最多只能吟在口中、写在纸上,不过是诗人狂想下的夸张。玄奘的出行相当艰苦,但他一心想弘扬佛法,顾不得那么多,就开始上路了。

由于西突厥势力强大,唐初时,政府对西部的关隘管得很严,禁止百姓出国。公元629年,玄奘从长安出发,开始西行。过武威后,他只好白天躲藏、晚上赶路。在瓜州,他凭着一匹瘦弱的老马,走出了玉门关。玉门关外,戈壁滩茫茫无际,上无飞鸟,下无走兽,更没有水草了。他迷了路,又不小心把饮水壶打翻,险些丧了命。但佛法在心,对于一个朝圣者来说,越是艰苦,他的毅力也越顽强。所

图122 唐玉门关

图 123 玄奘墓塔

幸天道酬勤，赐予雨露，又有老马识途，找到了水草。最后，他克服了重重困难，经天山进入中亚，又往南进，走到阿富汗东北、巴基斯坦北部，抵达印度半岛。

玄奘西行，一路上有很多有趣的故事。在今新疆吐鲁番以东，有一个"高昌国"，曾是丝绸之路上的一个重镇。高昌王麴文泰信佛，听说高僧玄奘的到来，很是崇拜，赶紧派人前去邀请。玄奘花了六天时间，穿越沙漠来到高昌国，给国王诵经讲佛。每当玄奘要登座讲法时，高昌王就虔诚地伏在地上，用身体作台阶，请玄奘登踏上座。他恳请玄奘停止西行，想把这位高僧永远留在那里，让他终生供养。玄奘心里很感激，但还是不从，誓必西行。为了留住玄奘，这位国王甚至下令，让守卫牢牢看住，不准玄奘走出城去。玄奘无奈，只好绝食，誓死明志。最后，高昌王也没了办法，只好退让，表示尊重他的意愿。出发之前，高昌王为唐僧写了一大批介绍信，以便他经过西域各国时，能顺利地通过。临别时，这位可爱的国王还是舍不得放他走，竟抱住他，大哭不止。

玄奘的西行完全是自觉的,他承担了沟通往来、传播文化的使命。离开高昌的时候,高昌王送给他很多东西,礼物中有绫绢500匹,托送西域二十四国大绫24匹,送突厥叶护可汗绫绢500匹。到了素叶城,叶护可汗待玄奘也很好,送给他50匹绢,另加一袭绯绫法服。作为一介苦行僧,本来一无所有;这些获赠的财物,对他来说无非是方便打通关节,交往诸国,完成旅行的费用。不过,这些东西也给他带来了一些麻烦。在西行路上,有不少强盗,专门打劫财物。有一次,他遇上了一伙凶悍的强盗,他听之任取,才得以活着继续前行。后来,他把沿途的所见所闻记录下来,形成了《大唐西域记》一书。

到达印度后,玄奘在印度佛教最高学府那烂陀寺学习了五年,深入研究大乘佛教经典,且博览各种典籍。毕业后,他开始周游五天竺。公元640年,他用梵文写成了《会宗论》,调和大乘佛教中的瑜伽、中观两派。公元641年,他参加了著名的曲女城宗教大会,作《制恶见论》1600颂,在会上大出风头。公元643年,玄奘带着大量的佛学经典,沿丝绸之路南线返回到长安,行程25000多公里,完成了西天取经的壮举。

玄奘载誉而归,回到长安后,皇帝为他专门设立了大规模的翻译场,诏令他担任新落成的慈恩寺主持,还修建了大雁

图124 玄奘塔额

塔,专门保存他历经千辛万苦从印度带回的佛经。玄奘的主要工作是翻译佛经。他佛学功底渊厚,精通梵文,翻译的态度也非常严谨。他以忠实、正确的译文传达了佛学五科,平息了中国佛教界的一些分歧。今天,印度的佛经大部分已经失传了,但其中一些,在中国却可以找到译本。

回国后,玄奘开创了唯识宗,不但在国内佛教界影响很大,还东传到了朝鲜、日本。

第二节 长安与敦煌:东西文化的交汇点

一 东西文化交流的中心——长安

长安是唐代的都城,是当时世界上最大的都会,也是东西方文化的一个交汇点。长安在开元、天宝年间最繁荣,人口近百万。在这座城里,流动着数以万计求官、赶考和交游的人,很多国家的官员、学者、商旅、僧侣、艺人也聚集在这里。长安就像一座文化博物馆,展示着各种各样的文化。

在政治观念上,长安人没什么"非我族类,其心必异"的心理。对于外国人,他们不但不排斥,还很友好。许多外国使者来到长安,政府特别优待他们。武则天曾下诏,规定友邦使者来华,一律赐予粮食。像印度、波斯、大食等国的使者,他们来华路途遥远、很不容易,应赐粮食六个月。在这种氛围下,很多外国人乐意住在长安,甚至定居下来。他们不少人买了田宅,娶了中国妻子、生儿育女,把长安当做自己的家。一些人还在唐朝政府做官。于是,各种外来的文化顺利注入，中华民族也主动地吸收各种异域文化。

在长安的外国人，不但有商旅、艺人，还有一些贵族。公元7世纪时，西方的大食吞灭了波斯，波斯王卑路斯投奔了唐朝，在长安住了下来，最后客死在长安。

长安的教育氛围也很好，在弘文殿中，藏书数目多达20多万卷。不单国内的四方儒士怀抱典籍、会集京师，来此的外国留学生人数也很多。国子学中，云集了邻近各国的留学生。他们多是贵族子弟，来自朝鲜半岛、日本等不同地区。

图 125 贡职图卷

长安是一个佛教中心，佛寺林立，高僧如云。除了佛教之外，长安还有各种宗教，如波斯的祆教和摩尼教、大秦景教等也在长安扎下了根。一般来说，不同宗教信仰不同，总容易发生冲突；但在长安，它们相处得很和睦，这在世界史上实属罕见。

祆教来自波斯，曾是波斯的国教。因为它崇拜火，又称"拜火教"。在中亚地区，祆教有很多信众，如不少粟特人就信仰祆教。唐初，波斯人、粟特人来到长安，带来了他们的宗教信仰。波斯亡国后，大批的遗民来到长安，使祆教流行一时。朝廷的文化政策宽容，给祆教以特别待遇，专门设了一个"萨宝"来管理它，为正五品的官职。在长安，很多地方都有"祆寺"。武德初年，长安建有布政坊祆祠，此后，在崇化坊、醴泉坊、普宁坊等地方，陆续增建。

摩尼教是摩尼所创，也源于波斯，盛于中亚。它在波斯、中亚信徒甚众。武则天时，侍法者密乌拂多诞来唐朝觐见，带来了摩尼教的经书，即《二宗经》。唐玄宗时，设置了法堂，供奉摩尼教的法师大慕阁。所谓"慕阁"，是指摩尼教的传教士。在他们的努力下，一些人开始信奉摩尼教，回鹘可汗就是受其影响的一位。回鹘可汗在洛阳时，遇到了一些慕阁，便开始信奉摩尼教。安史之乱曾让唐政府很伤脑筋，后经回鹘派兵相助，方才得以平定。可以说，回鹘是个大功臣。回鹘可汗恃功，不遗余力地在长安传播摩尼教，还上奏到皇帝那儿，请求在长安建立摩尼教的寺院，并得到了朝廷的允许。

景教诞生于5世纪，是基督教的一个派别。相比起基督教的其他派别，它的主张显得比较另类，被传统教会视为"异端"，并因此受到了宗教迫害。唐朝时通过波斯人，景教得以传到了长安。唐太宗时，传教士阿罗士来到

图126 大秦景教流传中国碑

长安，献来了上经。太宗下诏，准许景教在长安建寺传教，还给了经济资助，让它在义宁坊建立了一个"大秦寺"。在中国历史上，大秦寺是最古老的基督教礼拜堂。公元781年镌刻的《大秦景教流行中国碑》，记载了唐太宗是怎样盛情款待景教、以及景教是怎样传入中国的，这块碑成了一件著名的文物。唐高宗时，准许在全国各地设置景寺，于是一时间"寺满百城"。

容忍和接受各种宗教，思想意识上放松控制，这是需要远见的。虽然有时候也出现禁教令，但只是偶尔的，一般不是政府要排除异己，而是宗教自身的弊端所引起。比如寺院财富过多，势必要影响国家经济稳定。所以，偶尔的禁教，只是属于短暂的、有节制的行为，很少有皇帝（唐武宗除外）真正要对宗教赶尽杀绝、斩草除根。在唐朝这种宽容的文化政策下，各种宗教相互调和，它们带来的新思想，也悄悄地融入了以名教治国的中国传统社会之中。

外国人来到长安，同时也带来了他们的生活习俗。

毡帐又称为"穹庐"，是古代北方游牧民族的主要居住场所。颉利曾是东突厥的可汗，他屡屡侵犯大唐，后被唐太宗打败，安置在长安。但是江山易改，本性难移。此人不喜欢住在室内，反而"常设穹庐廷中"，在皇城内搭起了毡帐。这一做法自然新奇，成了时尚先锋。太子李承乾学他的样子，也在宫城里支起了毡帐，说突厥话，穿突厥的衣服。有太子引领时尚潮流，这一做法波及各个阶层。中唐时期的白居易是个爱国人士，他虽然反对胡化，口口声声"愿求牙旷正华音，不令夷夏相交侵"，但他自己却也喜欢在院中住毡帐，还写了大量毡帐诗。

在多元文化的氛围下，长安出现了一股"胡化"之风。很多胡

图 127 外国人陶俑

人在长安经营酒肆,酒肆的女服务员被称为"胡姬",她们不但有着富有异国情调的美貌,还能歌善舞。长安的热闹街市上,风流浪漫的文人常常"挥鞭直就胡姬饮"。李白写有"胡姬招素手,延客醉金樽"的诗句,形象地描述了市井酒楼中的异域文化。

二 东西文化交流的驿站——敦煌

敦煌地处甘肃省的西北、河西走廊西端。在丝绸之路上,它是一扇大门,国际文化从这里源源不断地进入,是东西文化交流的一个重要驿站。

敦煌历史悠久,早在汉武帝时,这里就设置了敦煌郡。十六国时,前秦灭前凉,把中原一两万户百姓迁徙过来,充实了敦煌的常住人口。后来李暠在敦煌建立西凉,这里第一次成为政治中心,割据西北。前面我们说的"隋之三道",都要经过敦煌,可以说,这是一个咽喉枢纽之地。

到了唐代,敦煌已经由兵家必争的道路咽喉,变成一个军事、文化都很发达的重镇。很多商人、使节往来于丝路上,喜欢在敦煌休整。使节在那里接受政令发放,商人们在那里拍板成交。敦煌在唐代进入了它的黄金时代,其重要性为全国瞩目。

除了行政中心、国际贸易市场的身份外,敦煌还是一个文化大都市。公元366年,乐尊和尚云游四方,无意中走到敦煌,在那里开凿了第一个石窟,此后,石窟接二连三地开凿出来,很多人去那里礼佛。莫高窟、榆林窟、西千佛洞等,都曾是礼佛的圣地。在著名的藏经洞中,已经发现了四万多卷文书,包括写经、公文、文学作品等,不少是用西域各国的文字写成的。这说明,敦煌曾经是一个异常繁盛的文化荟萃之地。

更为精彩的是,莫高窟保存了大量的塑像和壁画,非常精美。窟中的塑像造型,带有明显的西域色彩。在一些壁画题材中,还直接刻画着中西文化交流的一些故事。

例如,隋代的420窟中有一幅《商旅进行图》,讲的是商队前进途中的故事:一大群骆驼、驴子满载着货物,在荒山大漠中跋涉。突然,一头骆驼翻滚下山,摔死了。人们便拾起它背上的货物,装到了另外一头骆驼上,重新赶路。

在丝绸之路上行走,还有可能遇到强盗,这样的题材也反映在敦煌壁画里。盛唐时期的45窟中,有一幅《胡商遇盗图》,深目高鼻、虬髯鬈发的西域胡商遇上了一伙持刀抢劫的强盗,商人们赶紧念佛乞求保佑。

图 128 《胡商遇盗图》壁画

壁画、塑像反映出不同的文明。在文化碰撞中，不同文明悄悄地改变自身。随着西方艺术的融入，传统的东方艺术也有了新的内涵。

第三节　与东亚国家的文化交流

一　与日本的文化交往

在中国的唐宋时期，日本经历了飞鸟时代（592—710年）后期、奈良时代（710—794年）、平安时代（794—1192年）、以及镰仓时代（1192—1334年）前期。

日本民族非常善于学习。唐初，中国正是一派繁荣昌盛的局面，于是他们抱着极大的热忱来学习唐文化，不断派来遣唐使团，根据历史记载，至少有19次。遣唐使团每次来华，少则一二百人，多则五六百人，历经艰辛，飘洋过海。虽然有不少人在渡海中丧命，但一个个使团仍然前赴后继。在遣唐使团中，有不少留学生、留学僧，来到唐朝后至少要住几年，有的长达几十年。他们回国后，成了中日文化交流的使者，不少人受到了日本政府的重用。如日本孝德天皇重用从中国留学回去的人才，依照唐的制度，逐步建立起日本古代律令制国家，这就是有名的"大化革新"。

这个时期的中日文化交流史上，最有名的人物是吉备真备、阿倍仲麻吕和鉴真。

吉备真备（约694—775年），22岁时被选为留唐学生，公元717年，他随第八次遣唐使团来到中国，一住就是十七年，空手而来、满载而归，带回去很多书籍，包括《唐礼》一百三十卷、《大衍历经》一卷、《大衍历立成》十二卷、《乐书要录》十卷等等。他回国后被拜为大学助教，亲自教导四百多名学生，令学生学习五经、三史、明法、算术、音韵、籀篆等"六道"。后来，他官拜宰相，对朝廷进行了大刀阔斧的改革，推动了社会发展。

阿倍仲麻吕（701—770年），717年和吉备真备同时来到中国，在太学学习。他天资聪颖，勤奋好学，太学毕业后通过了科举考试，便开始在唐朝做官。由于才华出众，得到了唐玄宗的赏识。他有一个中国名字，叫晁衡。阿倍仲麻吕和当时唐朝的文化名流多有往来，如王维、李白，都跟他是好朋友。753年，由于思乡心切，阿倍仲麻吕打算和遣唐使一起回国，不料在途中遇上了大风浪，长安城里便开始传言,说船已沉入大海,船上的人不幸遇难。李白听说后非常悲恸,写了一首《哭晁卿衡》以寄托哀思:"日本晁卿辞帝都,征帆一片绕蓬壶。明月不归沉碧海,白云愁色满苍梧。"幸运的是,这位日本朋友福大命大,在风浪中化险为夷。后来阿倍仲麻吕重回长安,最后客死在中国。纵观他的一生,有55年是在中国度过的。

鉴真(688—763年),在扬州大明寺做和尚,是唐朝的硕学高僧。应日本佛教界朋友的邀请,742年,鉴真启程东渡,准备去日本弘扬佛法。此后12年中,他先后五次出海,都碰上巨风暴浪、没能成功。在第五次东渡时,鉴真已双目失明,但他并没有放弃。753年他66岁时,开始第六次东渡,终于成功到达日本。鉴真带去了新译的《华严经》,把华严宗传到日本。他在日本建立了一座唐招提寺,在那里讲授戒律,日本朝野都非常尊敬他。763年,鉴真在唐招提寺逝世。除了佛教之外,鉴真还传播了中国的医学、建筑、雕塑、绘画、刺绣、书法、音律等多方面知识,对日本文化影响非常大。直至今天,日本人还称他是"日本文化的恩人"。

日本学习中国文化的热情很高,而且特别热衷于佛教。

中国的佛教源自印度,到了唐代,已经独立发展,流派众多。唐高宗

图129 唐代鉴真像

图130 日本奈良招提寺金堂

时,日本的智通、智达来到长安,师从玄奘学习法相,回国后成了日本法相宗的创始人。武则天时,道慈来到长安学习三论,深得三论宗教义的精髓,后来成为日本三论宗的创始人。唐德宗时,空海来到长安学习密宗,得到了密宗第七代祖师惠果的欣赏,被破例指定为第八代传人。这可是很了不起的荣誉。回国后,空海成了日本密宗的开山始祖,被称为"弘法大师"。此外,华严宗、律宗、天台宗等,都被日本僧人接受而东传过去。禅宗大规模传入日本,则是宋代的事情。禅宗对日本武士道影响很大。武士们认为,要磨练精神意志,修禅是一个必要的课程。

早在公元3、4世纪,中国的儒家经典就从朝鲜传入日本。此后,在日本的社会改革中,儒家思想一直举足轻重,并逐渐渗入到日本的民族精神之中。

603年,为了建立中央集权政府,日本圣德太子颁布了"冠位十二阶",从大到小,它们依次是:大德、小德、大仁、小仁、大礼、小礼、大信、小信、大义、小义、大智、小智。德、仁、义、礼、智、信等,都是中国儒家的范畴,604年,又颁布"宪法十七条",规定

"君言臣承，上行下靡"、"群卿百寮，以礼为本"等，反映出儒家的伦理取向。

中国宋明时期的理学，对日本文化影响很大。从镰仓时代开始，朱子学进入日本，并广泛传播。日本原来的儒学重明经训诂，朱子学的传入冲击了这种学风，渐渐占了优势。后来，朱子学在日本形成了众多的研究学派，如京都朱子学、海西朱子学、海南朱子学、大阪朱子学、水户学等等。

为了方便学习唐文化，日本最初直接使用汉字，后来又借鉴汉字创造了自己的文字。在8世纪中叶以前，汉文在日本是很通用的。用汉语写诗风靡一时，如751年编成的《怀风藻集》，是日本最早的汉诗集。鉴真师徒用汉语讲读经书，使汉语更广泛地渗入日本的社会生活，促进了日本汉文学和音韵学的发展。空海法师根据汉字草书的偏旁，制定了日本字母平假名；吉备真备精通汉文，他根据汉字的楷书，制定了片假名。

与此相应，书法在日本也发展起来。鉴真东渡，带去了"二王"的真迹字帖，引发了日本人学习书法的热情。前面说到的空海大师，在书法上也有很深的造诣，被誉为"王羲之再世"。嵯峨天皇号称"王者之星"，他的书法也非常出色。

日本的艺术也受到唐文化的很大影响，唐代的乐舞、绘画都被日本引进。日本人在称呼这些艺术门类时，往往前面要加一个"唐"字，如"唐乐"、"唐绘"等。

此外，日本的社会风俗也受到唐文化的影响。如端午节喝菖蒲酒、七月七乞巧节，都是从唐代带去的。另外，通过禅僧，茶道也传入日本。公元12世纪，日本僧人荣西回国时带去了中国的茶种，把它种在禅寺的庭院中。从此,在禅寺中饮茶、举行茶会形成了风气,饮茶之风又渐渐走出寺门,在社会上普及开来。

二 与朝鲜的文化交往

在中国的唐宋时期,朝鲜半岛由分而合。唐代初年,高句丽、百济、新罗在朝鲜半岛上"三国鼎立",后来,被新罗统一。晚唐五代时期,又由合而分,重现"后三国",不久又统一于后高丽。此间,朝鲜各国一直和中国保持着文化往来。

唐代前期,高丽、新罗、百济不但派使者来唐,还有人在唐朝当官,如高丽人泉男生兄弟和高仙芝、百济人黑齿常之等,都是唐朝的著名武将。新罗统一后,来唐的使者就更多了,唐文宗开成五年一次归国的就有105人。在新罗的留学生中,崔致远是著名的一位。他12岁就自费来唐朝求学,六年后,进士及第,授溧水县尉。他著有《桂苑笔耕集》十卷,很有文采,在朝鲜半岛影响深远。

早在公元4世纪,佛教就从中国传入朝鲜,并在朝鲜半岛上生根。唐宋时期,佛教在朝鲜半岛上也很兴盛。禅宗传入朝鲜后,在新罗时代形成禅门九宗,成了佛教界的主流。道义是新罗的一位著名禅师,他到唐朝学习南宗禅,居住37年后回到祖国,被尊为国师。无染是另外一位名僧,他来到中国,先是学习《华严经》,后参马祖法嗣如满和实彻,受传心印。回国后,无染被奉为国师,受到了六代君王的优隆礼遇。当时学禅的僧人大多师承禅宗南宗一派,以上说的禅门九宗中,有八个是南宗慧能的法系;这八个当中,又有七个出自江西马祖法系。

道教也传到朝鲜。根据朝鲜史书《三国遗事》的记载,高句丽第27代荣留王在位时，人们争奉天师道。唐高祖听说了此事，非常高兴，便派去道士，送去天尊像，并给国王及其臣民讲《道德经》。道教由高句丽又传入百济、新罗。上面说到的新罗人崔致远，也是道教传播使者，把唐朝的内丹道教传到了新罗，形成朝鲜内丹道教。到高丽王朝，道教在朝鲜达到极盛，帝王的醮祭不断。高丽睿宗（1105—1122年在位）时，一度想学习唐朝的做法，把道教作为国教。在高丽之后的李朝，儒、道对抗，矛盾激化，酿成了1519年的"己卯士祸"。1592年，日本丰臣秀吉入侵朝鲜，把李朝皇帝举行醮祭的地方给烧掉了，从此，朝鲜的道教信仰转向民间。

儒学传入朝鲜很早，早在公元1世纪左右就传入了。此后，在千余年的漫长岁月里，儒家文化逐渐渗入其传统，深深地濡染了这个国度。

新罗很倾慕中国的儒家文化，用唐衣冠、年历，且仿制汉字，被唐玄宗称为"君子国"。682年，新罗建立国学。8世纪中叶，改国学为太学监，设置各科博士及助教，定必修科目为《论语》、《孝经》，定选修科目为《礼记》、《周易》、《左传》、《毛诗》、《尚书》、《文选》。武则天时，新罗王金政明遣使来唐，求得《唐礼》一部。788年，新罗仿照唐朝科举中的明经科，设了"读书三品科"制度，把儒家经典作为考试科目，以此来选拔人才。

在12世纪前后，中国的理学尚在发萌时期，就已触动了高丽思想界的敏感神经，使之对这种新学问产生了兴趣。高丽末年，社会动荡，而中国正是元朝时期，理学很繁荣。这时，朱子学被安珦、白颐等人引入朝鲜。从此朝鲜朱子学兴盛起来，李穑、郑梦周、郑道传和赵浚等，成为著名的朱子学家。在实践上，他们兴利除弊；在思想上，他们"抑佛扬儒"，推动着封建伦理秩序的重建。

对于唐宋的灿烂艺术，朝鲜也大力吸收。在朝鲜庆州有个佛国寺的遗址，盛唐风韵仍存。在庆州的西南，有个"石窟庵"，里面的神像姿态生动，造型健硕、丰满。

在社会生活方面，朝鲜也在中国的影响下发生了变化。春节、清明节、端午节、七月七和中秋节等，一直是朝鲜的传统节日。在婚姻风俗方面，也同汉族一样，要经过议婚、问名、纳吉、纳征、请期和亲迎，即"六礼"的全过程，并一直沿袭到现代。另外，中国丧葬风俗中的"五服"制度，也在朝鲜被传承至今。

总之，海纳百川，有容乃大。唐朝和北宋大一统的繁荣局面，使世界瞩目东方，这给中华民族带来了空前的自信。反过来，这种文化自信心又拓宽了它"四海一家"的博大胸怀。